상 용

중국법률용어사전

정 영 환 감수
김 주 편저

세창출판사

이 도서의 국립중앙도서관 출판시도서목록(CIP)은 e-CIP 홈페이지 (http://www.nl.go.kr/ecip)에서 이용하실 수 있습니다.(CIP제어번호: CIP2009001080)

추천사

우선 김주 중국변호사의 「상용중국법률용어사전」의 출판을 진심으로 축하하고, 그 동안의 노고를 치하합니다.

최근 많은 중국 유학생들이 한국에서 공부하고 있고, 내가 근무하는 고려대학교 대학원의 석사·박사 과정에도 많은 중국 학생들이 있습니다. 중국유학생들과 공부하는 과정에서도 양국 사이의 법률 내용의 차이를 실감하여 왔습니다. 그런데 김주 중국변호사의 「상용중국법률용어사전」의 감수자로서 이 사전의 원고를 읽으면서 중국과 한국 사이의 법률이 규정이나 그 내용이 비슷하면서도 그 문화적 배경에 따른 차이가 있음을 다시 한 번 느끼는 계기가 되었습니다.

무릇 한 국가에 있어서 법률은 그 문화의 대표적인 표현 방식입니다. 현대사회는 인터넷과 다양한 인적 왕래를 통하여 여러 분야의 교류가 왕성히 이루어지고 있는 것이 사실입니다. 그러나 유독 법률부분에 대한 교류는 쉽지 않습니다. 이것은 법률이 가지고 있는 문화이면서도 현재 그 국가와 사회를 실효적으로 규율하고 있는 규범이라는 성질에 기인하기도 하지만 무엇보다도 해당 국가의 법률에 대한 깊이 있는 이해가 어렵기 때문입니다. 한 국가의 법률을 충분히 이해하여 자기 것으로 한다는 것은 거기에 정통한 법률전문가가 있어야만 가능한 것입니다. 다른 나라의 법률을 자신의 국가의 법률로 만드는 과정은 다른 나라에 대한 법률전문가의 양성이 선행되어야 하고,

양성된 법률전문가가 다른 나라의 법률을 자신의 법률문화에 잘 맞게 조정하는 과정이 필요합니다. 따라서 다른 나라 사이의 법률문화 교류는 법률전문가 사이의 깊이 있는 교류와 더불어 양국의 법률전문가의 양성으로 가능한 것입니다.

그런데 김주 중국변호사는 중국의 최우수대학 중 하나인 중국정법대학을 졸업하였고, 바로 중국변호사 시험에 합격하여 중국법률의 실무경험을 가지고 있어 중국법률에 대한 바탕이 매우 튼튼합니다. 또한 고려대학교 대학원에서 석사과정을 마치고 현재 박사과정을 이수하여 한국법에 대한 이해도 충분합니다. 동시에 한국외국어대학교, 서울시변호사협회 외국법연수원에 출강하면서 실질적인 경험을 쌓아 왔습니다. 그러므로 김주 중국변호사는 양국의 법률에 대하여 단단한 기초를 가지고 있는 중국 및 한국의 법률에 대한 전문가라고 할 수 있습니다. 따라서 한국의 법률전문가에게 중국법률을 소개할 수 있고, 또한 양국 법률교류의 적임자라고 할 수 있습니다.

이것의 첫 걸음이 될 수 있는「상용중국법률용어사전」의 출판은 한국 법률가들의 중국법에 대한 이해뿐만 아니라, 한국과 중국 사이의 법률교류에 상당한 기여를 할 것이라고 확신합니다.

김주 중국변호사의 더 큰 발전을 기원하면서 추천사에 갈음하고자 합니다.

2009년 3월 1일
정 영 환
고려대학교 법과대학 교수
(중국정법대학 명예교수)

머리말

이 책을 처음 시작하면서는 열정과 용기로 충만되었지만 막상 출판을 하려고 보니 그렇지 못한 것 같아 두려움이 앞서게 됩니다. 필마단창(匹馬單槍)으로 중국의 헌법·민법·민사소송법·회사법·형법·형사소송법·행정법·노동법 등 여러 분야에서 중요한 법률용어를 선정하고, 이것을 정확히 해석하여 전달하여야 하는 방대한 작업에 상당한 어려움과 걱정이 있었던 것도 사실입니다.

하지만 필자는 5년간 한국에서 법학 석사·박사과정을 이수하는 과정에서 수차례 국제학술대회에 참가하면서, 또한 한국외국어대학교와 서울변호사협회의 외국법연수원에서 중국법에 대한 강의를 하면서 한국에서 중국의 법률용어에 대한 오해가 생각보다 심각하다는 것을 알게 되어 필자의 능력이 미흡하지만 상용 중국법률용어를 체계적으로 정리할 필요성이 매우 시급하다는 것을 뼈저리게 느껴 한·중 법률문화의 교류증대라는 작은 사명감을 가지고 이에 임하게 되었습니다.

따라서 한국에서 중국법을 공부하는 법학도들에게 길안내를 하고, 또한 중국법을 연구하는 학자들에게 중국법 전체에 대한 작은 이해를 돕기 위하여 저에게는 어렵고 힘든 길임에도 불구하고 십분 용기를 내어 시작하였고, 부족하지만 마무리하지 아니하면 남가일몽(南柯一夢)에 불과할 수 있다고 생각되어 용기를 내어 집필을 마치게 되었습니다.

이러한 집필의 어려움 속에서 항상 희망을 주시고 감수까지 맡아주신 저의 석사 및 박사과정의 지도교수이신 고려대학교 법과대학 정영환 교수님께 이번 기회를 통하여 진심으로 감사드리고자 합니다.

이 책은 중국법에 대한 초학자에게 길안내 역할을 할 수 있지만, 일정한 법률기초가 있을 경우에 더욱 유용할 수 있습니다. 특히 한·중 양국은 모두 한문문화권에 속하기 때문에 법률용어에 있어서도 한자를 직접 사용하거나 한자어를 상당히 많이 사용하고 있는 것이 현실입니다. 따라서 전혀 다른 문자를 사용하는 영미국가나 유럽국가보다는 용어 또는 법률제도에 있어서 비슷한 면이 상당히 많습니다. 그러나 같은 내용을 표현하면서도 전혀 다른 한자를 사용하거나, 같은 한자를 사용하면서도 전혀 다른 내용을 뜻하는 경우가 적지 않습니다. 예컨대 전자의 예로, 주주를 표현함에 있어서 중국에서는 '股东(고동)'이라고 하지만 한국에서는 '株主'라고 표현합니다. 후자의 예로, 한국이나 중국의 절차법상 모두 '抗诉'라는 용어를 사용하고 있지만, 한국에서의 '抗诉'는 제1심 종국판결에 대하여 당사자가 상급법원에 심사를 구하는 행위를 말하지만, 중국에서의 '抗诉'는 검사가 제1심 종국판결에 불복하여 상급 법원에 불복신청을 하는 것을 말하거나, 검사가 법원의 확정판결에 착오가 있다고 확신할 경우 관할권이 있는 법원에 재심을 신청하는 것을 말합니다. 이러한 차이점에 착안하여 본 사전에서는 한·중 양국 법제도상 같은 한자, 같은 내용을 표현하는 용어는 가능한 배제하고, 같은 내용이지만 다른 한자를 사용하는 용어 혹은 같은 한자이지만 다른 내용을 뜻하는 용어를 중점적으로 선정하였습니다. 하지만 용어의 선정에 누락된 부분도 있을 것이고, 부족한 부분도 있을 것이니 향후 독자들의 기탄없는 지적을 바라며, 필자도 항상 배우고 연구하는 마음가짐으로 본 책의 부족함을 보완해가도록 하겠습니다.

끝으로, 이 책의 감수를 맡아주신 정영환 교수님께 다시 한 번 고마움을 표하고, 이 책의 교정을 봐준 대학원생 허성일 군과 사랑하는 아내 김정애 중국변호사한테도 진심으로 고마움을 전하고 싶습니다. 아울러 실무적으로 한국법을 더 잘 이해할 수 있도록 도와주신 법무법인(유한) 로고스의 오세창 변호사님·임형민 변호사님을 비롯한 여러 변호사님께도 감사의 말씀을 드리며 이 책의 출판을 위해 애써주신 세창출판사의 이방원 사장님과 임길남 상무님에게도 함께 감사를 드립니다.

2009년 3월

편저자 김 주

일러두기

1. 대상독자

본 상용중국법률용어사전은 일정한 법기초가 있는 한국 독자들이 중국법 용어를 이해하는 데 도움을 드리고자 작성한 것이다.

2. 용어선정범위

'常用' 법률용어에 포커스를 맞추었기 때문에 용어의 선정범위는 헌법·민법·민사소송법·회사법·형법·형사소송법·행정법·노동법 중의 '常用'용어 위주로 선정하였다.

3. 용어의 설명

- 중국법률용어를 선정한 후 용어의 독해에 편의를 돕기 위하여 중국법률용어 하단에 '병음'을 표기하였다. 예컨대 '宪法'라는 용어는 '宪法(xiàn fǎ)'로 표기하였고 이 용어의 설명에서도 '宪法(xiàn fǎ)'로 표기하여 용어의 숙독을 돕고자 하였다.
- 해당 중국 법률용어와 같거나 비슷한 한국 법률용어를 표기하였다. 예컨대 '要约(yào yuē)'의 법률용어를 설명함에 있어서 '要约(yào yuē)'와 같은 내용으로 쓰이는 한국 법률용어인 '청약'을 표기하였다. 이는 독자들의 비교법적 차원에서의 이해를 돕기 위한 것이다.

- 중국법상 규정된 법제도이지만 한국법상에는 없는 제도인 경우에는 한국법률용어를 표기하지 않았다. 예컨대 '审判监督程序'(shěn pàn jiān dū chéng xù)는 일정한 요건하에서 법원이나 검찰원이 재심을 개시하는 제도에서 비롯된 용어인데 한국법상에는 관련 제도가 없기 때문에 한국법률용어는 표기하지 않았다(표기할 수 없음).

4. 색 인

두 가지 순서로 색인을 작성하였다.

- 중국의 병음순으로 작성

  A

  a, an

  B

  ba, ba, bang, ……

- 한국용어순으로 작성

  가등기, 경성헌법

  노동조합, 누범

  단기시효, 담보, …….

차 례

[헌 법 편]

xiàn fǎ 宪 法 헌 법	헌 법

한 국가에 있어서 국민의 기본권보장, 정치체제의 조직과 운영에 관하여 규정한 최고의 효력을 가진 법률을 말한다. 역사적으로 볼 때 중국의 문헌에는 '헌', '헌법', '헌령', '헌장' 등 용어들이 사용되었으며 주요의미는 법률 자체를 의미하거나, 법률의 공포를 뜻하였다. 또 어떤 경우에는 형법 등 일반 법률보다 높은 효력을 지닌 뜻으로 표현되기도 하였다. 중화인민공화국의 첫 宪法(xiàn fǎ)는 1954년에 소련헌법을 모델로 하여 제정되었으며 제정宪法(xiàn fǎ)는 문화대혁명시기에 완전히 폐기되었다. 현행 중국宪法(xiàn fǎ)는 1982년에 새로 만들어진 것이고 그 후 사회경제의 발전수준과 사회구조의 변화에 따라 4차례의 개정을 거쳤다. 가장 마지막 개정은 2004년 3월에 개최된 제10기 전국인민대표대회 제2차 회의에서 이루어졌다. 宪法(xiàn fǎ)는 전문, 총강, 공민의 기본 권리와 의무, 국가기관, 국기, 국장, 수도 등의 순서로 구성되었다.

chéng wén xiàn fǎ 成文宪法 성문헌법	성문헌법

헌법이 성문으로 이루어진 경우를 말한다. 불문헌법에 대응되는 개념이다. 중국은 통일적·체계화된 성문헌법이 제정되어 있기 때문에 성문헌법 국가이다.

yìng xìng xiàn fǎ 硬性宪法 경성헌법	경성헌법

헌법의 개정절차가 일반 법률의 개정절차보다 특별히 엄격한 것을 말한다. 중국에 있어서 헌법 개정은 전국인민대표대회 대표 3분의 2 이상의 찬성으로 통과되며, 기타 법률은 전국인민대표대회 대표 과반수의 찬성으로 통과된다. 중국헌법의 개정은 일반 법률의 개정보다 까다롭기 때문에 중국헌법은 경성헌법에 속한다.

mín dìng xiàn fǎ 民定宪法 민정헌법	민정헌법

국민 또는 그 대표기관이 제정한 헌법을 말하는데 중국헌법은 전체 국민의 선거로 선출된 전국인민대표대회 제1차 회의에서 제정된 것이기 때문에 民定宪法(mín dìng xiàn fǎ)에 속한다.

qīn dìng xiàn fǎ 钦定宪法 흠정헌법	흠정헌법

군주가 제정한 헌법을 말하는데 1908년에 중국의 청정부

(清政府)는 총 23개 조항으로, '군상대권(君上大权)'과 '군신권리의무(君臣权利义务)' 2개 부분으로 구성된 钦定宪法(qīn dìng xiàn fǎ)대강을 공포하였는데 중국 역사상 최초의 헌법성격의 규범이다. 당해 헌법의 가장 뚜렷한 특징은 황제의 권력독점을 강화하고 국민에 대한 기본권이 보장되지 아니하였다는 것이다.

shè huì zhǔ yì xiàn fǎ 社会主义宪法 사회주의헌법	사회주의헌법

사회주의 국가에서 시행되고 있는 헌법을 말한다. 중국 헌법 제1조에 사회주의제도는 중화인민공화국의 근본제도라고 규정하였기 때문에 중국의 헌법은 사회주의 헌법이다.

fǎ zhì zhǔ yì 法治主义 법치주의	법치주의

법에 의해 나라를 다스린다는 뜻으로 인치(人治)와 반대되는 개념이다. 즉 법 우위의 원칙을 뜻하며 법에 의해 국민의 권리와 의무를 보호한다는 원칙이다. 중국은 법의 제정을 강조하던 것으로부터 점차 법치(法治), 즉 법에 의해 나라를 다스리는 것을 강조하고 있다.

xù yán 序 言 서 언	전 문

성문헌법의 冒頭에 있는 문장을 말한다. 序言(xù yán)에는 중국의 역사 · 지도이념 · 국가의 근본임무 · 국가통일 · 민족단결 · 외교 ·

헌법의 최고지위 등에 대하여 선언하고 있다. 그 중 역사에 대해서는 "1840년 이후 봉건사회에 처해 있던 중국은 점차 반식민지·반봉건의 국가로 변하였고 중국인민은 국가의 독립·민족해방과 민주자유를 위해 희생을 두려워하지 않고 용감하게 싸웠다. 1911년 손중산(孙中山) 선생이 이끈 신해(辛亥)혁명은 봉건황제제도(封建帝制)를 뒤엎고, 중화민국을 창립했다. 1949년 중국공산당은 여러 민족을 이끌고 무장투쟁과 기타 형식의 투쟁을 거친 후 드디어 제국주의·봉건주의와 관료자본주의 통치를 물리치고 신민주주의혁명의 위대한 승리를 거두고 중화인민공화국을 건립했다. 이때로부터 중국인민은 국가권력을 장악하고 국가의 주인이 되었다"고 선언하고 있고, 지도이념에 대해서는 "중국 신민주주의혁명의 승리와 사회주의 사업의 성취는 모두 중국공산당이 중국 각 민족인민을 영도(领导)하고 마르크스레닌주의·모택동사상의 지도하에서 진리를 견지하고 착오를 수정하여 수많은 어려움을 극복하여 얻은 것이다. 마르크스·레닌주의·모택동사상·등소평이론과 '3개 대표'는 중국의 지도이념이다"고 선언하고 있다. 국가의 근본임무에 대해서는 "중국은 장기적으로 사회주의 초급단계에 처해 있을 것이며 국가의 근본임무는 중국특색이 있는 사회주의 길을 따라 역량을 집중하여 사회주의 현대화 건설을 진행하는 것이다"고 규정하고 있고, 국가통일에 대해서는 "대만은 중화인민공화국의 신성한 영토의 일부분이다. 조국통일 완성의 대업은 대만 동포를 포함한 전체 중국인민의 신성한 직책이다. 장기간의 혁명과 건설과정 중에서 중국공산당이 이끄는, 각 민주당파와 각 인민단체가 참가한 전체 사회주의 노동자·사회주의 건설자·사회주의와 조국통일을 옹호하는 애국자를 포함하는 광범위한 애국통일전선이 결성되었으며, 이 통일전선은 계속하여 공고해지고 발전할 것이다. 중국인민정치협상회의는 광범한 대표성이 있는 통일전선조직으로서 과거에 중요한 역사적인 역할을 발휘하였으며, 금후 국가정치생활·사회생활과 대외친선활동과 사회주의 현대화 건설의 진행·국가의 통일과 단결을 유지하는 투쟁에서 보다 중요한 역할을 발휘할 것이다. 중국공산당이 영도하는 다당합작제와 정치협상제도는 장기적으로 존재하고 발전할 것이다"고 규정하고 있으며, 민족단결에 대해서는 "중화인민공화국은 전국 각 민족인민이 공동으로 창조한 통일된 다민족국가이다. 평등·단결·상호협조의 사회주의 민족관계는 이미 확립되었으며 지속적으로 확고해질 것이다. 민족단결을 보호하는 투쟁 중에서 대민족주의(大民族主义) 주로 대한족주의(大汉族主义)를 반대하여야 하고 지방민족주의(地方民族主义)도 반대하여야 한다. 국가는 최선을 다하여 전국 각 민족의 공동번영을 촉진한다"고 규정하고 있다. 외교에 대해서는 "중국은 자주독립의 대외정책을 견지하고 주권의 상호존중과 영토의 완전·상호불가침·상호내정불간섭·평등호혜·평화공존 5개 원칙을 견지하며 각 국가와의 외교관계와 경제·문화의 교류를 발전시키고 제국주의·패권주의·식민주의를 반대한다. 세계 각국 인민과의 단결을 강화하고 피압박민족과 개발도상국 국가의 민족독립을 쟁취·보호하고 민족경제를 발전시키는 정의로운 투쟁을 지지하고, 세계평화를 유지하고 인류의 진보적인 사업을 위하여 노력한다"고 규정하고 있으며, 헌법의 지위에 대해서는 "본 헌법은 법률의 형식으로 중국의 각 민족인민이 분투한 성과를 확인하였고 국가의 근본제도와 근본적인 임무를 규정하였으며, 국가의 근본법으로서 최고의 법률효력을 갖는다. 전국 각 민족인민, 일체의 국가기관과 무장역량, 각 정당과 사회단체, 각 기업, 사업조직은 모두 헌법을 근본적인 활동준칙으로 하고 헌법의 존엄을 유지하고 헌법의 실시를 보증할 책임이 있다"고 선언하였다.

zǒng gāng 总 钢 총 강	총 강

성문헌법을 장으로 나누는 경우, 총칙에 해당되는 부분이다. 중국 헌법의 总钢(zǒnggāng)에는 국체, 정체, 국가기구의 설립원칙, 민족정책, 헌법과 법률의 효력, 경제제도와 분배제도, 국유경제, 집체경제, 자연자원의 귀속과 이용, 토지제도, 개체경제, 공공재산, 사유재산, 생산과 누적 및 소비, 계획경제, 국유기업, 집체기업, 외자기업, 교육사업의 발전, 과학기술사업, 의료위생과 체육사업의 발전, 문화사업, 지식분자, 정신문명건설, 계획생육, 생활생태환경, 공무원제도, 사회질서, 군대, 행정구역, 특별행정구, 외국인보호 등이 규정되어 있다.

rén mín 人 民 인 민	국 민

일반적으로 한 나라의 국적을 가진 자를 말할 때 공민(公

民)이나 국민이라는 용어를 사용한다. 중국의 법조문에서도 공민이라는 용어를 사용한다. 예컨대, "부모 쌍방 혹은 일방이 중국공민이고 본인이 중국에서 출생할 경우 중국국적을 갖는다(国籍法 제4조)"고 규정하고 있다.

공민이나 국민과 달리 人民(rén mín)은 적 혹은 계급과의 관계에서 대응되는 용어를 지칭할 경우에 사용되는 것이다. 헌법은 중국의 근본법이고 중국의 정체를 분명하게 할 필요성에 근거하여 중국 헌법에서는 '국민'이라는 용어를 사용하지 않고 人民(rén mín)이라는 용어를 사용한 것이다. 예컨대 중화인민공화국의 일체 권력은 人民(rén mín)에게 속한다(宪法 제2조). 이 외에도 중국의 국가기관인 재판기관은 人民(rén mín)법원, 검찰기관은 人民(rén mín)검찰원, 정부는 人民(rén mín)정부라고 한다. 따라서 人民(rén mín)이라는 용어는 상당한 정치적 색채를 띠고 있는 용어라고 할 수 있다.

人民民主专政(rén mín mín zhǔ zhuānzhèng) 인민민주전정

전정은 전제정치를 뜻하며 무산계급독재의 다른 표현이다. 풀어서 말하면 인민에 대해서는 민주를 실시하고, 사회 및 국가를 침해하는 극소수의 불순분자, 즉 적에 대해서는 독재를 실시한다는 것이다. 중화인민공화국은 공인계급이 영도하고 공농연맹(工农联盟)을 기초로 하는 人民民主专政(rén mín mín zhǔ zhuānzhèng)의 사회주의국가이다(宪法 제1조).

mín zú qū yù zì zhì zhì dù
民族区域自治制度
민족구역자치제도

통일된 영토 내에서 국가의 통일적 영도 하에 소수민족 집단거주 지역을 정하고 자치지역에 자치기관을 설립하여 민족자치를 실시하는 제도를 말한다(民族区域自治法 제2조). 중국의 소수민족(55개 민족)은 전체 인구의 6.7%밖에 되지 않지만 거주면적은 중국의 전체 영토 면적의 50% 이상을 차지한다. 따라서 중국의 민족관계를 적정하게 처리하는 것은 중요한 정치적 의의가 있다. 民族区域自治制度(mín zú qū yù zì zhì zhì dù)는 전국적인 범위 내에서 모든 행정구역마다 실시되는 제도가 아니라 특정된 민족 지역에서 실시되는 제도이기 때문에 지방제도의 구성부분이라고 볼 수 있으며, 그 제도적 취지는 소수민족이 나라의 주인이라는 자부심을 갖고 자기민족의 발전에 이바지할 수 있도록 하기 위해서이다.

mín zú zì zhì quán
民族自治权
민족자치권

민족구역자치를 실시하는 지역민족의 자치권을 말하며 주로 아래와 같은 권리가 있다. ① 자치조례(自治条例)와 단행조례(单行条例) 제정권. 민족자치지방의 인민대표대회는 그 지방민족의 정치·경제와 문화 특성에 따라 자치조례와 단행조례를 제정할 권리가 있다. 자치구의 자치조례와 단행조례는 전국 인민대표대회 상무위원회에 보고하여 비준을 받은 후 효력을 발생한다. 자치주·자치현의 자치조례와 단행조례는 성·자치구・직할시의 인민대표대회 상무위원회에 보고하여 비준을 받은 후 그 효력을 발생한다. 동시에 당해 자치조례와 단행조례는 전국인민대표대회 상무위원회와 국무원에 비치한다(民族区域自治法 제19조). ② 변통집행권. 상급국가기관의 결의・결정・명령과 지시가 민족자치지방의 실정에 잘 맞지 않을 경우 자치기관은 상급국가기관에 보고하여 비준을 받은 후 융통성 있게 변경하여 집행하거나 집행을 정지할 수 있다. 당해 상급국가기관은 보고일부터 60일 내에 자치기관에 회답해야 한다(民族区域自治法 제20조). ③ 간부의 배양과 우선 채용권. 민족자치지방의 자치기관은 사회주의건설사업의 수요에 따라 여러 가지 조치를 취하여 당해 지방 민족가운데서 각 급 간부, 여러 업종의 과학기술・경영관리 영역의 전문 인재와 기술근로자를 많이 양성해내고 그들의 역할을 충분히 발휘시킨다. 동시에 소수민족 여성 중에서 각급 간부와 여러 업종의 전업기술 인재를 양성해내는 데도 관심을 돌려야 한다. 민족자치지방의 자치기관은 근무자를 채용할 때 구역자치를 실시하는 민족과 기타 소수민족 인원을 적당히 배려해줄 수 있다(民族区域自治法 제22조). 민족자치지방의 기업・사업단위는 국가규정에 따라 직원을 모집할 때 소수민족직원을 우선적으로 모집하며 농촌이나 목축구의 소수민족 중에서 모집할 수 있다(民族区域自治法 제23조). ④ 사회치안유지권. 민족자치지방의 자치기관은 국가의 군사제도와 당해 지방의 실제 수요에 따라 국무원의 비준을 거쳐 당해 지방의 사회치안을 유지하는 공안부대를 조직할 수 있다(民族区域自治法 제24조). ⑤ 재정지배권. 민족자치지방의 자치기관은 지방 재정을 관리할 수 있는 자치권이 있다. 국가 재정체제에 따라 민족자치지방의 재정수입으로 되어 있는 부분은 전부 민족자치지방의 자치기관에서 자주적으로 지배하고 사용할 수 있다. 민족자치지방은 전국적으로 통일된 재정체제하에서 국가가 실시하는 규범적인 재정이전지급제도(财政转移支付制度)를 통하여 상급 재정부문의 배려를 받는다. 민족자치지방의 재정예산지출은 국가 규정에 따라 기동자금을 마련하며 예비비용이 예산에서 차지하는 비례는 기타 일반지역보다 높다. 민족자치지방의 자치기관은 재정예산을 집행하는 과정 중 수입에서 초과된 부분과 지출에서 남은 자금을 자체로 관리하고 사용할 수 있다(民族区域自治法 제32조). 이 외에도 경제건설 및 무역권, 공공사무 관리권, 지방교육의 자주권 등 자치권이 있다.

全民所有 (quán mín suǒ yǒu) 전민소유 | 국가소유

중국 사회주의 경제제도의 기초는 생산수단의 사회주의공유제이다. 사회주의 공유제에는 전민소유제와 노동군중집단소유제가 있는데 '全民所有'(quán mín suǒ yǒu)는 전체 인민이 소유한다는 뜻이다. 하지만, '인민'은 민법상에서 민사권리능력을 지닌 독립적인 권리주체가 될 수 없기 때문에 全民所有(quán mín suǒ yǒu)제의 소유권의 귀속주체는 전체 인민이지만 권리의 행사주체는 국무원을 포함한 국가기관이 인민을 대신하게 된다.

全民所有(quán mín suǒ yǒu)에 속하는 재산 중 전속재산으로는 ① 광산・수류(水流)・삼림・산지・초원・황무지・간척지(법률상 집단소유에 속하는 것으로 규정된 삼림과 산지·초원·황무지·간척지는 제외)·지하자원·해역, ② 무선전파 스펙트럼자원, ③ 국방재산 등이 있다(宪法 제9조, 物权法 제46조, 제52조). 비전속 재산(법률에 국가소유라고 규정한 재산)으로는 ① 도시 시가지 외의 토지, ② 문화재, ③ 도시의 토지야생동식물 자원, ④ 철도·도로·전력시설·전신시설과 오일가스도관 기초시설 등이 있다(物权法 제47조-제52조).

集体所有 (jí tǐ suǒ yǒu) 집체소유

중국의 사회주의 경제제도의 기초는 생산수단의 사회주의 공유제이다. 사회주의 공유제에는 전민소유제와 노동군중 集体所有(jí tǐ suǒ yǒu)제가 있는데 후자는 일정한 집체, 즉 농촌집체와 성·진(城·镇)집체가 소유권의 주체가 되는 것이다.

集体所有(jí tǐ suǒ yǒu)의 객체로는 ① 법률의 규정에 따라 集体所有(jí tǐ suǒ yǒu)에 속하는 토지와 삼림·산지·초원·황무지·간척지, ② 集体所有(jí tǐ suǒ yǒu)의 건물·생산시설·농토수리시설, ③ 集体所有(jí tǐ suǒ yǒu)의 교육·과학·문화·위생·체육시설, ④ 集体所有(jí tǐ suǒ yǒu)의 기타 부동산과 동산 등이 포함된다.

国有企业 (guó yǒu qǐ yè) 국유기업 — 공기업

국가 소유의 기업을 말하는데 전민소유제공업기업법(全民所有制工业企业法)에 의해 규율되는 전민소유제기업과 회사법

(公司法)에 의해 규율되는 국유독자회사가 있다. 国有企业(guó yǒu qǐ yè)는 전민소유제도의 주요한 표현형식이며 사회주의 특징을 보여주는 것이라고 할 수 있다. 사유경제가 상당히 발전한 현재에도 중국의 초대형 기업은 여전히 国有企业(guó yǒu qǐ yè)가 다수를 차지한다. 国有企业(guó yǒu qǐ yè)는 법률이 규정한 범위 내에서 자주경영권을 지니며 법률의 규정에 따라 직원대표대회와 기타 형식을 통하여 민주관리를 실행한다(宪法 제16조).

集体企业(jí tǐ qǐ yè)
집체기업

집체가 소유 및 경영하는 기업이다. 현재 중국의 集体企业(jí tǐ qǐ yè)에는 향·촌(乡·村)집체소유제기업과 성·진(城·镇)집체소유제기업이 있다. 향촌집체소유제기업은 향촌의 농민이 집체로 설립한 기업으로서, 여기에는 기업재산이 향 또는 촌의 전체 농민의 집체소유이거나 해당 기업을 설립한 전체 노동군중의 집체소유인 각종 형식의 기업이 포함된다. 향·촌집체소유제기업의 출자 중 집체가 50% 이상, 개인투자가 50% 이하를 점하며 집체기업 관리 제도를 실행하는 경우 해당 기업은 집체소유제기업에 속한다. 향·촌집체소유제기업의 재산은 해당 기업을 설립한 향·촌의 전체 농민집체가 소유하고 향·촌의 농민대표대회 또는 전체 농민을 대표하는 집체경제조직이 기업재산의 소유권을 행사한다(乡村集体所有制企业管理条例 제18조). 향·촌집체소유제기업은 기업법인이 될 수도 있고 기업법인이 아닌 다른 형태가 될 수도 있다. 성·진집체소유제기업재산은 노동군중의 집체 소유이고, 공동으로 노동하고, 노동에 의한 분배를 위주로 한 기업법인이다(城镇集体所有制企业条例 제6조).

外商投资企业 (wài shāng tóu zī qǐ yè)
외상투자기업

外商投资企业(wài shāng tóu zī qǐ yè)는 1970년대 말 중국의 개혁개방 초기에 외국자본을 유치하기 위하여 창조한 기업법률형태이며「中外合资经营企业法」,「中外合作经营企业法」,「外资企业法」및 기타 관련법규와 규칙의 규율을 받는다.

중국의 外商投资企业(wài shāng tóu zī qǐ yè)는 중화인민공화국법률에 따라 중국경내(境内, 홍콩·마카오·대만 등을 제외한 중국대륙을 말함)에 설립되고 부분 또는 전부 자금이 경외(境外, 외국 및 홍콩·마카오·대만을 포함) 또는 국외투자자로부터 들어오며, 외국투자자가 상응한 지배권을 가지는 기업 혹은 회사이며 국제 개인자본이 중국에 직접 투자하는 형태이다(宪法 제18조).

外商投资企业(wài shāng tóu zī qǐ yè)는 일반적으로 회사의 형태를 취하며 대부분이 유한책임회사이다. 따라서 일반적으로 외상투자회사라고도 하는데 외상투자회사는 중국의 유한책임회사 중에서 상당한 비중을 차지하며 회사법의 중요한 규제대상이기도 하다. 외상투자회사는 중국투자자와 공동투자하거나 외상투자자가 독자적으로 투자 설립한 것이기 때문에 섭외기업 혹은 섭외회사라고도 한다. 外商投资企业(wài shāng tóu zī qǐ yè)는 외상독자기업·중외합자기업·중외합작기업 등 3가지 종류로 나눈다. 따라서 실무상 3자기업 혹은 섭외회사라고도 한다.

jì huà shēng yù 计划生育 계획생육	산아제한

지나친 인구성장으로 인한 자원의 고갈과 불균형적인 경제발전을 지양하기 위하여 인구의 출생을 계획적으로 실시하는 제도이다. 중국은 국가차원에서 计划生育(jì huà shēng yù)를 추진하며 인구의 증가와 경제·사회의 발전계획이 상호 부합되도록 한다(宪法 제25조). 计划生育(jì huà shēng yù)제도의 주요내용은 늦게 결혼하고(남자 만 25세, 여자 만 24세), 늦게 아이를 낳고(여자 만 24세에 첫 아이 출산), 적게 낳고 잘 키우며 한 쌍의 부부가 하나의 아이만 낳아 키울 것을 권장한다는 것이다(人口与计划生育法 제18조). 소수민족 지역에서 소수민족 개인의 의지와 당해 민족의 인구·자원·경제·문화와 풍습 등 구체적인 상황에 근거하여 다양한 규정을 두고 있는데 일반적으로 아이 둘을 낳아 기를 수 있으며 어떤 지방에서는 셋까지 낳을 수도 있다. 인구가 매우 적은 소수민족에 대해서는 자녀 출산을 제한하지 않는다. 计划生育(jì huà shēng yù) 관련 법률을 위반하고 자녀를 낳아 기른 경우에는 법에 따라 사회부양비를 납부해야 한다(人口与计划生育法 제41조).

하지만 다음의 경우에 한해서는 부부가 신청하고 현급(县级) 이상 계획생육부서의 허가를 받으면 둘째 아이를 갖는 것을 허용한다는 규정도 있다. ① 1인의 자녀만 있고, 지정 의료기관에서 유전이 아닌 질병장애로 정상적인 노동력으로 성장하지 못한다고 판정된 경우, ② 부부 쌍방이 모두 독남독녀이고 1인의 자녀만 있는 경우, ③ 결혼 후 5년 이상 불임이고 지정된 의료기관으로부터 불임증으로 확인되어 1인의 자녀를 입양한 후 임신한 경우, ④ 재혼 부부 쌍방이 1인의 자녀만 있는 경우, ⑤ 변강(边疆) 농촌지역에서 시내로 근무지를 옮긴 소수 민족 직원이 직장을 옮기기 전에 현지의 현급 이상 계획생육행정부서로부터 2인의 자녀를 생육할 수 있도록 허가를 받은 경우, ⑥ 형제 2인 혹은 2인 이상이 모두 농촌거주민이고 오직 1쌍의 부부만이 출산능력이 있으며 1인의 자녀만 생육하고 기타 형제가 타인의 자녀를 입양하지 않은 경우, ⑦ 먼 교외, 현의 농촌거주민이고 부부일방이 2등乙급 이상 산재확정 군인이거나 일방이 장애로 인하여 노동능력을 기본적으로 상실한 경우, ⑧ 깊은 산골에 장기간 거주하며 농업생산을 주요 생활원천으로 하는 농촌거주민이 1인의 여자아이만 있고 생활이 실질적으로 어려운 경우 등이다(北京市人口与计划生育条例 제17조).

tè bié xíng zhèng qū 特別行政区 특별행정구

홍콩과 마카오를 말하는데 중국헌법 제31조에 근거하여 설정된 것이다. 홍콩特別行政区(tè bié xíng zhèng qū)는 고도의 자치를 실시하며 행정관리권·입법권·독립적 사법권 및 종심권이 있다(香港特别行政区基本法 제8조). 홍콩의 기존입법, 즉 보통법·형평법·조례·부속입법 및 관습법이 홍콩특별행정구기본법에 저촉되거나 홍콩특별행정구 입법기관이 개정한 것을 제외하고는 유지한다(香港特別行政区基本法 제8조). 또한 홍콩特別行政区(tè bié xíng zhèng qū)는 사회주의 제도와 정책을 시행하지 않으며 자본주의제도와 생활방식을 보유하며 50년간 변하지 않는다(香港特別行政区基本法 제5조).

quán guó rén mín dài biǎo dà huì 全国人民代表大会 전국인민대표대회 — 국 회

최고국가권력기관인 동시에 최고국가입법기관이다(宪法 제57조). 중화인민공화국의 일체 권력은 인민에 속하며, 인민이 국가권력을 행사하는 기관은 全国人民代表大会(quán guó rén mín dài biǎo dà huì) 및 각급 지방인민대표대회이다. 全国人民代表大会(quán guó rén mín dài biǎo dà huì)는 최고국가권력기관이며 全国人民代表大会(quán guó rén mín dài biǎo dà huì)와 全国人民代表大会(quán guó rén mín dài biǎo dà huì)상무위원회는 국가입법권을 행사한다(宪法 제58조).

全国人民代表大会(quán guó rén mín dài biǎo dà huì)는 성 · 자치구 · 직할시 · 특별행정구와 군대에서 선거된 대표로 구성되며 총수는 3000명을 초과하지 않는 범위 내에서 全国人民代表大会(quán guó rén mín dài biǎo dà huì)상무위원회가 각 선거단위의 대표비례를 확정한다. 상무위원회는 대표비례를 확정함에 있어서 성 · 자치구 · 직할시에서 선거되는 1인의 대표가 대표하는 인구를 농촌이 도시의 4배의 비례로 배정하며, 각 소수민족은 全国人民代表大会(quán guó rén mín dài biǎo dà huì)에서 반드시 적당한 수의 대표가 있어야 하며 인구가 비교적 적은 소수민족은 적어도 1인의 대표가 있도록 배정해야 한다. 특별행정구의 대표의 수와 선거방법은 全国人民代表大会(quán guó rén mín dài biǎo dà huì)에서 별도로 정한다(全国人民代表大会和地方各级人民代表大会选举法 제12조, 제15조). 全国人民代表大会(quán guó rén mín dài biǎo dà huì)의 권한에는 ① 헌법개정, ② 헌법시행의 감독, ③ 형사 · 민사 · 국가기관 · 기타 기본 법률의 제 · 개정, ④ 중화인민공화국 주석 · 부주석의 선출, ⑤ 중화인민공화국 주석의 지명에 의한 국무원총리 인선의 결정, 국무원총리의 지명에 의한 국무원부총리 · 국무위원 · 각부부장 · 각위원회주임 · 심계장(审计长) · 비서장의 인선의 결정, ⑥ 중앙군사위원회 주석의 선출, 중앙군사위원회주석의 지명에 의한 군사위원회 기타 구성원 인선의 결정, ⑦ 최고인민법원 원장의 선출, ⑧ 최고인민검찰원 검찰장의 선출, ⑨ 국민경제 · 사회발전계획과 계획집행상황보고의 심사 · 비준, ⑩ 국가예산과 예산집행상보고의 심사 · 비준, ⑪ 전국인민대표대회 상무위원회의 부당한 결정에 대한 개정 또는 취소, ⑫ 성 · 자치구 · 직할시 설치에 대한 비준, ⑬ 특별행정구의 설립 및 그 제도에 대한 결정, ⑭ 전쟁과 평화 문제의 결정, ⑮ 최고국가권력기관이 행사하여야 하는 기타 권한 등이 있다(宪法 제62조).

全国人民代表大会常务委员会 (quán guó rén mín dài biǎo dà huì cháng wù wěi yuán huì)
전국인민대표대회상무위원회

전국인민대표대회의 상설기관이고 최고권력기관의 구성부분이다. 전국인민대표대회 폐회기간에 경상적으로 최고권력을 행사하는 기관이며 국가입법권을 행사하는 기관이기도 하다. 전국인민대표대회의 상설 집행 및 입법기관이다. 위원장 · 부위원장 약간 명 · 비서장 · 위원 약간 명으로 구성되며, 그들은 전국인민대표대회 대표이며 매기 전국인민대표대회 제1차 회의에서 선출되며 행정기관 · 심판기관과 검찰기관의 직무를 겸임하지 못한다. 全国人民代表大会常务委员会(quán guó rén mín dài biǎo dà huì cháng wù wěi yuán huì)는 전국인민대표대회에 책임지고 보고하고 감독을 받으며, 전국인민대표대회 폐회기간에 국무원 · 최고인민법원 · 최고인민검찰원은 全国人民代表大会常务委员会(quán guó rén mín dài biǎo dà huì cháng wù wěi yuán huì)에 책임지고 보고한다. 全国人民代表大(quán guó rén mín dài biǎo dà)

会常务委员会 huì cháng wù wěi yuán huì의 권한에는 ① 헌법해석과 헌법시행의 감독, ② 전국인민대표대회가 제정하여야 하는 법률을 제외한 기타 법률의 제·개정, ③ 전국인민대표대회 폐회기간에 전국인민대표대회가 제정한 법률에 대한 부분적 보충·개정, 다만 그 법률의 기본원칙과 상충될 수 없다. ④ 법률해석, ⑤ 전국인민대표대회 폐회기간에 국민경제·사회발전계획과 국가예산 집행과정 중 필요불가결한 부분에 대한 조정방법의 심사·비준, ⑥ 국무원·중앙군사위원회·최고인민법원·최고인민검찰원 업무의 감독, ⑦ 국무원이 제정한 헌법·법률과 저촉되는 행정법규·결정·명령의 취소, ⑧ 성·자치구·직할시의 국가기관이 제정한 헌법·법률·행정법규와 저촉되는 지방성 법규와 결의의 취소, ⑨ 전국인민대표대회 폐회기간에 국무원총리의 지명에 의한 부장·위원회주임·심계장·비서장 인선의 결정, ⑩ 전국인민대표대회 폐회기간에 중앙군사위원회 주석의 지명에 의한 중앙군사위원회 기타 구성원 인선의 결정, ⑪ 최고인민법원 원장의 제청에 의한 최고인민법원 부원장·심판원·심판위원회위원과 군사법원 원장의 임면, ⑫ 최고인민검찰원 검찰장의 제청에 의한 최고인민검찰원 부검찰장·검찰원(检察员)·검찰위원회위원과 군사검찰원 검찰장의 임면, 성·자치구·직할시의 인민검찰원 검찰장 임면의 비준, ⑬ 외국주재 전권대사 임면의 결정, ⑭ 외국과 체결하는 조약과 중요 협정의 비준·폐지의 결정, ⑮ 군인·외교관의 등급제도와 기타 전문등급제도의 규정, ⑯ 국가의 훈장·영예칭호 수여의 규정과 결정, ⑰ 특별사면결정(特赦决定), ⑱ 전국인민대표대회 폐회기간에 국가가 무력침범을 받거나 국제간 공동침략방지조약을 이행해야 하는 경우 전쟁상태 선포의 결정, ⑲ 전국 총동원 또는 부분동원(局部动员)의 결정, ⑳ 전국 또는 개별 성·자치구·직할시 긴급상태 진입의 결정, ㉑ 전국 인민대표대회가 수여하는 기타 권한 등이 있다(宪法 제67조).

sī fǎ huò miǎnquán 司法豁免权 사법활면권	의원의 불체포특권

전국인민대표대회 대표는 전국인민대표대회 회의기간에 주석단(主席团)의 허가를 받지 않거나 전국인민대표대회 폐회기간에 전국인민대표대회 상무위원회 허가를 받지 아니하면 체포 또는 형사심판을 받지 않는다(宪法 제74조).

현행범으로 구속될 경우, 구속을 행한 공안기관은 반드시 즉각 전국인민대표대회 주석 혹은 전국인민대표대회 상무위원회에 보고해야 한다.

yán lùn biǎo jué huò miǎnquán 言论表决豁免权 언론표결활면권	발언·표결의 면책특권

전국인민대표대회 대표는 전국인민대표대회 회의에서 직무상 행한 발언과 표결에 대하여 법률의 추궁을 받지 않는다(宪法 제75조).

guó jiā zhǔ xí 国家主席 국가주석	대통령

중화인민공화국 주석은 중국 국가기관의 중요한 구성부분

이며 독립된 국가기관으로서 대내외로 국가를 대표한다. 중국의 国家主席(guó jiā zhǔ xí)와 부주석은 전국인민대표대회에서 선거하며 그 절차는 다음과 같다. 우선 전국인민대표대회 주석단에서 国家主席(guó jiā zhǔ xí)와 부주석의 후보명단을 제출하고, 각 대표단에서 검토·협상한 후 회의 주석단에서 대다수 대표의 의견에 근거하여 후보명단을 확정하여 최종적으로 전국인민대표대회에 제출하여 표결에 부치며, 전국인민대표대회의 과반수 대표의 표결로 선출된다. 国家主席(guǒ jiā zhǔ xí)와 부주석의 당선자격은 두 가지라고 볼 수 있는데, 하나는 정치요건, 즉 선거건과 피선거권이 있는 중국 공민이어야 하고 다른 하나는 연령요건, 즉 만 45세 이상이어야 한다는 것이다. 주석과 부주석의 매기의 임기는 전국인민대표대회의 매기 임기와 같고, 연임은 2회를 초과하지 못한다(宪法 제79조). 따라서 주석의 최장 임기는 10년이라고 할 수 있다.

国家主席(guó jiā zhǔ xí)의 권한에는 ① 법률공포권, ② 선전권(宣战权)·긴급상태 발포권·동원령 발포권, ③ 임명권, ④ 외교권, ⑤ 영전권(荣典权) 등이 있다(宪法 제80조). 국가부주석은 독립적인 권한이 없고 주요직책은 国家主席(guó jiā zhǔ xí)의 업무를 협조하는 것이다. 부주석은 주석의 위탁을 받고 주석의 부분적 권한을 집행할 수 있다(宪法 제82조). 国家主席(guǒ jiā zhǔ xí)는 국가원수이고 대외로 국가를 대표한다는 점에서 대한민국 헌법의 대통령이 국가원수로서 갖는 최고법적 지위와 비슷하다. 또한 ① 법률공포권, ② 선전권·긴급처분·명령권, ③ 임명권, ④ 영전권 등의 면에서도 같은 권한을 행사한다. 하지만, 国家主席(guó jiā zhǔ xí)는 중국의 독립적인 국가기관으로서 국무원이나 중앙군사위원회와 독립되어 있기 때문에 행정권이나 군사통솔권을 행사하지 못한다. 또한 임명권에 있어서 한국의 대통령한테는 대법원장이나 대법관·법관의 임명권이 있지만 중국의 国家主席(guó jiā zhǔ xí)는 그러한 권한이 없다.

国务院(guó wù yuàn) 국무원	국무회의 행정부

중앙인민정부로서 최고국가권력기관인 전국인민대표대회의 집행기관이며 최고국가행정기관이다(宪法 제85조). 우선, 国务院(guó wù yuàn)은 중앙인민정부로서 대외적으로 국가정부의 명의로 활동하며 대내적으로 지방 각급 인민정부를 통일적으로 영도한다. 다음으로, 国务院(guó wù yuàn)은 최고국가권력기관의 집행기관으로서 최고국가권력기관에 종속되며 최고국가권력기관에 책임지고 보고해야 한다. 마지막으로, 国务院(guó wù yuàn)은 최고행정기관이며 국가행정기관에서 최고의 지위를 지닌다.

国务院(guó wù yuàn)은 총리, 부총리 약간 명, 국무위원 약간 명, 각부 부장, 각 위원회 주임, 심계장, 비서장으로 구성된다. 국무원은 총리책임제를 실시하며 각부, 각 위원회는 부장·주임책임제를 실시한다(宪法 제86조). 국무원의 매기 임기는 전국인민대표대회의 임기와 같으며 총리·부총리·국무위원은 2회 이상 연임하지 못한다(宪法 제87조). 国务院(guó wù yuàn)의 권한에는 아래와 같은 것이 있다.

① 헌법과 법률에 근거한 행정조치의 규정·행정법규의 제

정, 결정 · 명령의 공포, ② 전국인민대표대회 또는 전국인민대표대회 상무위원회에 의안 제출, ③ 각부 · 각위원회의 임무와 직책의 규정, 각부와 각위원회 업무의 통일적인 영도, 각부와 각위원회에 속하는 전국적인 행정업무의 영도, ④ 지방 각급 국가행정기관 업무의 통일적 영도, 중앙과 성 · 자치구 · 직할시의 국가행정기관 권한의 구체적인 구분에 관한 규정, ⑤ 국민경제 · 사회발전계획과 국가예산의 편제 · 집행, ⑥ 경제업무와 성 · 향(城 · 乡)건설의 영도와 관리, ⑦ 교육 · 과학 · 문화 · 위생 · 체육과 계획생육업무의 영도와 관리, ⑧ 민정 · 공안 · 사법행정과 감찰 등 업무의 영도와 관리, ⑨ 대외사무의 관리 · 외국과의 조약 및 협정의 체결, ⑩ 국방건설사업의 영도와 관리, ⑪ 민족사무의 영도와 관리 · 소수민족의 평등권과 민족자치지방의 자치권의 보장, ⑫ 화교의 정당한 권리 · 이익의 보호, 귀환화교와 그 가족의 합법적인 권리 이익의 보호, ⑬ 각부 · 각위원회가 공포한 부적당한 명령 · 지시 · 규장의 개정 · 취소, ⑭ 지방 각급 국가행정기관의 부적당한 결정과 명령의 개정 · 취소, ⑮ 성 · 자치구 · 직할시의 구역 획정의 비준, 자치주 · 현 · 자치현 · 시의 설치와 구역 획정의 비준, ⑯ 성 · 자치구 · 직할시 범위 내 부분지구 긴급상태 진입의 선포, ⑰ 행정기관 편제의 심사확정, 법률에 따른 행정인원에 대한 임면 · 교육훈련 · 시험 · 상벌의 규정, ⑱ 전국인민대표대회와 전국인민대표대회 상무위원회가 수여하는 기타 권한 등이 있다(宪法 제89조).

中央军事委员会(zhōngyāng jūn shì wěi yuán huì) 중앙군사위원회 — 국방부

전국의 군대를 영도하는 기관이다(宪法 제93조). 中央军事委员会(zhōngyāng jūn shì wěi yuán huì)는 전국인민대표대회에서 선출되며 전국인민대표대회에 종속된다. 中央军事委员会(zhōngyāng jūn shì wěi yuán huì)는 주석, 부주석 약간 명, 위원 약간 명으로 구성된다. 中央军事委员会(zhōngyāng jūn shì wěi yuán huì) 주석은 전국인민대표대회에서 선출되며 전국인민대표대회는 中央军事委员会(zhōngyāng jūn shì wěi yuán huì) 주석의 추천으로 기타 구성원을 결정한다. 전국인민대표대회는 중앙군사위원회 주석과 기타 구성원을 파면할 권력이 있으며 전국인민대표대회 폐회기간에는 상무위원회가 상술한 권한을 행사한다. 중앙군사위원회의 매기 임기는 전국인민대표대회의 매기 임기와 마찬가지로 5년이지만 연임에 대하여는 아무런 제한적인 규정이 없다.

法律(fǎ lǜ) 법률 — 법률

전국인민대표대회 및 그 상무위원회에서 제정된 규범성 문건을 말한다. 法律(fǎ lǜ)의 지위와 효력은 헌법보다 낮지만 기타 행정법규·지방법규 등 다른 법규범보다는 높다. 法律(fǎ lǜ)는 제정기관에 따라 기본法律(fǎ lǜ) 및 기타 法律(fǎ lǜ) 두 종류로 나눌 수 있다. 기본法律(fǎ lǜ)는 전국인민대표대회에서 제·개정하는 형사·민사·국가기관 등 규범성 문건을 말한다(立法法 제7조). 예를 들면, '민법통칙', '형법', '형사소송법', '민사소송법', '전국인민대표대회조직법', '기업소득세법' 등이 여기에 속한다. 기본法律(fǎ lǜ) 이

외의 기타法律(fǎ lǜ)는 전국인민대표대회 상무위원회에서 제・개정하는 규범성 문건을 말한다(立法法 제7조). 예를 들면 '노동법', '회사법', '증권법', '세관법' 등이 이에 속한다. '법'이라고 명명된 것 이외에도 전국인민대표대회 및 그 상무위원회에서 공포한 법적 구속력이 있는 결의(决议), 결정(决定), 규정(规定), 판법(办法) 등도 法律(fǎ lǜ)와 같은 효력이 있다는 점에 주의해야 한다.

xíng zhèng fǎ guī 行政法规 행정법규	총리령

중국의 최고 행정기관인 국무원이 헌법과 기타 법률에 근거하여 제정한 규범성 문건을 말한다(立法法 제56조). 법적 지위와 효력은 헌법과 법률 다음이다. 국무원에서 공포한 조례(条例), 규정(规定), 판법(办法), 결정(决定)과 명령(命令) 등이 규범성 문건일 경우 모두 행정법부류에 속하며, 行政法规(xíng zhèng fǎ guī)는 헌법과 법률에 위배되어서는 아니 되고 전국인민대표대회 상무위원회는 국무원에서 제정한 헌법과 법률에 위배되는 行政法规(xíng zhèng fǎ guī)・결정・명령 등을 폐지할 수 있다. 行政法规(xíng zhèng fǎ guī)의 범위는 국가행정관리에 필요한 각종 사회관계, 예컨대 국가행정기관의 권한과 직책을 규정하거나 국가행정기관과 기타 국가기관・사회조직・기업 및 공민과의 관계 등을 규정하는 광범위한 내용을 포함한다.

dì fāng xìng fǎ guī 地方性法规 지방성법규	조 례

지방의 국가권력기관이 당해 행정구역의 실제상황에 근거

하여 제정 및 공포한 규범성 문건의 총칭이다. 성·시·자치구의 인민대표대회 및 그 상무위원회는 본 행정구역의 구체상황과 실제수요에 근거하여 헌법·법률·행정법규와 저촉되지 않는 전제하에서 地方性法规(dì fāng xìng fǎ guī)를 제정할 수 있다. 비교적 큰 시의 인민대표대회 및 그 상무위원회는 본 시의 구체상황과 실제수요에 근거하여 헌법·법률·행정법규와 본 성·자치구의 지방성법규와 저촉되지 않는 전제하에서 地方性法规(dì fāng xìng fǎ guī)를 제정할 수 있으며 성·자치구의 인민대표대회 상무위원회의 비준을 받은 후 시행한다. 성·자치구 인민대표대회 상무위원회는 비준을 신청한 地方性法规(dì fāng xìng fǎ guī)의 합법성에 대하여 심사를 하여 헌법·법률·행정법규와 본 성·자치구의 지방성법규와 저촉되지 않는다면 4개월 내에 비준해야 한다. 성·자치구 인민대표대회 상무위원회는 비준을 신청한 地方性法规(dì fāng xìng fǎ guī)의 합법성에 대하여 심사함에 있어서 본 성·자치구 인민정부의 지방성규장과 저촉되는 것을 발견하면 이에 대하여 처리하여야 한다. 여기서 말하는 비교적 큰 시는 성·자치구 인민정부 소재지의 시, 경제특구 소재지의 시와 국무원이 비준한 비교적 큰 도시이다(立法法 제64조). 地方性法规(dì fāng xìng fǎ guī)의 형태로는 규정·결정·조례 등 일반지방성 법규 및 자치조례와 단행조례가 있다.

自治条例(zì zhì tiáo lì) · 单行条例(dān xíng tiáo lì)
자치조례 · 단행조례

自治条例(zì zhì tiáo lì)는 민족자치구역의 자치기관에서 제정하고 자치구역 내에서만 효력이 있는 규범성 문건이다. 单行条例(dān xíng tiáo lì)는 민족구역의 자치기관이 특정분야의 문제를 해결하기 위하여 제정하고 자치구역 내에서만 효력이 있는 규범성문건이다. 민족자치구역의 자치기관은 자치권을 행사할 수 있는데, 민족자치구역의 인민대표대회는 그 지역 민족의 정치·경제와 문화의 특징에 따라 自治条例(zì zhì tiáo lì)와 单行条例(dān xíng tiáo lì)를 제정할 수 있으며 민족자치구역의 自治条例(zì zhì tiáo lì)와 单行条例(dān xíng tiáo lì)는 그 민족자치구역 내에서만 유효하다. 자치구의 自治条例(zì zhì tiáo lì)와 单行条例(dān xíng tiáo lì)는 전국인민대표대회 상무위원회의 비준을 받은 후 효력을 발생한다. 자치주·자치현의 自治条例(zì zhì tiáo lì)와 单行条例(dān xíng tiáo lì)는 성·자치구·직할시의 인민대표대회 상무위원회의 비준을 받은 후 효력을 발생한다. 自治条例(zì zhì tiáo lì)와 单行条例(dān xíng tiáo lì)는 당지 민족의 특징에 따라 법률과 행정법규의 규정에 대하여 변통적인 규정을 둘 수 있는데 법률 혹은 행정법규의 기본원칙에 위배되어서는 아니 되고, 헌법과 민족구역자치구의 규정 및 기타 관련 법률·행정법규가 전문적으로 민족자치지방에 관한 규정에 대하여 변통적인 규정을 해서는 아니 된다(立法法 제66조).

经济特区法规(jīng jì tè qū fǎ guī)
경제특구법규

심천(深圳)·주해(珠海)·하문(厦门)·산두(汕头)·해남성(海南省) 등 경제특구의 권력기관이 전국인민대표대회의 수권에 의하여 제정한 법률효력이 있는 단행법규와 규장이다(立法法 제65조). 따라서 经济特区法规(jīng jì tè qū fǎ guī)의 효력은 일반 법규·규장보다 높다. 경제특구의 법규는 전체 성의 범위에서 적용되는 것이 아니라 경제특구 소재지의 시에서만 적용된다. 예컨대 심천(深圳)특구의 법규는 광동성 전역에서 효력을 발생하는 것이 아니라 심천시에 한해서만 효력을 발생하는 것이다.

bù mén guī zhāng 部门规章 부문규장	부 령

국무원 산하의 각 부 · 위원회 · 중국인민은행 · 심계서(审计署) 및 행정관리기능이 있는 직속기관이 법률과 국무원의 행정법규 · 결정 · 명령에 근거하여 부문권한 범위 내에서 제정한 법적 구속력이 있는 규범성문건이다(立法法 제71조). 部门规章은 법률이나 국무원 행정법규 · 결정 · 명령의 사항을 집행하는 내용이어야 한다. 部门规章은 부무회의(部务会议) 혹은 위원회회의(委员会会议)에서 제정해야 하며 부문수장(部门首长)이 서명하고 반포한다(立法法 제75조, 제76조). 部门规章의 명칭은 실시세칙(实施细则) · 잠행규정(暂行规定) · 통지(通知) · 설명(说明) · 의견(意见) 등 매우 다양하다.

dì fāng zhèng fǔ guī zhāng 地方政府规章 지방정부규장	규칙

성 · 자치구 · 직할시 인민정부소재지의 시와 국무원의 비준을 거친 비교적 큰 시의 인민정부가 법률 · 행정법규와 본성 · 자치구 · 직할시의 지방성법규에 근거하여 제정한 규범성문건이다(立法法 제73조). 地方政府规章은 정부 상무회의(常务会议) 혹은 전체회의(全体会议)에서 결정하고, 성장 혹은 자치구 주석

혹은 시장이 서명하고 반포한다(立法法 제75조, 제76조). 地方政府规章은 법률 · 행정법규 · 지방성법규의 집행을 위한 사항과 본 행정구역 내의 구체적 행정관리사항에 대하여 규정할 수 있다.

sī fǎ jiě shì
司法解释
사법해석

국가 최고사법기관이 심판업무에서 법률을 어떻게 적용할 것인지에 관하여 행하는 법률구속력이 있는 해석과 설명이다(法院组织法 제33조). 중국의 최고사법기관은 최고인민법원과 최고인민검찰원이기 때문에 司法解释는 '심판해석'과 '검찰해석'으로 나누어진다. 일반적 의미에서의 司法解释란 법원이 구체적인 소송사건과 관련하여 필요한 법 규정을 해석하는 것으로서 구체적 사안에 대해 구속력을 발생한다는 점에서 권위가 있는 법률해석의 일종이다. 특히 구체적 사건과 관련된다는 점에서 특별한 의미를 갖는데, 중국의 司法解释는 중국 전역에 거쳐 일반적인 효력을 발생한다는 점에서 일반적 의미에서의 司法解释와 다르다는 점에 주의해야 한다.

duō dǎng hé zuò zhì dù
多党合作制度
다당합작제도

국민당혁명위원회 · 중국민주동맹 · 중국민주건국회 · 중국민주촉진회 · 중국농공민주당 · 중국치공당(致公党) · 9.3학사 · 대만민주자치동맹 등 8개 정당이 공산당과 협력하여 이루어진 정당

제도를 말한다. 多党合作制度(duō dǎng hé zuò zhì dù)의 핵심을 개괄하여 말한다면 “장기적으로 공존하고, 서로 감독하며, 간과 쓸개처럼 서로 돕고, 영욕을 함께 한다(长期共存, 互相监督, 肝胆相照, 荣辱与共)”는 것이다. 중국의 각 민주당파는 중국 공산당의 우당(友党)·참정당으로서 중국공산당의 영도를 받으며 독립적으로 업무를 전개한다(93년 宪法修正案 제4조).

zhèng zhì xié shāng zhì dù
政治协商制度
정치협상제도

중국인민의 애국통일전선이고 중국공산당이 영도하는 다당합작과 정치협상의 주요기관이며 중국 정치에서 사회주의 민주를 구현하는 중요한 형식이다. 즉 국가기관도 아니고 일반적인 사회단체도 아닌, 중국인민애국통일전선의 성격을 띤 조직이다. 政治协商制度(zhèng zhì xié shāng zhì dù)의 역할은 주로 ‘정치협상(政治協商)’을 진행하고 ‘민주감독(民主監督)’을 실현하는 것이라고 할 수 있다(93년 宪法修正案 제4조).

zōng jiào xìn yǎng zì yóu
宗教信仰自由
종교신앙자유 — 종교의 자유

외부의 간섭을 받지 않고 자기의 의사에 따라 자발적으로 신앙을 결정하고 종교의식에 참가할 수 있는 권리를 말한다. 즉 임의의 종교를 믿거나 믿지 않을 자유가 있고, 국가는 공민에게 종교 신앙을 강요하거나 종교 신앙의 반대를 강요할 수 없고 공민이 종교에 대하여 태도를 표시할 것을 강요해서는 아니됨을 말한다.

중화인민공화국 공민은 宗教信仰自由가 있으며 임의의 국가기관·사회단체와 개인은 공민에게 종교를 신앙하거나 신앙하지 않을 것을 강요해서는 아니 되며 종교를 신앙하는 공민이나 신앙하지 않는 공민을 기시해서는 아니 된다. 국가는 정상적인 종교 활동을 보호하며 누구든 종교를 이용하여 사회질서를 파괴하고 공민의 신체건강에 손해를 초래하며 국가의 교육제도를 방해하는 활동을 해서는 아니 된다. 종교단체와 종교의 사무는 외국세력의 지배를 받지 아니한다(宪法 제36조).

fù nǚ de píng děng quán 妇女的平等权 부녀적평등권	양성의 평등권

xuǎn jǔ quán 选举权 선거권	선거권

선거를 할 수 있는 권리를 말하는데 중국의 만 18세 이상의 공민은 법률에 의하여 선거권을 박탈당하지 않은 한 모두 선거권이 있다(宪法 제34조).

bèi xuǎn jǔ quán 被选举权 피선거권	피선거권

선거에 나갈 수 있는 자격을 말하는데 중국의 만 18세 이상의 공민은 법률에 의하여 정치권리를 박탈당하지 않은 한 모두 피선거권이 있다. 단 국가주석·부주석의 경우에는 만 45세 이상이어야 한다(宪法 제79조).

直接选举 (zhí jiē xuǎn jǔ) 직접선거	직접선거

선거인이 인민대표대회 대표를 직접 선거하는 제도를 말하는데 중국은 구(区)를 설치하지 않은 시·시할구(市辖区)·현·자치현·향·민족향·진(镇)의 인민대표대회 대표는 선거인이 직접 선거한다(全国人民代表大会和地方各级人民代表大会选举法 제2조).

间接选举 (jiàn jiē xuǎn jǔ) 간접선거	간접선거

일반선거인이 직접선거를 통하여 1차의 대표를 선거하는데 그치고 그 대표가 다시 자신보다 우위인 대표를 선거하는 제도를 말한다. 중국의 전국인민대표대회의 대표, 성·자치구·직할시·구(区)를 설치한 시·자치주의 인민대표대회 대표는 하1급 인민대표대회에서 선거한다(全国人民代表大会和地方各级人民代表大会选举法 제2조).

基层人民法院 (jī céng rén mín fǎ yuàn) 기층인민법원	지방법원 및 그 지원

현·자치현·구를 설치하지 않은 시, 구를 설치한 시의 구에 설치된 법원이며 최하급법원이다(法院组织法 제18조). 중국은 현재 3135개의 基层人民法院(jī céng rén mín fǎ yuàn)이 있으며, 基层人民法院(jī céng rén mín fǎ yuàn)이 수리하는 사건의 수와 직원은 전체 법원조직체계의 80%를 차지한다. 基层人民法院(jī céng rén mín fǎ yuàn)은 원장 1인, 부원장과 심판원 약간 명

으로 구성된다. 基层人民法院은 형사재판정 · 민사재판정 · 경
jī céng rén mín fǎ yuàn
제재판정을 설치할 수 있고, 각 재판정마다 정장(庭长) · 부정장
(副庭长)을 설치할 수 있다. 규모에 따라 대한민국의 지방법원
또는 그 지원에 해당한다고 할 수 있다.

rén mín fǎ tíng 人民法庭 인민법정	지방법원 지원 또는 시 · 군법원

기층인민법원은 지역 · 인구와 사건상황에 근거하여 약간의
人民法庭을 설립할 수 있다(法院组织法 제20조). 人民法庭은 3
rén mín fǎ tíng rén mín fǎ tíng
명 이상의 법관, 1명 이상의 서기관을 구비해야 한다. 人民法庭
rén mín fǎ tíng
은 기층인민법원의 구성부분이며 人民法庭의 판결 · 재정은 기층
rén mín fǎ tíng
인민법원의 판결 · 재정과 같은 효력이 있다. 규모에 따라 대한민
국의 지방법원 지원 또는 시 · 군법원에 해당한다고 할 수 있다.

zhōng jí rén mín fǎ yuàn 中级人民法院 중급인민법원	큰 규모의 지방법원

각 성 · 자치구의 구역을 기준으로 설립한 中级人民法院,
zhōng jí rén mín fǎ yuàn
직할시의 中级人民法院, 성 · 자치구 관할의 시와 자치주에 설
zhōng jí rén mín fǎ yuàn
립한 中级人民法院을 말한다(法院组织法 제23조). 中级人民法
zhōng jí rén mín fǎ yuàn zhōng jí rén mín fǎ
院은 원장1인, 부원장 · 정장 · 부정장과 약간의 심판원으로 구
yuàn
성된다. 中级人民法院은 형사심판정, 민사심판정, 경제심판정
zhōng jí rén mín fǎ yuàn
을 설치할 수 있고 필요에 따라 기타 심판정을 설치할 수 있
다. 中级人民法院이 제1심 법원일 경우에는 대한민국의 큰 규
zhōng jí rén mín fǎ yuàn
모의 지방법원에 해당한다고 할 수 있다.

gāo jí rén mín fǎ yuàn 高级人民法院 고급인민법원	고등법원

高级人民法院(gāo jí rén mín fǎ yuàn)은 성·자치구·직할시에 하나씩 설치한다(法院组织法 제26조). 高级人民法院(gāo jí rén mín fǎ yuàn)은 원장 1인·부원장·정장·부정장과 심판원 약간 명으로 구성되고 형사심판정·민사심판정·경제심판정을 설치하며 수요에 따라 기타 심판정을 설치할 수 있다.

zuì gāo rén mín fǎ yuàn 最高人民法院 최고인민법원	대법원

중국의 최고심판기관으로서 각급 법원 중 최고심급의 법원이며 원장 1인·부원장·정장·부정장과 심판원 약간 명으로 구성된다(法院组织法 제30조). 最高人民法院(zuì gāo rén mín fǎ yuàn)은 형사심판정·민사심판정·경제심판정을 설치하고 수요에 따라 기타 심판정을 설치할 수 있다.

zhuān mén rén mín fǎ yuàn 专门人民法院 전문인민법원	전문법원

특정한 범위에 속하는 사건만을 전문적으로 처리하는 재판기관이며 군사법원·해사법원·철로운수법원 등이 있다(法院组织法 제29조). '전문'에 대한 분류방식에 구별이 있긴 하지만 대한민국의 특허법원·가정법원·행정법원·군사법원 등과 비슷한 취지에서 설립된 법원이라고 이해할 수 있다.

shěn pàn jī guān 审判机关 심판기관	재판기관

법원은 중국의 审判机关(shěn pàn jī guān)이다(法院组织法 제1조). 审判机关(shěn pàn jī guān)의 등급으로는 기층인민법원 · 중급인민법원 · 고급인민법원 · 최고인민법원 네 가지 등급이 있고, 이 외에 군사법원 등 전문인민법원이 있다.

àn jiàn 案 件 안 건	사 건

중국에서는 사건을 案件(àn jiàn)이라고 하며, 크게 분류하면 민사案件(àn jiàn) · 형사案件(àn jiàn) · 행정案件(àn jiàn) 등으로 나누어진다(法院组织法 제3조).

shěn pàn yuán 审判员 심판원	판 사

일반적으로 법관이라는 용어를 많이 사용하지만 실질적인 재판부를 구성하여 사건을 심리할 때에 审判员(shěn pàn yuán), 심판장 등 용어로 심판기관임을 나타낸다(法院组织法 제10조). 심판장은 대한민국에서 재판장이라 할 수 있다.

fǎ guān 法 官 법 관	법 관

국가심판권을 행사하는 자를 말하는데 중국에서는 각 법원 원장 · 부원장 · 정장 · 부정장 · 심판원 · 예비심판원을 포함한다. 法官(fǎ guān)이 되려면 아래와 같은 요건을 갖추어야 한다.

① 중화인민공화국 국적이 있어야 한다. ② 만 23세 이상이어야 한다. ③ 중화인민공화국헌법을 옹호해야 한다. ④ 양호한 정치소양과 업무소질 및 품행을 갖추어야 한다. ⑤ 신체가 건강해야 한다. ⑥ 4년제 대학을 졸업하고 법률전문지식이 있으며 법률경력이 만 2년 이상이어야 하고 그 중 고급인민법원·최고인민법원의 法官(fǎ guān)이 되려면 법률경력이 만 3년 이상이어야 한다. 석사학위나 박사학위를 소지한 자는 법률경력이 만 1년 이상이어야 하고, 그 중 고급인민법원·최고인민법원의 法官(fǎ guān)이 되려면 법률경력이 만 2년 이상이어야 한다. 단 동 조항을 만족하기 어려운 지방에서는 최고인민법원의 확인을 받아 일정한 기한 내에 法官(fǎ guān)의 학력조건을 2년제 대학으로 낮출 수 있다(法官法 제9조). 상기 조건을 갖추었음에도 불구하고, 형벌을 받은 적이 있거나 공직을 박탈당한 적이 있는 자는 法官(fǎ guān)이 될 수 없다(法官法 제10조).

人民陪审员(rén mín péi shěnyuán) 인민배심원 | 배심원

심판원은 아니지만 일정한 요건 하에서 심판정의 구성원이 될 수 있으며 심판장을 담당할 수 없지만 기타 심판원과 동등한 권리를 행사하는 자를 말한다. 선거권과 피선거권이 있는 만 23세 이상의 공민은 人民陪审员(rén mín péi shěnyuán) 자격이 있으며 일반적으로 전문대학 이상의 학력소지자여야 한다. 단 선거권·정치권을 박탈당한 자, 형벌을 받은 자, 공직을 박탈당한 자는 제외한다(法院组织法 제38조).

人民陪审员(rén mín péi shěnyuán)의 업무집행기간의 교통비와 식비는 법원에서 지급하며 근무단위는 노임이나 기타 대우를 예전과 같이 해주어야 한다. 고정적인 수입이 없는 人民陪审员(rén mín péi shěnyuán)에 대해서는 법원이 사회평균임금을 참작하여 적정하게 지급한다(法院组织法 제39조). 人民陪审员(rén mín péi shěnyuán)은 모든 심판에 참여하는 것이 아니고 주로 다음과 같은 사건에 참여하여 역할을 하며 1심에 한하여 심판에 참여할 수 있다.

① 사회영향이 비교적 큰 형사·민사·행정사건

② 형사사건의 피고인, 민사사건의 원고 혹은 피고, 행정사건의 원고가 人民陪审员(rén mín péi shěnyuán)의 참여를 요구하는 사건.

独任制(dú rèn zhì) 독임제	단독제

심판원 1인이 간이사건을 심판하는 조직형태를 말한다(法院组织法 제10조). 민사소송에서는 합의제가 원칙이고 예외적인 경우에만 独任制(dú rèn zhì)를 적용한다. 즉 기층인민법원과 그가 파견한 인민법정에만 적용되며 관할범위는 ① 제1심 형사 고소사건과 기타 경미한 형사사건, ② 사실이 분명하고 권리의무관계가 명확하여 다툼이 심하지 않는 간단한 민사사건이다.

独任庭(dú rèn tíng) 독임정	단독판사 단독재판

심판원 1인으로 구성된 재판부를 말한다.

合议制 (hé yì zhì) 합의제 | 합의제

3인 이상의 심판원 혹은 심판원과 배심원이 합의정을 구성하여 재판하는 제도를 말한다. 법원이 제1심 민사사건을 재판하는 경우는 간이절차를 적용하는 경우 외에는 합의정을 구성하여 재판하며, 제2심 및 재심의 경우에는 반드시 합의정을 구성하여 재판해야 한다. 따라서 민사사건의 심사에 있어서 合议制(hé yi zhì)가 일반적인 심리형태라고 할 수 있다.

合议庭 (hé yì tíng) 합의정

제1심 合议庭(hé yi tíng)은 심판원과 배심원으로 구성하거나 심판원으로만 구성할 수 있다(法院组织法 제10조). 合议庭(hé yì tíng)의 구성원은 반드시 홀수여야 하며 배심원은 심판에 있어서 심판원과 동등한 권리와 의무가 있다. 그러나 2심의 경우에는 오로지 심판원으로만 合议庭(hé yi tíng)을 구성할 수 있으며 배심원은 합의성의 구성원이 될 수 없다. 合议庭(hé yi tíng)의 구성 인원수는 제한이 없으나 언제나 홀수이어야 한다. 실무상 3인으로 구성하는 것이 일반적이나 중대하고 복잡한 사건의 경우에는 5인 내지 7인으로 구성하기도 한다. 그리고 合议庭(hé yì tíng)의 심판장은 원장 또는 정장이 지정하는 1인의 법관이 담당하며, 원장이나 정장이 재판에 참가하는 경우에는 원장 혹은 정장이 담당한다. 주의할 것은 合议庭(hé yi tíng)은 법원이 사건을 심판하는 기본심판 조직이지만 한국에서 말하는 합의부와 달리 그 구성원이 고정된 것이 아니라 임시로 구성된다는 것이다. 다시 말하면, 법원에 설치한 민사재판정·형사재판정·행정재판정 등은 상설기관이지만, 구체적 사건을 심리하는 합의정은 사건에 따른 임시적 조직이라는 것이다.

合议庭(hé yì tíng)이 재판하는 경우에는 다수결의 원칙에 의하며 사건 처리의 최후 평의에 관해서는 법원 서기관이 조서로 작성한다. 평의에 관하여는 소수의견, 평의 결과를 반드시 사실대로 기재해야 한다. 조서에는 合议庭(hé yì tíng) 구성원이 서명하며, 合议庭(hé yì tíng) 조서를 자세히 심사한 후 중요 상황과 의견이 누락 또는 오기된 것을 발견한 때에는 그 보정을 요구해야 한다.

审判庭(shěn pàn tíng) 심판정	합의부

审判庭(shěn pàn tíng)은 한국법원조직에서의 부와 같다. 기층인민법원은 형사审判庭(shěn pàn tíng)·민사审判庭(shěn pàn tíng)·경제审判庭(shěn pàn tíng) 등을 설치할 수 있고, 각 审判庭(shěn pàn tíng)마다 정장(庭长)·부정장(副庭长)을 둘 수 있다(法院组织法 제19조).

庭(tíng) 长(zhǎng) 정 장	부장판사

庭长(tíng zhǎng)·부庭长(tíng zhǎng)은 심판정의 정·부직 책임자이다. 庭长(tíng zhǎng)은 한국 재판부의 부장판사와 유사하지만, 한국에는 중국의 부庭长(tíng zhǎng)에 해당하는 직책은 없다.

shěn pàn wěi yuán huì 审判委员会 심판위원회

审判委员会(shěn pàn wěi yuán huì)는 심판기관에 속하지만 합의정이나 독임정과 같이 심판활동만을 하는 것이 아니라 조사 연구도 하는 혼합적 기능을 가진 독특한 기관이다. 审判委员会(shěn pàn wěi yuán huì)의 역할은 주로 ① 중대하거나 어려운 사건을 토론하여 결정을 내리고, ② 각급 법원장이 심판감독절차에 따라 审判委员会(shěn pàn wěi yuán huì)에 회부한 사건을 처리하며, ③ 심판실무경험을 종합하며, ④ 심판사무에 관한 기타 문제를 연구하는 것 등이다(法院组织法 제11조). 각급 법원의 审判委员会(shěn pàn wěi yuán huì) 회의는 원장이 주최하며, 당해 법원과 동급인 인민검찰원의 검찰장도 회의에 참석할 수 있다. 审判委员会(shěn pàn wěi yuán huì) 회의의 평결에는 다수결의 원칙이 적용된다.

rén mín jiǎn chá yuàn 人民检察院 인민검찰원 — 검찰청

중국의 법률감독기관이며(检察院组织法 제1조) 최고人民检察院(rén mín jiǎn chá yuàn), 지방 각급人民检察院(rén mín jiǎn chá yuàn)과 군사검찰원 등 전문人民检察院(rén mín jiǎn chá yuàn) 등이 있다. 지방 각급 人民检察院(rén mín jiǎn chá yuàn)은 ① 성 · 자치구 · 직할시 人民检察院(rén mín jiǎn chá yuàn), ② 성 · 자치구 · 직할시 人民检察院(rén mín jiǎn chá yuàn) 분원(分院), 자치주 · 성할시(省辖市) 人民检察院(rén mín jiǎn chá yuàn), ③ 현 · 시 · 자치현과 시할구(市辖区)의 人民检察院(rén mín jiǎn chá yuàn)이 있다. 여기서 ①은 중국의 고급인민법원에 대응하는 검찰기관이고, 한국의 고등검찰청에 해당한다고 할 수 있다. ②는 중국의 중급인민법원에 대응하는 한국의 규모가 큰 지방검찰청에 해당하고 ③은 중국의 기층인민

법원에 대응하는 검찰기관이며 한국의 작은 규모의 지방검찰청 또는 지청에 해당한다고 볼 수 있다.

성급 人民检察院(rén mín jiǎn chá yuàn)과 현급 人民检察院(rén mín jiǎn chá yuàn)은 업무의 수요에 근거하여 본급 인민대표대회 상무위원회의 비준을 받아 공광(工矿)구역 · 농간(农垦)구역 · 임업구역 등 구역에 人民检察院(rén mín jiǎn chá yuàn)을 설치하여 파출기관으로 할 수 있다. 이러한 파출기관은 중국의 인민법정에 대응하는 검찰기관이며 한국의 규모가 작은 지청에 해당한다고 볼 수 있다.

zuì gāo rén mín jiǎn chá yuàn 最高人民检察院 최고인민검찰원	대검찰청

국가의 최고검찰기관이며 그 주요권한은 ① 지방 각급 인민검찰원과 전문인민검찰원의 업무를 영도하고, ② 전국적인 중대한 형사사건에 대하여 검찰권을 행사하며, ③ 각 급 인민법원의 확정판결에 대하여 착오가 있음을 발견할 경우 심판감독절차에 근거하여 항소하고, ④ 교도소와 구치소{중국에서는 간수소(看守所)라 함}의 활동을 감독하고, ⑤ 민사소송 · 행정소송의 실시에 대하여 감독하며, ⑥ 검찰 업무 중에 구체적인 법률문제의 적용에 대하여 법률해석을 한다(检察院组织法 제5조, 제10조).

zhuān mén rén mín jiǎn chá yuàn 专门人民检察院 전문인민검찰원	군검찰부 등

최고인민검찰원의 영도 하에 특정된 조직체계 내에 설립된

검찰기관이며 군사검찰원과 철로운수검찰원이 있다(检察院组织法 제2조). 군사검찰원은 중국인민해방군 내부에 설치된 검찰기관으로서 현역군인의 범죄와 기타 형사범죄사건에 대하여 검찰권을 행사한다. 철로운수검찰원은 각 철로국(铁路局)소재지에 설립한 철로운수검찰원 분원(分院)과 각 철로분국(铁路分局)소재지에 설립한 기층철로운수검찰원이 있다. 철로운수법원은 철로화물운송계약사건 등 민사사건과 철로운수계통의 공안기관이 수사한 형사사건 및 철로운송과 관련된 경제범죄사건 등을 관할한다. 국제열차에서 발생한 형사사건에 관해서는 중국과 관련국가가 국제조약을 체결하였다면 조약의 내용대로 처리하고, 조약이 없을 경우에는 범죄 발생 후 열차가 최초 정착한 중국기차역 소재지 혹은 목적지의 철로운수법원이 관할한다. 한국에는 전문검찰업무를 위하여 군사법원에 군검찰부를 두고 있다.

jiǎn chá guān 检察官 검찰관	검 사

검사의 기능을 행하는 자를 말하는데 检察官(jiǎn chá guān)이 되려면 아래와 같은 요건을 충족시켜야 한다. ① 중화인민공화국 국적이 있어야 한다. ② 만 23세 이상이어야 한다. ③ 중화인민공화국 헌법을 옹호해야 한다. ④ 양호한 정치소양과 업무소질 및 품행을 갖추어야 한다. ⑤ 신체가 건강해야 한다. ⑥ 4년제 대학을 졸업하고 법률전문지식이 있으며 법률경력이 만 2년 이상, 그 중 성·자치구·직할시의 인민검찰원, 최고인민검찰원의 검

사가 되려면 법률경력이 만 3년 이상이어야 한다. 석사학위나 박사학위를 소지한 자 혹은 비법률전공 석사학위나 박사학위를 취득하고 법률전문지식이 있는 자는 법률경력이 만 1년 이상, 그 중 성·자치구·직할시의 인민검찰원과 최고인민검찰원의 검사가 되려면 법률경력이 만 2년 이상 등 요건을 만족시켜야 한다. 단 동 조항을 만족하기 어려운 지방에서는 최고인민검찰원의 확인을 받아 일정한 기한 내에 검사의 학력조건을 2년제 대학으로 낮출 수 있다(检察官法 제10조). 상기 조건을 갖추었음에도 불구하고, 형벌을 받은 적이 있거나 공직을 박탈당한 적이 있는 자는 검사가 될 수 없다(检察官法 제11조).

lǜ shī 律师 율사	변호사

법의 의해 변호사자격을 취득하고 의뢰를 받거나 지정을 받고 당사자를 위해 법률서비스를 제공하는 전문인원이다(律师法 제2조). 律师(lǜ shī) 자격증을 취득하려면, 중국 국적이 있어야 하고 대학 법학 전공 또는 동등한 전공수준을 갖추었거나 대학의 기타 학과 본과 전공 이상의 학력 소지자로서 국무원 사법행정기관에서 실시하는 전국통일사법고시에 합격해야 한다. 중국에는 한국과 같은 사업연수원제도가 없기 때문에 사법고시에 합격한 후 변호사 개업을 하려면 율사사무소에서 1년간 실습을 거친 후 사법국(司法局)에 신청하여 律师(lǜ shī)직업증을 받아야 한다. 단 민사 행위능력이 없거나 행위능력이 제한된 자, 과실범죄 이외에 형벌을 받은 자, 공직에서 면직되거나 律师(lǜ shī)

직업증이 취소된 적이 있는 자에게는 律师직업증을 발급할 수 없다.

lǜ shī shì wù suǒ 律师事务所 율사사무소	법률사무소 법무법인

일정한 경력을 갖춘 변호사들이 법적인 절차에 따라 설립한 영업장소, 즉 업무를 집행하는 장소이다(律师法 제15조). 律师事务所는 법이 인정한 형태로만 설립될 수 있으며 현재 중국의 율사법에는 국자율사사무소(国资律师事务所), 조합율사사무소(合伙律师事物所), 개인율사무소(个人律师事务所) 등 3가지 형태가 있다.

guó zī lǜ shī shì wù suǒ 国资律师事务所 국자율사사무소	

국가가 출자하여 설립한 사무소이며, 설립 후 독립적으로 율사업무를 전개하고 사무소의 전부 재산으로 채무에 내하여 책임을 지는 율사사무소를 말한다(律师法 제20조). 国资律师事务所는 1995년 전까지만 하여도 중국 율사사무소의 주요형태였는데 지금 이러한 형태는 이미 후순위로 밀려났고 주로 경제가 낙후하거나 율사들이 경영성이 없다고 판단하여 기타 형태의 율사사무소를 설립하지 않은 지역에서 겨우 명맥을 이어가고 있는 추세이다. 또 국가적 차원에서 国资律师事务所의 창조성과 경쟁력을 높이기 위하여 사유화시키는 방침을 실시하고 있기 때문에 향후 이러한 형태의 사무소가 율사사무소 중에서

차지하는 비율은 점차 낮아질 것이다.

hé huǒ lǜ shī shì wù suǒ 合伙律师事务所 합과율사사무소	법무조합 법무법인(유한)

일반合伙律师事务所(hé huǒ lǜ shī shì wù suǒ)와 특수일반合伙律师事务所(hé huǒ lǜ shī shì wù suǒ)가 있는데 전자는 모든 조합인이 무한연대책임을 지는 것이고 후자는 일부 조합인이 일정한 요건하에 유한책임을 지는 것을 말한다(律师法 제15조). 현재 중국에는 1만 3천여 개의 율사사무소가 있는데 그 중 合伙律师事务所(hé huó lǜ shī shì wù suǒ)는 9,200여 개로서 전체 율사사무소의 70% 이상을 차지한다.

合伙律师事务所(hé huó lǜ shī shì wù suǒ)의 책임방식은 구체적으로 말하여 다음과 같다. 즉 일반合伙律师事务所(hé huǒ lǜ shī shì wù suǒ)의 경우에는 일반合伙律师事务所(hé huǒ lǜ shī shì wù suǒ)의 전체 재산으로 채무를 변제해야 하며, 채무를 전부 변제할 수 없는 경우 조합인은 무한연대책임을 진다. 특수일반合伙律师事务所(hé huǒ lǜ shī shì wù suǒ)의 경우 담당변호사의 고의 또는 중대과실이 아닌 이유로 인한 채무에 대해서는 전체 조합 변호사가 무한연대책임을 지고, 담당변호사의 고의 또는 중대한 과실로 인한 채무에 대해서는 담당변호사가 무한책임을 지고 기타 조합 변호사는 지분에 따라 유한책임을 진다.

일반合伙律师事务所(hé huó lǜ shī shì wù suǒ)를 설립하려면 3년 이상 경력이 있는 조합율사 3인 이상 및 자산 30만 위안을 구비해야 하고, 특수일반合伙律师事务所(hé huó lǜ shī shì wù suǒ)를 설립하려면 3년 이상 경력이 있는 조합율사 20인 이상 및 자산 1000만 위안을 구비해야 한다.

个人律师事务所 (gè rén lǜ shī shì wù suǒ) 개인율사사무소	법률사무소

변호사 1인이 변호사사무소를 설립하고 변호사사무소의 채무에 대하여 무한책임을 지는 것을 말한다. 법률시장의 부단한 발전과 다양화된 수요에 근거하여 상해·북경 등 대도시에 지방규정으로 시험적으로 운행해오다가 2007년 개정 율사법에 신설된 것이다. 个人律师事务所(gè rén lǜ shī shì wù suǒ)에 대한 규정을 보면 개업변호사가 5년 이상의 직업경력이 있어야 한다는 것과 변호사사무소의 채무에 대하여 무한책임을 져야 한다는 내용을 주요골자로 하고 있다(律师法 제16조).

基层法律服务工作者 (jī céng fǎ lǜ fú wù gōng zuò zhé) 기층법률복무공작자	법무사

고등학교 혹은 중등전문학교 이상의 학력을 갖춘 선거권과 피선거권이 있는 중국공민이 전국基层法律服务工作者(jī céng fǎ lǜ fú wù gōng zuò zhé) 직업자격고시에 통과되어 基层法律服务工作者(jī céng fǎ lǜ fú wù gōng zuò zhé)직업자격승서(基层法律服务工作者执业资格证书)를 취득한 자를 말한다(基层法律服务工作者管理办法 제2조). 基层法律服务工作者(jī céng fǎ lǜ fú wù gōng zuò zhé)가 보는 고시는 변호사·검사·판사가 되기 위하여 보는 통일사법고시와는 다른 시험이며 통일사법고시보다 난이도가 떨어진다. 중국에서 基层法律服务工作者(jī céng fǎ lǜ fú wù gōng zuò zhé)란 제도를 둔 취지는 법률수요가 상당한 반면에 변호사의 수가 부족한 문제를 해결하기 위해서이다. 특히, 변호사들이 대도시에 몰려 있고 지방이나 편벽한 농촌에는 변호사가 없는 문제를 해결하기 위해서이다. 基层法律服务工(jī céng fǎ lǜ fú wù gōng)

作者는 ① 법률고문을 담당할 수 있고, ② 민사사건·행정사건에서 소송대리인을 맡을 수 있으며, ③ 조정·중재활동에 참가하는 등 업무를 볼 수 있다. 하지만 형사사건의 소송대리인은 맡을 수 없으며 변호사의 명의로 활동하지 못한다.
zuò zhé

fǎ lǜ shì wù suǒ 法律事务所 법률사무소	법무사 사무소

기층법률공작자가 설립한 법률업무를 보는 사무소를 말한다. 法律事务所는 일정한 자금력이 있어야 하고 자기의 명칭·주소와 정관이 있어야 하며 일반적으로 3인 이상의 조합인으로 구성된다. 조합인은 3년 이상 기층법률공작경력과 법률전공 2년 이상 학력이 있어야 한다(基层法律服务所管理办法 제8조). 비록 명칭이 법률사무소이지만 실질적으로 일은 하는 자는 변호사가 아니라 변호사보다 한 단계 낮은 차원의 법률공작자가 업무를 보는 기관이다. 따라서 한국의 법률사무소와 명칭이 같다 하여 변호사가 업무를 보는 기관이라고 간주하여서는 아니 된다.
fǎ lǜ shì wù suǒ

cūn mín wěi yuán huì 村民委员会 촌민위원회	

촌민들의 민주선거·민주결책·민주관리·민주감독을 실시하는 자치조직이며 주임·부주임과 위원 5-7인으로 구성된 위원회를 말한다. 村民委员会 구성원 중에는 적당한 비율의 여
cūn mín wěi yuán huì

자가 있어야 하며 여러 민족의 주민이 거주하는 촌의 村民委员会(cūn mín wěi yuán huì)에는 주민수가 적은 민족의 위원도 있어야 한다. 村民委员会(cūn mín wěi yuán huì) 구성원은 생산 활동에 참가해야 하며 상황에 따라 적당한 생활보조를 받을 수 있다(村民委员会组织法 제2조, 제9조).

居民委员会(jū mín wěi yuán huì) 거민위원회

도시주민이 자신에 관한 일을 법에 따라 처리하는 주민의 자기관리 · 자기교육 · 자기서비스를 하는 기초적인 대중 자치조직을 말한다(居民委员会组织法 제2조). 居民委员会(jū mín wěi yuán huì)의 권리 · 의무는 ① 국가 정책과 법률의 홍보 및 주민교육 · 공공재산 보전 · 사회주의 정신문명의 건설, ② 당해지구의 공중사무와 공익사업 수행, ③ 민간분쟁의 조정, ④ 치안유지 협력, ⑤ 인민정부 또는 파출기관과의 협력 · 공중위생 · 계획생육 · 청소년 교육, ⑥ 주민의견을 정부에 반영 · 건의사항 제출 등이다(居民委员会组织法 제3조).

[민 법 편]

mín fǎ tōng zé 民法通则 민법통칙	민법총칙

민법은 평등한 주체 사이, 즉 공민 사이, 법인 사이, 공민과 법인 사이의 재산관계와 인신관계를 규율하는 법률규범을 말한다(民法通则 제2조). 민법의 개념은 고대 로마법의 시민법에서 기원된 것인데 중국은 청나라 말기의 유신변법(维新变法)을 통하여 근대의 민법체계를 확립하였다. 1949년 중화인민공화국 건국 이후 중국은 민법전의 제정에 착수하였으며 통일민법전의 전단계로 1986년에 民法通则(mín fǎ tōng zé)를 제정하였다. 民法通则(mín fǎ tōng zé)는 1986년 4월 12일 제6기 전국인민대표대회 제4차 회의에서 통과되었으며 1987년 1월 1일부터 시행되었다. 民法通则(mín fǎ tōng zé)는 총 9장 156개 조항으로 기본원칙, 민법주체, 민사법률행위와 대리, 민사권리, 민사책임, 소송시효, 섭외민사관계에서의 법률적용 및 부칙 등 순서로 구성되어 있다. 民法通则(mín fǎ tōng zé)는 제정 이래 개정된 적이 없으며 법률문화가 발달한 국가의 민법전처럼 민사주체 · 물권 · 채권 · 불법행위 · 친족상속 등 모든 민사관계에 대하여 구체적인 규정을 둔 것이 아니라 제일 기

본적이고 원칙적인 내용만 규정하고 있다. 즉 중국의 민법체계를 보면 민법의 총칙역할을 하는 民法通则(mín fǎ tōng zé) 이외에도 계약법(合同法), 물권법(物权法), 담보법(担保法), 혼인법(婚姻法), 부양법(收养法), 상속법(继承法) 등 단행법으로 구성되어 있다. 중국은 20세기 50년대부터 줄곧 민법전의 제정을 시도하여 왔으나 전면적인 민법전의 탄생은 아직도 시기상조라는 판단이 다수견해였으며 2007년에도 민법전의 제정을 재차 뒤로 미루고, 민법전의 주요한 구성부분인 물권법을 단행법으로 제정하였다. 향후에는 불법행위에 관한 법률도 제정될 것으로 예상되며, 이는 이미 2007년 전국인민대표상무위원회의 입법계획에 포함되었다.

平等原则(píng děng yuán zé) 평등원칙 | 인격의 평등

민사활동의 주체는 각자 독립된 법률인격이 있으며 평등한 권리능력을 행사하고 민사책임의 추궁과 민사권리의 보호에 있어서도 일률로 같은 법률의 적용을 받는 원칙을 말한다. 평등이라는 대원칙은 독립된 법률인격이 있는 주체가 민사활동에 참여함에 있어서 스스로 자기의사에 따르고(사적 자치의 원칙), 상대방과의 민사활동에서 차별대우를 받지 아니하며(공평의 원칙), 제3자를 위한 민사활동에서 합리적이고도 적절한 대가를 요구(등가유상)하는 등 면에서 표현된다. 「民法通则」은 당사자는 민사활동 중에서 동등한 지위를 가진다고 규정하였다(民法通则 제3조).

chéng shí xìn yòngyuán zé 诚实信用原则 성실신용원칙	신의성실의 원칙

구체적인 민사활동에 있어서 민사주체는 통상적인 사회 관념에 기초하여 도덕적으로 권리를 행사하거나 의무를 이행해야 하며 부당경쟁 또는 상대방의 권익을 침해하는 것을 방지하려는 원칙이다. 민사활동은 자원 · 공평 · 등가유상 · 성실신용의 원칙을 지켜야 한다(民法通则 제4조).

quán lì làn yòngyuán zé 权利滥用原则 권리남용원칙	권리남용

민사주체가 권리를 행사함에 있어서 법률 · 공서양속 · 공공이익에 반하여 타인 · 국가와 사회의 이익을 해쳐서는 아니 되는 원칙을 말한다. 중국은 실정법상 权利滥用(quán lì làn yòng)이란 용어를 사용하지 않았지만, 민사활동을 함에 있어서 반드시 법률을 준수하고 법률에 규정이 없는 경우에는 국가정책을 준수해야 한다(民法通则 제6조)는 규정과, 민사활동을 함에 있어서 사회공중도덕을 존중하고 사회공공이익을 해쳐서는 아니 되며 국가경제계획을 파괴하고 사회경제질서를 혼란시켜서는 아니 된다는 규정(民法通则 제7조)에서 간접적으로 权利滥用原则(quán lì làn yòngyuán zé)를 규정하고 있다.

mín shì zhǔ tǐ 民事主体 민사주체	권리의 주체

민사활동에 참여할 수 있는 권리능력을 가진 자를 의미하

며 중국 민법통칙에서는 자연인·법인 및 기타 조직 등이 있다. 다만, 기타 조직이 민사주체로 될 수 있는지 여부에 대하여는 반대견해가 있다.

民事权利能力(mín shì quán lì néng lì) 민사권리능력 | 권리능력

법률에 규정된 민사주체가 민사활동에 종사하여 민사권리를 행사하고 민사의무를 부담할 수 있는 자격(즉, 인격)을 말한다. 民事权利能力(mín shì quán lì néng lì)는 법률상 규정된 범위에 한정되며 民事权利能力(mín shì quán lì néng lì)와 민사주체는 불가분의 밀접한 관계가 있으며 민사주체는 民事权利能力(mín shì quán lì néng lì)를 처분하거나 양도할 수 없다. 민사주체는 크게 자연인과 법인으로 나누어진다. 자연인은 출생시점으로부터 사망시점까지 民事权利能力(mín shì quán lì néng lì)가 있으며 법에 따라 민사권리를 향유하고 민사의무를 부담하며(民法通则 제9조), 民事权利能力(mín shì quán lì néng lì)는 모두 평등하다(民法通则 제10조). 자연인의 출생시점에 관해서는 호적증명을 기준으로 하고 호적증명이 없는 경우 병원에서 발급한 출생증명을 기준으로 하며 병원에서 발급한 출생증명이 없는 경우 기타 증명자료로 인정한다. 사망시점에 대해서는 크게 생리사망과 사망선고로 구별하며 생리사망의 경우 의학상의 사망표준을 적용하여 인정한다.

법인은 영리법인과 비영리법인으로 나누어진다. 영리법인의 경우 법인의 성립시부터 종료시까지 民事权利能力(mín shì quán lì néng lì)를 구비하게 된다(民法通则 제36조). 즉, 영업집조(사업자등록증 또는 영업허가증) 발급 시점부터 말소등기 시점까지이다. 비영리법인 및 기타 법인조건을 구비한 사업업체・사회단체의 경우 법인등기가 법정 요구사항이 아닌 경우 성립 시점부터 民事权利能力(mín shì quán lì néng lì)를 구비하고 법인등기를 요구하는 경우 등기허가를 받은 후 民事权利能力(mín shì quán lì néng lì)를 구비하게 된다(民法通则 제50조).

民事行为能力 (mín shì xíng wéi néng lì) 민사행위능력	행위능력

민사상 권리・의무가 발생하는 법률행위를 할 수 있는 능력을 의미한다. 민사권리능력을 구비한 자가 모두 자기의 행위에 의하여 권리를 취득하거나 의무를 부담하는 것이 아니라 행위능력을 가지고 있어야 자기의 의사에 따라 기존의 민사 법률관계를 변동하고 스스로 그 결과를 부담할 수 있다. 즉 민사권리능력이 있다고 하여 모두 民事行为能力(mín shì xíng wéi néng lì)가 있는 것은 아니다.

完全民事行为能力人 (wán quán mín shì xíng wéi néng lì rén) 완전민사행위능력인	행위능력자

권리나 의무를 가지기 위한 행위를 혼자서 완전히 할 수 있는 자를 말한다. 만 18세 이상인 자는 성년으로서 완전한 민사행위능력이 있으며 독립적으로 민사활동을 진행할 수 있기 때문에 完全民事行为能力人(wán quán mín shì xíng wéi néng lì rén)이다. 만 16세 이상 만18세 미만이고 자기의 근로수입을 주요한 생활원천으로 하는 자는 完全民事行为能力人(wán quán mín shì xíng wéi néng lì rén)으로 본다(民法通则 제11조).

법인인 경우, 성립시에 민사권리능력과 함께 민사행위능력을 구비하며 종료시에 민사권리능력과 민사행위능력은 함께 소멸된다(民法通则 제36조). 즉 법인은 자연인과 달리 민사권리능력과 민사행위능력의 취득과 소멸은 같은 시점에서 발생한다.

xiàn zhì mín shì xíng wéi néng lì rén 限制民事行为能力人 한제민사행위능력인

자기의 연령과 지능에 맞는 민사활동은 법정대리인의 동의 없이 할 수 있으나(예컨대 문방구의 구매 등) 기타 민사활동은 법정대리인이 대리하거나 법정대리인의 동의를 얻어야 하는 자를 말한다. 만 10세 이상 만 18세 이하의 미성년자는 限制民事行为能力人(xiàn zhì mín shì xíng wéi néng lì rén)이다(民法通则 제12조 제1항). 이 외에 자기의 행위를 완전하게 분별할 수 없는 정신병자는 성인일지라도 限制民事行为能力人(xiàn zhì mín shì xíng wéi néng lì rén)에 속하며 이들은 자기의 정신건강 상황에 상응한 민사활동을 할 수 있으며 기타 민사활동은 법정대리인이 대리하거나 법정대리인의 동의를 얻어야 한다(民法通则 제13조 제2항).

wú mín shì xíng wéi néng lì rén 无民事行为能力人 무민사행위능력인 — 행위무능력자

행위능력이 완전히 없는 자를 말한다. 만 10세 미만의 미성년자는 无民事行为能力人(wú mín shì xíng wéi néng lì rén)이며 이들의 민사활동은 법정대리인이 대리한다(民法通则 제12조 제2항). 이 외에 자기의 행위를 분별할 수 없는 자도 无民事行为能力人(wú mín shì xíng wéi néng lì rén)이며 그들의 법정대리인이 민사활동을 대리한다(民法通则 제13조 제1항).

gōng mín zì rán rén 公民、自然人 공민 / 자연인	자연인

公民(gōng mín)은 중화인민공화국 국적을 취득한 자연인을 의미한다. 따라서 중화인민공화국에서의 민사활동의 자연인 주체와 관련하여서는 공민과 기타 외국 개인이 포함된다. 「民法通则」은 제2장을 公民(自然人)(gōng mín zì rán rén)이라고 제목을 달았으며 公民(gōng mín)에 관한 규정은 법률에 별도의 규정이 없는 한 중화인민공화국 영역 내의 외국인 · 무국적인에 모두 적용된다(民法通则 제8조 제2항).

wèi chéng nián rén 未成年人 미성년인	미성년자

만 18세 미만의 공민을 말한다. 이 중 만 10세 미만인 未成年人(wèi chéng nián rén)는 민사행위능력이 없는 자로서 순전한 수익계약의 체결 등 특별한 경우 이외에 민사행위를 단독으로 진행할 수 없다. 또한 만 10세부터 만 17세까지는 민사행위제한능력자로서 일부 민사행위를 단독으로 할 수 있으며 그 중 만 16세 이상 만 18세 미만인 未成年人(wèi chéng nián rén)이 그의 노동보수를 주요생활원천으로 하고 또한 현지 주민의 일반생활수준을 유지하는 경우 그를 완전민사행위능력자로 본다.

bù néng wán quán biàn rèn zì jǐ xíng wéi de jīng shén bìng rén 不能完全辨认自己行为的精神病人 불능완전변인자기행위적정신병자	한정치산자

자신의 행위를 충분히 판단할 수 없는 자로서 민사행위제한능력자(限制民事行为能力人)(xiàn zhì mín shì xíng wéi néng lì rén)에 속한다. 不能完全辨认自己行(bù néng wán quán biàn rèn zì jǐ xíng)

为的精神病人(wéi de jīng shén bìng rén)은 법원에서 사법감증기관의 감증 또는 병원의 진단을 받아 확정한다. 다만 진단·감증 조건이 없는 상황에서는 군중이 공인한 당사자의 정신 상태에 따라 인정할 수도 있지만 이러한 경우에는 이해관계자의 이의가 없어야 한다. 중국은 가정법원이라는 전문법원이 없기 때문에 不能完全辨认自己行为的精神病人(bù néng wán quán biàn rèn zì jǐ xíng wéi de jīng shén bìng rén)의 확인절차를 밟으려면 민사소송법에서 규정한 특별절차에 따라야 한다. 이러한 자의 행위능력 범위를 벗어난 민사활동은 그의 법정대리인이 대리하거나 법정대리인의 동의를 얻어야 한다.

不能辨认自己行为的精神病人 (bù néng biàn rèn zì jǐ xíng wéi de jīng shén bìng rén) 불능변인자기행위적정신병자	금치산자

판단능력과 자아보호능력이 전혀 없고 또한 그 행위의 결과도 예상하지 못하는 정신병자를 말하며 민사행위무능력자에 속한다. 不能辨认自己行为的精神病人(bù néng biàn rèn zì jǐ xíng wéi de jīng shén bìng rén)은 법원에서 사법감증기관의 감증 또는 병원의 진단을 받아 확정한다. 다만 진난, 감증 조건이 없는 상황에서는 군중이 공인한 당사자의 정신 상태에 따라 인정할 수도 있지만 이러한 경우에는 이해관계자의 이의가 없어야 한다. 중국은 가정법원이라는 전문법원은 존재하지 아니하며 不能辨认自己行为的精神病人(bù néng biàn rén zì jǐ xíng wéi de jīng shén bìng rén)의 확인절차를 밟으려면 민사소송법에서 규정한 특별절차에 따라야 한다. 이러한 자는 민사 법률행위를 단독으로 할 수 없고 그의 법정대리인이 대리하게 된다.

zhù suǒ 住 所 주 소	주 소

자연인은 그 호적소재지에 있는 거주지를 住所(zhù suǒ)로 하고 경상거주지와 住所(zhù suǒ)가 서로 상이한 경우 경상거주지를 住所(zhù suǒ)로 본다(民法通则 제15조). 이 경우 경상거주지란, 자연인이 그 住所(zhù suǒ)지를 떠나 최후로 연속 1년 이상 거주한 지역을 의미하며 병원에 입원하여 치료하는 경우는 제외한다. 또한 자연인이 그 호적소재지를 떠나 다른 지역으로 이전하기 전에 경상거주지를 형성하지 못한 경우에는 기존의 호적소재지를 住所(zhù suǒ)로 인정한다.

jū zhù dì 居 住 地 거 주 지	거 소

주소와 같이 법적 생활의 주요장소는 아니지만 얼마동안 계속하여 거주하고 있는 곳을 말한다. 居住地(jū zhù dì)는 주소와 다르게 취급되나 당사자가 1년 이상 거주한 경우에는 주소로 본다는 점에서 주소와 밀접한 연관이 있는 개념이라 할 수 있다.

jiān hù rén 监护人 감호인	후견인

미성년자 또는 정신병자의 신체건강을 보호하고 생활을 보살피며, 그들의 재산을 관리 및 보호하고 민사활동을 대리하며 관리와 교육을 진행하고 제3자와 분쟁이 발생한 경우 대리하여

소송을 진행하는 자를 말한다. 미성년자의 부모는 미성년자의 监护人(jiān hù rén)이다(民法通则 제14조). 미성년자의 부모가 이미 사망하였거나 후견능력이 없는 경우에는 조부모와 외조부모, 형과 누나, 관계가 밀접한 기타 친족·친구가 후견책임을 질 의향이 있으면 미성년자 부·모의 소속업체 또는 미성년자 주소지의 거민위원회(居民委员会)와 촌민위원회(村民委员会)의 동의를 받아 监护人(jiān hù rén)이 될 수 있다. 监护人(jiān hù rén)에 대하여 분쟁이 있는 경우 미성년자의 부·모의 소속업체 혹은 미성년자 주소지의 거민위원회와 촌민위원회가 친족 중에서 지정하며, 지정에 불복할 경우 법원에 소를 제기하여 해결한다. 상술한 监护人(jiān hù rén) 자격이 있는 자가 없을 경우 미성년자의 부·모의 소속업체 혹은 미성년자 주소지의 거민위원회와 촌민위원회 또는 민정부문(民政部门)이 监护人(jiān hù rén)이 된다(民法通则 제16조).

성년 정신병자의 배우자, 부모, 성년자녀, 기타 가까운 친족, 관계가 밀접한 기타 친족·친구가 후견책임을 지려고 할 경우 정신병자의 소속업체 또는 주소지의 거민위원회와 촌민위원회의 동의를 받아 监护人(jiān hù rén)이 될 수 있다. 监护人(jiān hù rén)에 대하여 분쟁이 있는 경우 정신병자의 소속업체 혹은 주소지의 거민위원회와 촌민위원회가 친족 중에서 지정하며, 지정에 불복할 경우 법원에 소를 제기하여 해결한다. 상술한 监护人(jiān hù rén) 자격이 있는 자가 없을 경우 정신병자의 소속업체 혹은 주소지의 거민위원회와 촌민위원회 또는 민정부문이 监护人(jiān hù rén)이 된다(民法通则 제17조).

法定代理人 (fǎ dìng dài lǐ rén) 법정대리인	법정대리인

법률의 규정에 따라 민사행위무능력자와 민사행위제한능력자(限制民事行为能力人)를 대리하여 재산을 관리하거나 법률행위를 하는 자를 말한다. 감호인은 민사행위무능력자와 민사행위제한능력자의 법정대리인이다(民法通则 제14조). 중국법상 법정대표인이라는 용어가 있어서 법정대리인과 혼동하기 쉬운데 법정대표인은 회사를 대표하는 자를 말하며 한국의 대표이사에 해당되는 용어이므로 양자를 명확히 구별해야 한다.

下落不明者 (xià luò bù míng zhé) 하락불명자	부재자

최후 거주지를 떠나 일정한 기간 동안 행방불명상태가 지속된 자를 말한다. 당해 자연인의 재산관리를 위해 이해관계인은 법원에 실종 또는 사망상태에 관한 판정을 신청할 수 있다.

宣告失踪 (xuān gào shī zōng) 선고실종	실종선고

자연인이 그 최후 거주지를 떠나 2년 동안 행방불명상태가 지속되는 경우, 당해 실종자와 관련된 민사법률관계를 정리 또는 해결하기 위하여 이해관계인이 직접 법원에 당해 자연인의 실종선고를 신청하고 법원이 이에 대한 판정을 내리는 것을 말한다. 宣告失踪(xuān gào shī zōng)사건은 반년 간의 공고기간을 거쳐 실종사실을 확인한 후 실종선고를 한다. 실종자의 채권채무 및 재산은

재산관리인이 정리 및 관리한다. 향후 실종자가 나타난 경우 실종자 본인 또는 이해관계인의 신청에 의해 법원은 宣告失踪(xuān gào shī zōng)을 취소하고 이에 따라서 재산관리인의 권리는 실종자에게 복귀된다.

전쟁기간에 행방불명이 된 경우에는 행방불명의 기간은 전쟁이 종결된 날부터 계산한다(民法通则 제20조 제2항).

宣告死亡(xuān gào sǐ wáng) 선고사망	실종선고

자연인이 최후 거주지를 떠나 4년 동안 행방불명이거나 또는 의외적인 사고발생일부터 2년 동안 행방불명인 경우, 이해관계인이 직접 법원에 당해 자연인의 사망선고를 신청하는 것을 말한다(民法通则 제23조). 법원은 행방불명자에 대하여 1년의 공고기간을 거친 후 宣告死亡(xuān gào sǐ wáng)하여 법률상 사망으로 의제한다. 다만, 의외적인 사고일 경우 관련 기관에서 생존가능성이 없음을 증명하면 3개월의 공고기간을 거쳐 宣告死亡(xuān gào sǐ wáng)을 할 수 있다.

이해관계인이 宣告死亡(xuān gào sǐ wáng)을 신청할 경우 법정 순서에 따라 신청해야 한다. 즉 앞 순위의 이해관계인이 宣告死亡(xuān gào sǐ wáng)을 신청하지 아니하면 후순위의 이해관계인은 宣告死亡(xuān gào sǐ wáng)을 신청할 권리가 없다. 단 동일순위의 이해관계인 중의 일부가 宣告死亡(xuān gào sǐ wáng)을 신청하고 일부가 이에 동의하지 아니하는 경우에는 宣告死亡(xuān gào sǐ wáng)해야 한다. 宣告死亡(xuān gào sǐ wáng)시간과 실제사망시간이 일치하지 않은 경우 宣告死亡(xuān gào sǐ wáng)으로 발생된 법률결과는 여전히 유효하다. 宣告(xuān gào)

死亡(sǐ wáng)을 받은 자가 실제사망 이전에 행한 민사법률행위와 宣告死亡(xuān gào sǐ wáng)으로 인하여 형성된 법률결과가 저촉되는 경우 그가 행한 민사법률행위를 기준으로 한다.

향후 宣告死亡(xuān gào sǐ wáng)을 받은 자가 나타나거나 생존하고 있음이 확실한 경우, 본인 또는 이해관계인의 신청이 있으면 법원은 宣告死亡(xuān gào sǐ wáng)을 취소해야 한다(民法通则 제24조 제1항). 이 경우 宣告死亡(xuān gào sǐ wáng)을 받은 자는 재산반환 청구권이 있다. 상속법에 의하여 재산을 취득한 공민 혹은 조직은 원물을 반환해야 하며 원물이 존재하지 않을 경우에는 적당한 보상을 해주어야 한다(民法通则 제25조).

财产代管人(cái chǎn dài guǎn rén) 재산대관인 | 재산관리인

실종된 자의 재산을 관리 또는 보존하는 자를 말한다. 실종자의 재산은 그의 배우자·부모·성년자녀 또는 기타 밀접한 관계가 있는 친족·친구가 관리한다. 재산관리에 대해 분쟁이 발생하거나 财产代管人(cái chǎn dài guǎn rén)이 존재하지 않거나 财产代管人(cái chǎn dài guǎn rén)이 재산관리 능력이 없는 경우 법원이 财产代管人(cái chǎn dài guǎn rén)을 지정한다(民法通则 제21조 제1항). 민사행위무능력자 또는 민사행위제한능력자(限制民事行为能力人)가 실종된 경우에는 감호인이 财产代管人(cái chǎn dài guǎn rén)이 된다. 财产代管人(cái chǎn dài guǎn rén)은 당해 실종자 또는 관리대상재산과 관련된 소송에서 당사자로 소송에 참여할 수 있으며 실종자가 미납부한 세금·채무와 기타 비용은 실종자의 재산에서 지급한다(民法通则 제21조 제2항).

个体工商户 (gè tǐ gōngshāng hù) 개체공상호 | 개인사업자

공상행정관리기관에 등록신청을 하여 영업집조(사업자등록증 또는 영업허가증)를 발급받은 후 공업·상업에 종사하는 공민을 말한다(民法通则 제26조). 个体工商户(gè tǐ gōngshāng hù)는 경영형태상 개체노동자가 1~2명의 견습공 또는 3~5명의 보조를 거느리고 직접 경영에 참가하는 형태를 취한다. 个体工商户(gè tǐ gōngshāng hù)는 상호를 소유할 수 있으며, 기업소득세(법인세)를 납부하지 않고 개인소득세를 납부한다. 소송에서는 개체노동자를 소송당사자로 하며 채무변제에 있어서는, ① 개인이 경영하는 경우 개인재산으로 채무를 변제하고, ② 개인의 명의로 个体工商户(gè tǐ gōngshāng hù)를 설립·등기하였지만 가정의 공동재산으로 출자하였거나 그 수익의 주요부분을 가정구성원이 공동으로 향유한 경우에는 가정공동재산으로 무한책임을 부담하고, ③ 부부관계 존속기간 내에 일방이 개체경영에 종사하고 그 수익을 부부공유재산으로 한 경우에는 부부의 공동재산으로 채무를 변제하게 된다. 단, 어떠한 경우에도 채무의 변제에 있어서 가정구성원의 생활필수품과 필요한 생산공구를 보류하여야 한다.

农村承包经营户 (nóng cūn chéng bāo jīng yíng hù) 농촌승포경영호

농촌집체경제조직의 구성원이 농촌집체경제조직과 계약을 체결하여 일정한 기간 동안 토지 또는 기타 자원을 도급하여 경영하고 계약에 따라 도급대가를 지급하는 자를 말한다(民法

通则 제27조). 토지의 소유권이 농촌경제조직에 귀속되는 전제하에서 农村承包经营户(nóng cūn chéng bāo jīng yíng hù)는 농촌경제조직의 구성원의 생산력을 높이고 토지자원의 효율성을 높이기 위한 생산제도로서 현재 중국농촌지역의 주요한 경제 형태로 자리매김하고 있다. 农村承包经营户(nóng cūn chéng bāo jīng yíng hù)는 공상기관에 등기할 필요가 없고 농업관리부문에 도급계약을 등기하는 등 절차를 거치는 것으로 요건이 충족된다. 农村承包经营户(nóng cūn chéng bāo jīng yíng hù)의 채무의 변제에 있어서 ① 개인이 경영하는 경우 개인재산으로 채무를 변제하고, ② 개인의 명의로 도급한 农村承包经营户(nóng cūn chéng bāo jīng yíng hù)가 가정의 공동재산으로 출자하였거나 그 수익의 주요부분을 가정구성원이 공동으로 향유한 경우에는 가정공동재산으로 무한책임을 부담하고, ③ 부부관계 존속기간 내에 일방이 도급경영에 종사하고 그 수익을 부부공유재산으로 한 경우에는 부부의 공동재산으로 채무를 변제하게 된다. 단, 어떠한 경우에도 채무의 변제에 있어서 가정구성원의 생활필수품과 필요한 생산 공구를 보류하여야 한다. 개체공상호가 도시에서의 개인경제 형태라고 하면 农村承包经营户(nóng cūn chéng bāo jīng yíng hù)는 농촌에서의 개인경제 형태라고 할 수 있다. 양자는 모두 국유경제와 집체경제와 대응하는 개념에서 비롯된 것이다.

个人合伙(gè rén hé huǒ) 개인합과	조 합

2인 이상의 공민이 계약에 따라 각자 자금 · 실물 · 기술 등을 출자하여 공동으로 경영하고 노동하는 것을 말한다(民法

通则 제30조). 个人合伙(gè rén hé huǒ)는 법적 성질상 여전히 자연인에 속하며 어떠한 단체조직을 구성하는 것이 아니다. 개인이 출자한 재산은 개인조합원들이 통일적으로 관리 및 사용하고 경영을 통해 누적한 재산은 모든 조합원이 공유한다. 경영손실이 발생할 경우 전체 조합원은 대외적으로 연대책임을 부담하며 대내적으로는 약정한 채무부담비례 또는 출자비례에 따라 분담한다. 계약에 채무분담비례 또는 출자비례를 규정하지 않은 경우 약정한 또는 실제로 수익을 분배한 비례에 따라 채무를 부담한다. 단 경영손실에 과실이 있는 조합원은 그 과실에 상응한 보다 많은 채무를 부담해야 한다.

조합원 각자의 채무변제에 있어서 ① 조합원이 개인재산으로 출자한 경우 조합원의 개인재산으로 채무를 변제하고, ② 조합원이 가정공유재산으로 출자한 경우 가정공유재산으로 채무를 변제하며, ③ 조합원이 개인재산으로 출자하였지만 수익을 가정구성원의 생활에 사용한 경우에는 조합원의 개인재산으로 채무를 우선적으로 변제하고 부족한 부분은 조합원의 가정공유재산으로 변제한다.

法人(fǎ rén) 법인 | 법 인

민사권리능력과 민사행위능력을 구비하고 법에 따라 독립적으로 민사권리를 향유하고 민사의무를 부담하는 조직을 말한다(民法通则 제36조). 법인은 법에 의해 성립되고 필요한 독립적인 재산 또는 경영비용을 보유하여야 하며 자기의 명칭 또는 조직기구와 장소가 있어야 하고 자기 명의로 민사활동에 참여하고 자기 명의로 독립적으로 민사책임을 부담할 수 있어야 한다(民法通则 제37조). 법인은 그의 주요영업기구소재지를 주소로 한다(民法通则 제39조). 법인에는 기업법인·기관법인·사업단위법인·사회단체법인·연영(联营)법인 등이 있다.

企业法人(qǐ yè fǎ rén) 기업법인 — 영리법인

영리를 목적으로 경영활동에 종사하는 법인을 말한다. 企业法人(qǐ yè fǎ rén)은 일정한 법정 요건에 부합되거나 심사비준기관의 비준을 받고 영업 등기를 마치면 법인격을 가지게 되며 자신의 명의로 대외적으로 활동하고 독립적인 재산으로 기업의 채무를 부담한다. 企业法人(qǐ yè fǎ rén)은 생산자료의 소유제의 성격에 따라 전민소유제企业法人(qǐ yè fǎ rén), 집체소유제企业法人(qǐ yè fǎ rén), 중외합자企业法人(qǐ yè fǎ rén), 중외합작企业法人(qǐ yè fǎ rén), 외자企业法人(qǐ yè fǎ rén) 등으로 나누어진다. 이 외에도 경영형태에 따라 유한회사·주식회사·상장회사 등으로 나눌 수 있다. 企业法人(qǐ yè fǎ rén)은 중국이 계획경제에서 시장경제로 이행되는 단계에서 창조된 법률용어이며 중국의 특유한 용어라고 할 수 있다.

机关法人(jī guān fǎ rén) 기관법인

독립적인 경영비용을 보유한 국가기관이 법인격을 취득하게 되면 기관법인으로 된다. 机关法人(jī guān fǎ rén)은 통상 각 급 권력기관,

각급 인민정부 및 각급 법원과 검찰기관 등을 의미하며 이러한 机关法人(jī guān fǎ rén)은 민사활동에 참여하는 경우에만 법인으로서의 역할을 발휘하고 그 이외의 경우에는 공법주체로서 입법권·행정권·사법권을 행사하게 된다. 机关法人(jī guān fǎ rén)은 성립일로부터 법인격을 취득하며 설립등록절차를 필요로 하지 않는다.

事业单位法人(shì yè dān wèi fǎ rén) 사업단위법인

영리를 목적으로 하지 않고 사회공공이익을 목적으로 국가관리활동과 경제활동 이외의 기타 사회활동에 참가하는 법인을 말한다. 법인조건을 구비한 事业单位(shì yè dān wèi)는 등록할 필요가 없는 경우에는 성립일로부터 법인격을 가지며, 법에 따라 법인등록을 해야 하는 경우에는 등록허가일로부터 법인격을 취득한다. 事业单位法人(shì yè dān wèi fǎ rén)은 민사주체자격을 구비하고 독립적인 경영비용(국가재정의 제공 또는 영리와 손실의 자기부담 형태)으로 활동하게 되는데 학교·출판사·연구소·병원 등이 있다.

社会团体法人(shè huì tuán tǐ fǎ rén) 사회단체법인

법인 또는 자연인이 자발적으로 조직하여 회원의 공동된 취지를 실현하고 정관의 규정에 따라 활동을 추진하는 비영리성 사회조직법인을 말한다. 통상 일정한 규모의 회원 및 일정한 규모의 활동자금을 가지고 비영리성 목적의 사업을 하게 된다. 비기업법인 중 국가기관법인·사업단위법인에 속하지 않는 법인은 전부 社会团体法人 shè huì tuán tǐ fǎ rén 에 속한다. 따라서 社会团体法人 shè huì tuán tǐ fǎ rén 의 범위는 상당히 넓으며 정당·사회공익단체·종교단체·상회 등이 포함된다. 주의할 것은 중국 「民法通则」에서 말하는 社会团体法人 shè huì tuán tǐ fǎ rén 은 전통적인 민법에서 말하는 사단법인과 다른 개념이다.

联营 lián yíng 연영

기업 사이 혹은 기업과 사업단위 사이에 일정한 경제적인 목적을 바탕으로 법률의 규정에 따라 연합경영하는 경제조직 형태를 말한다. 이러한 경영형태는 중국의 개혁개방의 특정시기에 나타난 현상으로서 향후 시장경제체제의 확립과 더불어 점차적으로 소실될 것으로 전망된다. 联营 lián yíng 에는 법인연영(法人联营)·조합연영(合伙联营)·계약연영(合同联营) 등이 있다. 법인联营 lián yíng 이란 기업사이 또는 기업과 사업단위 사이에 联营 lián yíng 하여 새로운 경제실체를 구성함으로써 독립적으로 민사책임을 부담하고 법인조건에 부합되는 경우 법인자격을 취득하는 것을 말한다(民法通则 제51조). 조합联营 lián yíng 이란 기업 사이 또는 기업과 사업단위 사이에 공동으로 경영하고 법인조건을 구비하지 아니하며 联营 lián yíng 각 당사자가 출자비례 또는 계약의 약정에 따라 각자가 소유하거나 경영관리하는 재산으로 민사책임을 부담하는 것을 말한다. 법률규정 또는 계약에서 연대책임을 규정한 경우 각자 연대책임을 부담한다(民法通则 제52조). 계약联营 lián yíng 이란 기업 사이 또는 기업과 사업단위 사이에서 계약의 약정에 따라 각자가 독립적으로 경영하고 그 권리의무는 계약의 약정에 따라 각자가 민사책임을 부담하는 것을 말한다(民法通则 제53조).

其他社会组织 (qí tā shè huì zǔ zhī)
기타사회조직

일정한 조직기구와 재산을 갖추고 법에 따라 설립되었지만, 독립재산 · 독립활동 · 독립책임 부담이라는 법인의 요건에 부합되지 않는 조직을 말한다. 其他社会组织(qí tā shè huì zǔ zhī)에는 개인독자기업 · 조합기업 · 지사 등이 포함된다.

民事法律行为 (mín shì fǎ lǜ xíng wéi)
민사법률행위

유효한 법률행위

공민 또는 법인이 민사권리와 민사의무를 설립 · 변경 · 종료하는 합법적인 법률행위를 말한다(民法通则 제54조). 民事法律行为(mín shì fǎ lǜ xíng wéi)는 당사자가 상응한 민사행위능력을 구비하고 의사표시가 진실해야 하며 법률 또는 사회공공이익에 위배되어서는 아니 된다(民法通则 제55조). 중국에서 법률행위라고 할 경우에는 합법적인 민사행위를 말하며 무효 혹은 취소 가능한 민사행위는 법률행위라고 하지 않고 '민사행위'라고만 표현한다. 이는 유효한 민사행위나 무효인 민사행위를 모두 '법률행위'라고 표현하는 한국의 경우와는 다르다는 점에 주의해야 한다.

附条件民事法律行为 (fù tiáo jiàn mín shì fǎ lǜ xíng wéi) 부조건민사법률행위	조건부 법률행위
附期限民事法律行为 (fù qī xiàn mín shì fǎ lǜ xíng wéi) 부기한민사법률행위	기한부 법률행위
无效民事行为 (wú xiào mín shì xíng wéi) 무효민사행위	무효행위

법률에 규정된 원인으로 당사자가 행한 민사행위가 처음부터 효력을 발생하지 않는 것을 말한다. 无效民事行为(wú xiào mín shì xíng wéi)에는 ① 민사행위무능력자가 실행한 민사행위, ② 민사행위제한능력자(限制民事行为能力人)가 법에 의해 독립적으로 할 수 없는 민사행위를 실행한 경우, ③ 일방이 사기·협박의 수단 또는 상대방의 불리한 지위를 악용하여 상대방으로 하여금 그 진실한 의사에 반하여 민사행위를 행하도록 한 경우, ④ 악의로 통정하여 국가·집체 또는 제3자의 이익에 손해를 초래한 민사행위, ⑤ 법률 또는 사회공공이익을 위반한 민사행위, ⑥ 경제계약이 국가 지령성 계획을 위반한 경우, ⑦ 적법한 외관으로 불법목적을 은닉한 민사행위 등이 포함되며 이러한 행위는 처음부터 법률구속력이 없다(民法通则 제58조). 주의할 것은 民法通则에 규정된 민사행위 무효사유는 중국 계약법(合同法)에 규정된 무효사유와 구별되는 부분이 있다는 점이다.

민사행위가 무효로 된 경우 재산을 취득한 민사주체는 당해 재산을 손해를 입은 상대방에게 반환하여야 하며 과실 있는 일방당사자는 상대방이 입은 손해를 배상하고 쌍방이 모두 과실이 있는 경우에는 각자 상응한 책임을 부담한다. 쌍방이 악의로 통정하여 실행한 민사행위가 국가·집체 또는 제3자의 이익에 손해를 초래한 경우 쌍방이 취득한 재산을 몰수하여 국가·집체에 귀속하도록 하거나 제3자에게 반환해야 한다(民法通则 제61조).

kě biàngēng kě chè xiāo mín shì xíng wéi 可变更可撤消民事行为 가변경가철소민사행위 | 취소할 수 있는 행위

민사주체가 행위내용에 대해 중대한 오해가 있거나 민사주체에 현저히 불공평한 경우 당해 불리한 위치에 있는 민사주체가 법원 또는 중재기구에 변경 또는 취소를 신청할 수 있는 민사행위를 말하며 취소된 민사행위는 처음부터 무효로 된다(民法通则 제59조).

민사행위가 취소된 경우 재산을 취득한 민사주체는 당해 재산을 손해를 입은 상대방에게 반환하여야 하고 과실 있는 일방당사자는 상대방이 입은 손해를 배상하고 쌍방이 모두 과실이 있는 경우에는 각자 상응한 책임을 부담한다. 쌍방이 악의로 통정하여 실행한 민사행위가 국가·집체 또는 제3자의 이익에 손해를 초래한 경우 쌍방이 취득한 재산을 몰수하여 국가·집체에 귀속하도록 하거나 제3자에게 반환한다(民法通则 제61조).

xiào lì wèi dìng mín shì xíng wéi 效力未定民事行为 효력미정민사행위

민사행위를 실행하였으나 일정한 요건에 부합되지 아니하

여 법률효력이 발생되지 않았지만, 당사자가 법률상의 요건을 충족시킴으로써 당해 민사행위를 유효하게 하거나 요건을 충족시키지 아니하여 당해 민사행위를 무효로 만드는 민사행위를 말한다. 效力未定民事行为(xiào lì wèi dìng mín shì xíng wéi)에 대해서는 권리자의 추인권, 상대방의 최고권과 취소권이 부여된다. 이러한 행위의 종류로는 무권처분행위(无权处分行为), 무권대리행위(无权代理行为), 민사행위제한능력자(限制民事行为能力人)가 실행한 자신의 행위능력을 초과한 민사행위 등이 있다.

yì sī biǎo shì xiá cī 意思表示瑕疵 의사표시하자	하자 있는 의사표시

하자가 있는 의사표시를 말한다. 즉 내심적 효과의사의 형성과정에서 타인의 부당한 간섭이 가해지는 경우를 말하는데 ① 사기, ② 강박, ③ 타인의 불리한 지위의 이용 등이 그 이유가 된다. 이러한 意思表示瑕疵(yì sī biǎo shì xiá cī)가 존재하는 경우 당해 민사행위는 무효로 된다.

이 외에 ① 현저한 불공평, ② 중대한 착오 등으로 인한 민사행위에 대해서는 완전한 意思表示瑕疵(yì sī biǎo shì xiá cī)로 보지 아니하고 불리한 위치에 처한 일방 당사자의 진실한 의사에 따라 변경 또는 취소할 수 있는 권리를 당사자에게 부여하고 있다.

zhài de bù lǚ xíng · zhài de bù shì dàng lǚ xíng 债的不履行 · 债的不适当履行 채적불이행 · 채적부적당이행	채무불이행

债的不履行(zhài de bù lǚ xíng)은 채무자가 어떠한 채무변제행위를 실행하지

아니한 상황을 의미하며 이에는 이행불능과 이행거절이 포함된다. 债的不适当履行(zhài de bù shì dàng lǚ xíng)은 채무자가 채무변제행위를 실행하였지만, 그 이행행위가 법률 또는 당사자가 합의한 요구에 부합되지 아니하는 상황을 의미하며 이에는 이행지체와 하자이행(혹은 불완전이행)이 포함된다.

代理(dài lǐ) 대 리	대 리

대리인이 본인의 명의로 민사행위를 하고 그 법률효과가 본인에게 직접 생기는 것을 말한다. 단, 법률의 규정 또는 쌍방 당사자의 약정에 따라 본인이 직접 행사하여야 하는 민사행위는 제3자가 代理(dài lǐ)할 수 없다(民法通则 제59조). 代理(dài lǐ)에는 임의대리 · 법정대리 · 지정대리 등이 포함된다.

无权代理(wú quán dài lǐ) 무권대리	무권대리

대리인이 대리권이 없음에도 불구하고 본인의 명의로 제3자와 민사활동을 진행한 경우를 말한다. 无权代理(wú quán dài lǐ)에는 ① 행위자가 대리권이 없는 경우, ② 행위자가 대리권 범위를 초과한 경우, ③ 행위자가 대리권 소멸 후 계속 대리하는 경우가 포함된다. 无权代理(wú quán dài lǐ)에 대해서는 본인의 추인이 있는 경우에만 본인이 민사책임을 지고 본인의 추인이 없는 경우에는 행위자가 민사책임을 진다. 본인이 행위자의 무권대리에 대해 알고 있었으나 부인하지 아니한 경우 동의한 것으로 본다(民法通则

제66조 제1항). 즉 无权代理(wú quán dài lǐ)에 대해 본인은 추인권과 거절권이 있으며, 이러한 권리는 형성권으로서 본인의 일방적인 권리행사에 의해 그 효력이 발생한다. 반면에 상대방은 无权代理(wú quán dài lǐ)에 대하여 본인에 대한 최고권과 철회권이 있다.

biǎo xiàn dài lǐ 表见代理 표현대리	표현대리

행위자가 무권대리를 함에 있어서 선의의 상대방으로 하여금 당해 무권대리인을 유권대리인으로 오신하도록 하는 충분한 사유가 존재하는 경우 그 대리행위를 유효한 것으로 보아 상대방이 철회권을 행사하지 아니하는 한, 본인이 그 결과를 부담하여야 하는 것을 말한다. 만일 행위자가 무권대리를 행사하고 무권대리인과 거래를 형성하는 시점에서 상대방이 행위자가 무권대리인임을 알고 있었다면, 즉 상대방이 악의인 경우 행위자와 상대방은 연대책임을 부담하여야 한다(民法通则 제66조 제4항).

mín shì quán lì 民事权利 민사권리	권리(사권)

민사주체가 법의 규정에 따라 행사할 수 있는 권리를 말한다. 民事权利(mín shì quán lì)는 법률의 보호를 받으며, 이에는 물권 · 채권 · 지적재산권 · 인신권(인격권과 신분권) 등 권리가 포함된다.

중국 민법을 살펴보면, 民事权利(mín shì quán lì) 중 대세권인 물권은 법정주의를 주요원칙으로 하며 소유권 · 점유권 · 토지도급경영권 및 토지사용권(지상권과 유사함)·지역권·저당권·질권·유치권 등이 포함된다. 반면에 상대성을 강조하는 채권은 사적 자치를 주요원칙으로 하고 법률 또는 약정에 따라 특정한 당사자에게 일정한 행위를 청구할 수 있는 청구권을 뜻하며 계약채권, 계약체결상의 과실로 인한 채권, 증여 등 단독행위로 인한 채권, 사무관리로 인한 채권, 불법행위로 인한 채권, 부당이득으로 인한 채권 등이 포함된다.

zhī shi chǎnquán 知识产权 지식산권	지적재산권

민사주체가 그의 지력노동에 기초하여 취득한 성과로서 법에 의해 향유하는 전속권이며 이에는 저작권·상표권·발견권·발명권 및 기타 과학기술성과가 포함된다.

rén shēnquán 人身权 인신권	인격권·신분권

법률상 민사주체에게 부여한, 그 인신과 불가분적이고 직접적인 재산내용을 포함하지 아니한 절대적 지배권 성격을 지닌 민사권리이다. 人身权(rén shēnquán)은 통상 인격권과 신분권으로 나누어지며, 중국법상 ① 공민에 대해서는 생명건강권·성명권·초상권·명예권·영예권·혼인자주권·남녀평등권·신체권·인격존엄권·인신자유권·프라이버시권 등을 규정하고, ② 법인 등 기타 민사주체에 대해서는 명칭권·명예권·영예권 등을 규정하고 있다.

wù 物 물	물 건

물권의 객체를 말하는데 부동산과 동산이 포함되며 법률이 권리를 물권의 객체로 규정한 것은 그에 따른다(物权法 제2조 제2항). 즉 부동산이나 동산과 같은 유체물이 아니어도 관리가 가능하고 외계의 일부로서 독립되고 실정법에 물권의 객체로 규정된 경우에는 物(wù)가 될 수 있다.

wù quán 物 权 물 권	물 권

특정한 물건을 직접 배타적으로 지배하는 것을 내용으로 하는 권리이다(物权法 제2조 제3항). 物权(wù quán)은 원시취득(예컨대 생산・선점・첨부・유실물습득・매장물발견・선의취득 등)의 방법과 계수취득의 방법(예컨대 매매・상속・유증・증여・교환 등)으로 취득하게 된다. 物权(wù quán)의 변동은 공시원칙과 공신원칙에 따라 진행하게 된다. 동산의 권리변동의 공시방법은 인도이고, 부동산의 권리변동의 공시방법은 등기이다. 중국은 등기요건주의(설립요건주의)를 원칙으로 하고 등기대항주의(대항요건주의)를 예외로 한다. 공신원칙은 거래의 안전과 사회경제질서를 보호하기 위하여 상대방이 物权(wù quán)의 공시원칙에 기해 민사행위를 행한 경우 이러한 공시내용이 실제 物权(wù quán)의 내용과 부합되지 아니하더라도 공시내용을 신뢰한 선의・무과실 상대방의 이익을 우선적으로 보호하는 제도를 말한다. 物权(wù quán)은 포기, 취소권의 행사, 계약에 의한 양도, 멸실, 기간만료, 혼동 등 원인으로 소멸된다.

wù quán fǎ 物权法 물권법	민법 제2편 물권

물권에 관해 규정한 단행법을 말한다. 物权法(wù quán fǎ)는 2007년 3월 16일 중화인민공화국 제10기 전국인민대표대회 제5차 회의에서 통과되었으며 같은 해 10월 1일부터 시행되었다. 物权法(wù quán fǎ)가 제정되기 전에 물권에 관한 규정은 「民法通则」·「土地管理法」·「城市房地产管理法」·「农村土地承包法」·「担保法」 등 법률에 산재해 있었다. 物权法(wù quán fǎ)가 제정된 후 당해 법률은 물권에 관한 기본법으로 자리매김하였으며 기타 물권에 관한 법률은 특별법으로의 역할을 하게 되었다. 物权法(wù quán fǎ)에 규정된 물권으로는 소유권·용익물권과 담보물권이 있다(物权法 제2조 제3항).

zhuǎn ràng 转 让 전 양	양 도

quán shǔ dēng jì 权属登记 권속등기	소유권등기

부동산물권의 설립·변경·양도와 소멸은 법에 따라 등기해야 효력을 발생하며 그러지 아니하면 효력을 발생하지 않는데 부동산에 대한 소유권을 확보하기 위하여 관련기관에 소유권에 관한 사항을 등기하는 것을 말한다. 하지만, 법률에 별도의 규정이 있는 경우 및 법에 따라 국가가 소유하는 자연자원은 등기하지 않아도 소유권이 보장된다(物权法 제9조).

权属登记(quán shǔ dēng jì)증명서는 권리자가 그 부동산물권을 향유하는 근거이다. 부동산권리귀속증명서에 기재된 사항은 반드시 부동산등기부와 일치해야 하며 그러지 아니할 경우에는 부동산등기부의 기재에 명확한 착오가 있음이 증명된 경우를 제외하고는 权属登记(quán shǔ dēng jì)부를 기준으로 한다(物权法 제17조).

预告登记(yù gào dēng jì) 예고등기	가등기

당사자가 가옥(房屋) 혹은 기타 부동산물권 매매 계약서를 체결한 후 장래의 물권의 실현을 보장하기 위하여 약정에 따라 등기기관에 가등기를 신청하는 것을 말한다. 预告登记(yù gào dēng jì) 후 권리자의 동의 없이 그 부동산을 처분한 경우 물권효력이 발생하지 않는다.

预告登记(yù gào dēng jì) 후 채권이 소멸하였거나 부동산등기를 할 수 있는 날부터 3개월 내에 등기신청을 하지 않으면 预告登记(yù gào dēng jì)는 효력을 상실한다(物权法 제20조).

国家所有权(guó jiā suǒ yǒu quán) 국가소유권	국가소유권

국가소유권은 국가가 전체 공민의 이익을 대표하여 통일적으로 특정된 재산에 대해 소유권을 향유하는 것을 말한다. 国家所有权(guó jiā suǒ yǒu quán) 중 전속재산으로는 ① 광산 · 수류(水流) · 삼림 · 산지 · 초원 · 황무지 · 간척지(법률상 집단소유에 속하는 것으로 규정된 삼림과 산지 · 초원 · 황무지 · 간척지는 제외) · 지하자원 · 해역, ② 무선전파 스펙트럼자원, ③ 국방재산 등이 있다(宪法

제9조, 物权法 제46조, 제52조). 비전속 재산(법률에 국가소유라고 규정한 재산)으로는 ① 도시 시가지 외의 토지, ② 문화재, ③ 도시의 토지야생동식물자원, ④ 철도 · 도로 · 전력시설 · 전신시설과 오일가스도관 기초시설 등이 있다(物权法 제47조-제52조).

국유재산은 국무원이 국가를 대표하여 소유권을 행사하고 법률에 별도의 규정이 있는 경우에는 그에 따른다(物权法 제45조 제2항).

jí tǐ suǒ yǒu quán 集体所有权 집체소유권

농촌집체경제조직이 농민을 대표하여 소유하는 특정된 재산을 의미하며 이에는 ① 법률의 규정에 따라 집체소유에 속한 토지와 삼림 · 산지 · 초원 · 황무지 · 간척지, ② 집체소유의 건물 · 생산시설 · 농토수리시설, ③ 집체소유의 교육 · 과학 · 문화 · 위생 · 체육 시설, ④ 집체소유의 기타 부동산과 동산 등이 포함된다(物权法 제58조). 집체조직이 소유하고 있는 재산은 통상 그 구성원의 이익을 위해 점유 · 사용 · 수익 · 분배하는 것이 원칙이지만 일정한 법정 요건에 부합되는 경우에는 국가 또는 제3자에게 그 재산을 양도할 수 있다. 다만 집체토지소유권은 제3자에게 양도할 수 없고 단지 국유화를 통해 국가소유로 전환 후에야 양도할 수 있다.

집체소유의 재산에 관하여 ① 토지수급(承包)방안과 토지를 그 집체 이외의 단위나 개인에게 수급할 경우, ② 개별적인 토지수급경영(承包经营)권자 사이의 수급지(承包地)의 조정, ③ 토지보상비 등 비용의 사용·분배방법, ④ 집체가 출자한 기업의 소유권 변동 등 사항, ⑤ 법률이 규정한 기타의 사항에 대해서는 본 집체구성원이 결정한다(物权法 제59조 제2항).

집체가 소유한 토지와 삼림·산봉우리·초원·황무지·갯벌에 대해서는 아래의 규정에 따라 소유권을 행사한다. ① 농촌농민집체소유에 속하는 것은 농촌집체경제조직 혹은 촌민위원회가 집체를 대표하여 소유권을 행사한다. ② 촌 내의 두 개 이상의 별도의 농민집체의 소유에 속하는 것은 촌 내 각 경제조직 혹은 촌민소조에서 집체를 대표하여 소유권을 행사한다. ③ 향진농민집체소유에 속하는 것은 향진집체경제조직이 집체를 대표하여 소유권을 행사한다(物权法 제60조). 만약 집체경제조직·촌민위원회 혹은 그 책임자가 내린 결정이 집체구성원의 합법적인 권리를 침해할 경우, 침해를 입은 집체구성원은 인민법원에 그 결정의 취소를 청구할 수 있다(物权法 제63조 제2항).

yè zhǔ 业 主 업 주	건물소유주

건물소유주를 말하는데 「物权法」상 业主(yè zhǔ)의 전속부분과 공유부분뿐만 아니라 차고·주차장 등에 관하여도 상세한 규정을 두었다. 业主(yè zhǔ)는 건물 내의 주택·영업성가옥 등 전속부분에 대하여 소유권을 향유하며 전속부분 이외의 공유부분에 대해서는 공유 및 공동관리의 권리를 향유한다(物权法 제70조). 건축구획

내의 도로는 业主(yè zhǔ)의 공유에 속하지만 성·진(城·镇)에 속하는 공공 도로는 제외한다. 건축구획 내의 녹지는 업주의 공유에 속하지만 城鎮에 속하는 공공녹지거나 개인에게 속한다고 명시한 것은 제외한다. 건축구획 내의 기타 공공장소·공용시설과 건물관리용 가옥은 业主(yè zhǔ)의 공유에 속한다(物权法 제73조). 건축구획 내의 주차장·차고를 기획함에 있어서 业主(yè zhǔ)의 수요를 우선적으로 만족해야 한다. 건축구획 내의 주차장·차고의 귀속은 당사자가 매매·부가증여·임대 등 방식으로 약정한다. 业主(yè zhǔ)의 공유도로 혹은 기타의 장소를 주차용으로 사용할 경우 业主(yè zhǔ)의 공유에 속한다(物权法 제74조).

业主大会 (yè zhǔ dà huì)
업주대회

업주가 자신들의 권리를 보호하기 위한 목적으로 설립한 공동체를 말한다. 업주들은 业主大会(yè zhǔ dà huì)를 설립하고 업주위원회를 선거할 수 있다. 지방정부의 관련부서는 业主大会(yè zhǔ dà huì)의 설립과 업주위원회의 선거를 지도하고 협조해야 한다(物权法 제75조). 业主大会(yè zhǔ dà huì) 혹은 업주위원회의 결정은 업주에 대하여 구속력이 있다. 业主大会(yè zhǔ dà huì) 혹은 업주위원회의 결정이 업주의 합법적인 권익을 침해할 경우, 침해를 입은 업주는 법원에 그 결정의 취소를 청구할 수 있다(物权法 제78조).

业主大会(yè zhǔ dà huì)와 업주위원회는 임의로 쓰레기를 버리고 오염물질과 소음을 배출하며 규정을 위반하여 동물을 사육하고 법규를 위반하여 건물을 세우고 통로를 무단으로 점하며 부동산관리비용의 납부를 거절하는 등 타인의 합법적인 권익에 손해를 초래하는 행위에 대하여 법률·법규·관리규약에 의하여 가해자에게 침해정지·위험제거·방해배제 및 손실을 배상할 것을 요구할 권리가 있다. 업주는 자기의 합법적인 권익을 침해하는 행위에 대하여 법에 따라 법원에 소송을 제기할 수 있다(物权法 제83조).

yè zhǔ gòng tóng jué dìng shì xiàng
业主共同决定事项
업주공동결정사항

업주의 권리에 중대한 영향을 미치는 사항에 대하여 업주 전원이 공동으로 결정하는 사항을 말한다. 이러한 业主共同决定事项(yè zhǔ gòng tóng jué dìng shì xiàng)으로는 ① 업주대회의 의사규칙의 제정 및 수정, ② 건물과 그 부대시설의 관리규약의 제정 및 수정, ③ 업주위원회의 선거 혹은 업주위원회의 구성원의 변경, ④ 건물관리기업 혹은 기타 관리인의 선임 및 해임, ⑤ 건물과 그 부대시설의 보수자금의 모금 및 사용, ⑥ 건물과 그 부대시설의 개축 및 재건, ⑦ 공유와 공동 관리권에 관한 기타 중대사항이 포함된다. 그 중에서 제5호와 제6호에 규정한 사항의 결정은 반드시 전속부분의 면적이 건물 총면적의 3분의 2 이상인 업주 및 총 업주의 수의 3분의 2 이상의 동의를 거쳐야 한다. 전항의 기타 사항의 결정은 반드시 전속부분의 면적이 건물 총면적의 절반 이상을 점하는 업주 및 업주의 수의 절반 이상의 동의를 거쳐야 한다(物权法 제76조).

相邻关系 (xiāng lín guān xi) 상린관계 | 상린관계

두 명 또는 두 명 이상의 서로 인접한 부동산소유자 또는 사용자가 부동산의 소유권 또는 사용권의 행사에 있어서 서로 간에 편리를 주고 제한을 받게 되는데 이러한 경우에 발생한 권리의무관계를 말한다. 相邻关系(xiāng lín guān xi)는 일반적으로 자연자원·주택기지의 사용·배수·오염물 배출·용수 등 경우에 발생한다.

부동산의 相邻(xiāng lín)권리자는 공평하고 합리적인 원칙에 입각하여 생산과 생활에 편리하며 상부상조하여 화목하게 지내는 원칙에 근거하여 相邻关系(xiāng lín guān xi)를 정확히 처리해야 하며(物权法 제84조) 법률·법규에 相邻关系(xiāng lín guān xi)의 처리에 관한 규정이 있는 경우 그 규정에 따르고 규정이 없는 경우에는 당지의 관습에 따른다(物权法 제85조). 부동산권리자는 相邻(xiāng lín)권리자의 용수·배수에 필요한 편의를 제공해야 하고, 자연유수의 이용은 부동산 相邻(xiāng lín)권리자 사이에서 자연적인 유수의 방향에 따라 합리하게 분배해야 하며(物权法 제86조) 相邻(xiāng lín)권리자가 통행 등 원인으로 반드시 그의 토지를 이용하여야 할 경우에는 필요한 편의를 제공해야 한다(物权法 제87조). 부동산권리자가 건물의 건축·수선, 전선·케이블·수도관·스팀·가스관 등의 설치로 인하여 이웃의 토지·건물을 이용할 필요가 있는 경우 당해 토지·건물의 권리자는 필요한 편의를 제공해야 한다(物权法 제88조). 건물의 건축은 국가의 관련공사건설표준에 반해서는 아니 되고 相邻(xiāng lín) 건물의 통풍·채광과 일조를 방해해서는 아니 되고(物权法 제89조) 부동산권리자는 국가의 규정을 위반하여 고체폐물을 버

리거나 대기오염물·물오염물·소음·빛·전자파복사 등 유해물질을 방출해서는 아니 된다(物权法 제90조). 부동산권리자는 땅을 파거나 건물건축·파이프설치·설비안장 등 행위를 하는 경우에 相邻(xiāng lín)부동산의 안전에 위험을 주어서는 아니 되며(物权法 제91조), 용수·배수·통행·파이프설치 등으로 인하여 相邻(xiāng lín)의 부동산을 이용할 경우, 相邻(xiāng lín)부동산권리자에 손해를 주는 것을 최대한 피해야 하며 손해를 초래할 경우 보상해야 한다(物权法 제92조).

物上请求权 (wù shang qǐng qiú quán) 물상청구권	물권적 청구권

대세권인 물권 내용의 실현이 어떤 사정으로 인하여 방해를 받거나 방해받을 가능성이 있는 경우에 권리자가 방해자에 대하여 그 방행의 제거 또는 예방에 필요한 행위를 청구할 수 있는 권리를 말한다. 物上请求权(wù shang qǐng qiú quán)의 목적은 권리자의 물권 실현에 있어서의 방해요소를 제거하여 권리자가 물권목적물에 대한 지배적 상태를 회복함으로써 물권을 실현하기 위한 데 있다. 따라서 物上请求权(wù shang qǐng qiú quán)은 물권의 존재를 전제로 하여 발생하는 권리이므로 이 점에서 물권이 침해를 받은 후 발생하는 채권청구권 및 손해배상청구권과 구별된다.

共有 (gòng yǒu) 공유	공유 + 합유

공유란 2인 이상의 민사주체가 동일한 재산에 대해 소유

권을 향유하는 것을 말한다(民法通则 제78조 제1항). 중국의 共有(gòng yǒu)의 개념은 한국법상의 공유의 개념과 비슷한 점이 있지만 정확히 말하면 한국법의 공유의 개념보다 넓은 개념이라고 할 수 있다. 즉 중국의 共有(gòng yǒu)는 한국법상의 공유와 합유를 포함한 개념이라고 할 수 있다. 중국의 共有(gòng yǒu)는 안분공유(按份共有)와 공동공유로 나누어진다. 공유자가 共有(gòng yǒu) 부동산 혹은 동산에 대하여 안분공유 혹은 공동공유라는 약정이 없거나 약정이 불명확할 경우, 공유자가 가족관계 등이 있는 경우를 제외하고 안분공유로 간주한다(物权法 제103조). 共有(gòng yǒu) 부동산 혹은 동산으로 발생한 채권채무의 대외관계에서 공유자는 연대채권을 향유하고 연대채무를 부담한다. 단 법률에 별도의 규정이 있거나 제3자가 공유자 사이에 연대채권 · 채무관계가 없음을 알고 있는 경우는 제외한다(物权法 제102조).

按份共有(àn fèn gòng yǒu) 안분공유 | 공 유

공유의 일종으로서 둘 혹은 둘 이상의 공유자가 동일한 재산에 대하여 각자 지분에 따라 권리를 향유하고 의무를 부담하는 형태를 말한다(民法通则 제78조 제2항, 物权法 제94조). 按份共有(àn fèn gòng yǒu)자가 공유부동산 혹은 동산의 지분에 대하여 약정이 없거나 약정이 불명확할 경우에는 출자액에 따라 지분을 정하고, 출자액을 확정할 수 없는 경우에는 동등한 지분이 있는 것으로 간주한다(物权法 제104조).

공유 부동산 혹은 동산을 처분하거나 공유 부동산 혹은

동산을 보수할 경우에는 3분의 2 이상의 按份共有(àn fèn gòng yǒu)자의 동의가 있어야 한다. 단 공유자 사이에 별도의 약정이 있는 경우에는 제외한다(物权法 제97조). 공유물의 관리비용 및 기타 부담은 약정이 있으면 약정에 따르고 약정이 없거나 혹은 약정이 불명확하면 按份共有(àn fèn gòng yǒu)자는 지분에 따라 부담한다(物权法 제98조). 按份共有(àn fèn gòng yǒu)는 성격상 하나의 소유권에 대한 양적 분할이며 재산 자체를 분할하는 것이 아니라 지분에 따라 권리를 향유하는 것이다. 공유자가 공유 부동산 및 동산을 분할하지 아니하고 공동소유관계를 유지하기로 약정한 경우에는 약정에 따라야 한다. 단 공유자가 중대한 이유로 분할이 필요할 경우 분할청구를 할 수 있다. 약정이 없거나 약정이 불명확한 경우 안분공유자는 수시로 분할청구를 할 수 있다(物权法 제99조). 제3자에게 양도하는 경우 동일한 조건하에서 기타 按份共有(àn fèn gòng yǒu)권자는 우선구매권이 있다(民法通则 제78조 제3항, 物权法 제101조).

共同共有(gòng tóng gòng yǒu) 공동공유 | 합 유

공유의 일종으로서 둘 혹은 둘 이상의 소유자가 공유하는 모든 재산에 대하여 지분을 나누지 않고 공동으로 소유권을 향유하는 것을 말한다(物权法 제95조). 안분공유와 구별되는 점은 공유자의 지분을 나누지 않으며 평등하게 권리를 향유하고 의무를 부담하며 共同共有(gòng tóng gòng yǒu)관계의 존속기간 내에 共同共有(gòng tóng gòng yǒu)자는 함부로 그 공유재산을 처분할 수 없다는 것이다. 공유 부동산 혹은 동산을 처분하거나 공유 부동산 혹은 동산을 보수할 경우에는 전체 共同共有(gòng tóng gòng yǒu)자의 동의를 거쳐야 한다. 단 공유자 사이에 별도의 약정이 있는 경우는 제외한다(物权法 제97조). 공유물의 관리비용 및 기타 부담 약정이 있으면 약정에 따르고 약정이 없거나 혹은 약정이 불명확한 경우 共同共有(gòng tóng gòng yǒu)자는 공동으로 부담한다(物权法 제98조). 공유자가 공유 부동산 및 동산을 분할하지 아니하고 공동소유관계를 유지하기로 약정한 경우에는 약정에 따라야 한다. 단 공유자가 중대한 이유로 분할이 필요한 경우에는 분할청구를 할 수 있다. 약정이 없거나 약정이 불명확한 경우 공동공유자는 공유의 기초가 소멸되었거나 중대한 이유로 분할이 필요한 경우에는 분할청구를 할 수 있다(物权法 제99조).

共同共有(gòng tóng gòng yǒu)관계가 종료되는 경우 그 분배에 대해 합의가 있으면 합의에 따르고 합의가 없으면 동등한 분배원칙을 기초로 각 共同共有(gòng tóng gòng yǒu)자가 공동공유재산에 대한 기여도를 감안하여 분배한다. 다만, 부부공동공유재산은 혼인법에 따라 분배한다.

善意取得(shàn yì qǔ dé) 선의취득	선의취득

처분권이 없는 자가 선의의 제3자에게 부동산 혹은 동산을 양도하여 점유할 경우 제3자가 법에 따라 당해 부동산 혹은 동산의 소유권을 취득하게 되는 경우를 말한다. 이런 경우에 원소유자는 제3자에게 반환청구를 할 수 없고 불법양도자에게 손해배상을 청구할 수 있다. 한국법상 善意取得(shàn yì qǔ dé)는 동산에 한해서 적용되지만 중국법상 善意取得(shàn yì qǔ dé)는 동산과 부동산 모두

에 적용된다.

양수인이 부동산 혹은 동산을 양도받을 때 선의적이고, 합리적인 가격으로 양도받았으며, 양도한 부동산과 동산을 법률 규정에 따라 등기를 요할 경우 등기를 완료하고 등기가 불필요한 경우 양수인에게 인도한 경우에는 법률에 별도의 규정이 없는 한, 양수인은 그 부동산 혹은 동산의 소유권을 취득할 수 있다. 양수인이 전 항의 규정에 따라 부동산 혹은 동산의 소유권을 이미 취득한 경우 원 소유권자는 처분권이 없는 자에게 배상을 청구할 권리가 있다. 당사자가 선의적으로 기타 물권을 취득할 경우에도 마찬가지이다(物权法 제106조).

yí shī wù 遗失物 유실물	유실물

소유자 또는 적법한 점유자가 부주의로 분실한 재산을 말하는데 부동산에는 遗失物(yí shī wù)에 관한 문제가 존재하지 않는다. 소유권자 혹은 기타 권리자는 遗失物(yí shī wù)를 되찾을 권리가 있다. 遗失物(yí shī wù)가 양도에 의하여 타인이 점유할 경우 권리자는 처분권이 없는 자에게 배상을 청구하거나 양수인을 알았거나 알아야 할 때부터 2년 내에 양수인에게 원물의 반환을 청구할 권리가 있다. 단 양수인이 경매 혹은 경영자격이 있는 경영자에게서 그 遗失物(yí shī wù)를 구매한 경우 권리자는 원물반환을 청구할 때 양수인이 지급한 비용을 지급해야 한다. 권리자는 양수인에게 상기 비용을 지급한 후 처분권이 없는 자에 대하여 사후에 구상할 권리가 있다(物权法 제107조).

失得人 (shī dé rén) 실득인	습득자

유실물을 습득한 자를 말한다. 失得人(shī dé rén)는 유실물을 권리자에게 반환해야 한다. 失得人(shī dé rén)은 지체 없이 권리자에게 통보하여 수령하거나 공안 등 관련부서에 송부해야 하며 관련부서는 유실물을 받은 후 권리자를 알면 지체 없이 권리자에게 통보하여 수령하도록 하고 권리자를 알지 못할 경우에는 지체 없이 유실물공고를 해야 한다. 失得人(shī dé rén)은 유실물을 관련부서에 제출하기 전에, 관련부서는 유실물을 수령자에게 인도하기 전에 유실물을 타당하게 보관할 의무가 있다. 고의 혹은 중대한 과실로 유실물이 훼손·멸실된 경우 민사책임을 져야 한다. 반면에 권리자는 유실물을 수령할 경우 失得人(shī dé rén) 혹은 관련부서에 유실물보관 비용 등을 지급해야 한다. 권리자가 포상금을 걸고 유실물을 찾을 경우 유실물 수령시 승낙한 의무를 이행하여야 한다. 失得人(shī dé rén)이 유실물을 불법 점유한 경우에는 유실물보관 등에 관하여 지급한 비용을 청구할 권리가 없으며 권리자에게 승낙한 내용의 이행을 청구할 권리가 없다(物权法 제109조-제112조).

유실물은 공고한 날부터 6개월 내에 수령자가 없는 경우에는 국가소유로 한다(物权法 제113조). 이러한 규정은 공고기간 내에 소유자가 권리를 주장하지 않으면 습득자가 그 소유권을 취득한다는 한국법상의 규정과 다르다. '국가소유'로 한다는 중국법상의 규정은 공유제를 기본제도로 하는 사회주의 성격을 보여주는 규정이라고 할 수 있다. 표류물(漂流物)을 습득하였거나 매장물 혹은 은닉물을 발견할 경우에는 유실물에 관한 규정을 참조하여 적용하고 문화재보호법 등 법률에 별도의 규정이 있는 경우에는 그에 따른다(物权法 제114조).

yuán wù 原 物 원 물	원물(元物)
zī xī 孳 息 자 식	과 실

원물과 상대적인 개념으로서 원물로부터 산생된 수익을 말이다. 孳息(zī xī)에는 천연孳息(zī xī)와 법정孳息(zī xī)가 있는데 전자는 자연법칙에 따라 원물로부터 산출되는 수익을 말하고 후자는 법률규정에 의해 원물로부터 산출되는 수익, 예컨대 이자·임대료 등을 말한다. 孳息(zī xī)는 원물로부터 분리되어야만 수취할 수 있으며 원물과 孳息(zī xī)는 2개의 물건에 속한다.

천연孳息(zī xī)는 소유권자가 취득한다. 소유권자도 있고 용익권자도 있을 경우 용익권자가 취득하며 별도의 약정이 있는 경우에는 그 약정에 따른다. 법정孳息(zī xī)는 약정이 있는 경우에는 약정에 따르고 약정이 없거나 약정이 불명확할 때에는 거래관습에 따라 취득한다(物权法 제116조).

yòng yì wù quán 用益物权 용익물권	용익물권

타인이 소유한 부동산 혹은 동산에 대하여 법에 의해 점유·사용·수익하는 권리를 말한다(物权法 제117조). 중국법상

의 用益物权 yòng yì wù quán 으로는 토지승포경영권(土地承包经营权), 건설용지사용권(建设用地使用权), 택기지사용권(宅基地使用权), 지역권(地役权) 등이 있다. 여기서 토지승포경영권, 건설용지사용권, 택기지사용권은 중국이 토지공유제도를 실시함으로 인하여 발생한, 중국에만 있는 특수한 用益物权 yòng yì wù quán 이라고 할 수 있다.

土地承包经营权 tǔ dì chéng bāo jīng yíng quán
토지승포경영권

농업경영자가 법률의 규정이나 계약의 약정에 따라 집체경제조직이나 국가소유의 토지를 사용하여 수익을 얻는 권리를 말한다. 중국의 농촌집체경제조직은 가정도급경영을 기초로 하고 통합과 분리를 결합한 이중경영체제를 실행하는데 농민집체소유와 국가소유이나 집체가 사용하는 경작지·임지·초지 및 기타 농업에 사용되는 토지는 법에 따라 土地承包经营 tǔ dì chéng bāo jīng yíng 제도를 실행한다(物权法 제124조). 土地承包经营权 tǔ dì chéng bāo jīng yíng quán 은 土地承包经营 tǔ dì chéng bāo jīng yíng 계약이 효력을 발생한 때부터 성립되며 현급 이상 지방인민정부는 土地承包经营权 tǔ dì chéng bāo jīng yíng quán 자에게 권리증서를 발급하여 경영권을 확인해주어야 한다.

경작지의 承包经营权 chéng bāo jīng yíng quán 의 기한은 30년, 초지는 30년 내지 50년이며 임지는 30년 내지 70년이다. 특수임목의 임지承包经营权 chéng bāo jīng yíng quán 기한은 국무원임업행정주관부서의 비준을 거쳐 연장할 수 있다. 상술한 기한 만기 후 권리자는 국가의 관련규정에 따라 계속 承包经营 chéng bāo jīng yíng 할 수 있다(物权法 제126조).

tǔ dì chéng bāo jīng yíng quán liú zhuǎn
土地承包经营权流转
토지승포경영권유전

토지승포경영권자가 법률에 따라 권리를 유통하는 것을 말한다. 土地承包经营权流转(tǔ dì chéng bāo jīng yíng quán liú zhuǎn)의 방식으로는 재도급(转包)·임대·차용·호환(互换)·양도·주식투자 등을 말한다. 재도급(转包)은 농민집체경제조직 내부에서 토지경영권에 대한 임대이다. 재도급(转包)의 경우 승포경영권자의 토지경영권에 대한 재산권은 변하지 않고 도급인의 동의를 거치지 않아도 되지만 도급인에 신고하여 등기해야 한다. 임대는 승포경영권자가 토지승포경영권을 본 집체경제조직 외의 자에게 임대하는 것을 말한다. 임대는 일종 외부적인 행위로서 승포경영권자의 토지경영권에 대한 재산권은 변하지 않는다. 승포경영권자가 토지승포경영권을 임대할 경우 도급인의 동의를 필요로 하지 않지만 도급인에 신고하여 등기해야 한다. 차용은 승포경영권자가 토지승포경영권을 타인에게 사용토록 하는 것이다. 차용은 임차인이 토지승포경영권자에게 사용비를 지급하지 않는 것을 제외하고, 기타 내용은 임대의 그것과 같다. 호환(互换)은 토지승포경영권자가 경작의 편의 혹은 기타 수요에 의하여 자기의 토지승포경영권을 같은 집체경제조직의 경영권자의 토지승포경영권과 상호 교환하여 사용하는 것이다. 토지승포경영권자는 기타 농촌집체조직의 경영권자와 토지승포경영권을 호환할 수 없다. 호환 당사자는 호환계약을 체결한 후 도급인에게 신고하여 등기하여야 하며 도급인과의 원래의 토지승포계약을 변경해야 한다. 양도는 토지승포경영권자가 토지승포경영권을 도급인의 동의를 거쳐 일정한 방식과 조건으로 타인에게 양도하고 도급인과 원래의 토지승포경영계약을 변경하는 것을 말한다. 양도의 대상은 집체경제조직의 자일 수도 있고 본 집체경제조직 이외의 단체와 개인일 수도 있다. 지분투자는 일반적으로 말하는 주식회사에 투자하는 것을 말하는 것이 아니고 농업합작 생산에 지분으로 투자하는 것을 말한다. 농업합작 생산에 대한 투자는 토지승포경영권자 사이에만 가능하며 함께 생산에 참여하여 지분에 따라 수익을 분배하는 것을 말한다.

流转 liú zhuǎn 기한은 승포기한의 잔여기간을 초과해서는 아니 되며 비준을 거치지 않고 승포지를 비농업건설에 사용해서는 아니 된다(物权法 제128조). 토지승포경영권자가 토지승포경영권을 호환(互换)·양도할 경우 당사자가 등기를 요하면 현급 이상 지방정부에 토지승포경영권등기변경을 신청해야 한다. 등기를 하지 않으면 선의의 제3자에게 대항하지 못한다(物权法 제129조).

tè shū liú zhuǎn
特殊流转
특수유전

입찰·경매·공개협상 등 방식으로 황무지 등 농촌토지를 승포경영하는 것을 말한다. 特殊流转 tè shū liú zhuǎn 의 경우 「农村土地承包法」과 국무원의 관련규정에 따라 그 토지승포경영권을 양도 혹은 주식에 투자하거나 저당 및 기타 방식으로 유전(流转)할 수 있다(物权法 제133조).

jiàn shè yòng dì shǐ yòngquán 建设用地使用权 건설용지사용권 | 지상권

자연인·법인 혹은 기타 조직이 법에 따라 국가소유의 토지를 점유·사용·수익하거나 그 토지를 이용하여 건물·구조물(构筑物)·기타의 부대시설을 건조할 수 있는 권리를 말한다(物权法 제135조). 建设用地使用权(jiàn shè yòng dì shǐ yòngquán)와 같은 용어로「民法通则」와「公司法」에서는 국유토지사용권이라고 하고,「中外合资经营企业法」에서는 부지(场地)사용권이라 한다. 일반적으로 지상권이라 하면 타인의 토지에 건물, 기타의 공작물(工作物)이나 수목(樹木)을 소유하기 위하여 그 토지를 사용할 수 있는 권리를 말한다. 기타 국가의 입법례를 보면 토지는 일반적으로 사적 소유이기 때문에 지상권은 자연인·법인 등 사적 주체가 소유한 지상에 설정한다. 하지만, 중국은 토지의 공유제를 실시하기 때문에 토지의 소유자는 오직 국가 혹은 집체만이 가능하다. 이러한 이유로 중국의 물권에는 지상권이란 법률용어가 없다. 하지만, 중국의 建设用地使用权(jiàn shè yòng dì shǐ yòngquán)과 택기지사용권(宅基地使用权)을 포함하면 지상권의 개념과 기본상 일치하다.

jiàn shè yòng dì shǐ yòngquán chū ràng 建设用地使用权出让 건설용지사용권출양

국가가 토지소유권자의 신분으로 토지사용권을 일정한 기한 내에 토지사용자에게 양도하여 사용하게 하고 토지사용자는 국가 혹은 집체경제조직에 토지사용권의 양도대금을 지급하는 것을 말한다. 建设用地使用权出让(jiàn shè yòng dì shǐ yòngquán chū ràng)은 건설용지사용권의 1차적 취득, 즉 원시취득의 경우에 국가가 그 행위의 주체가 되는 것이고, 계약의 형식으로 토지소유자와 사용자 간에 진행되는 거래이며 기한 제한이 있는 민사행위에 속한다. 토지의 소유자가 사용자에게 토지의 사용권을 양도함에도 불구하고 양도의 방식에 出让(chū ràng)이라는 법률용어를 사용하게 된 이유는 토지의 공유제 때문에 1차적 양도와 2차적 양도를 구분하기 위해서이다.

공업·상업·여행업·유흥 및 상업주택 등 경영성격을 띤 용지 및 동일한 토지에 두 개 이상의 사용신청이 있는 경우에는 반드시 입찰·경매 등 공개적 방식으로 出让(chū ràng)하여야 한다(物权法 제137조 제2항).

土地出让金(tǔ dì chū ràng jīn)
토지출양금

출양의 방식으로 건설용지사용권을 취득할 경우 국가에 당해 토지의 사용권에 해당하는 대금을 지급하는 것을 말한다. 건설용지사용권자는 법률의 규정 또는 계약의 약정대로 土地出让金(tǔ dì chū ràng jīn)을 지급해야 한다(物权法 제141조).

建设用地使用权流转(jiàn shè yòng dì shǐ yòngquán liú zhuǎn)
건설용지사용권유전

건설용지사용권자가 법률에 따라 건설용지사용권을 유통하는 것을 말한다. 建设用地使用权流转(jiàn shè yòng dì shǐ yòngquán liú zhuǎn)의 방식에는 양도·호환·출자·증여·저당 등이 포함된다. 양도·호환·출자·증여·저당할 경우 당사자는 서면으로 상응한 계약을 체결해야 하며 사용기한은 당사자가 약정하되 건설용지사용권의 잔여기간을 초과해서는 아니 된다. 건설용지사용권을 양도·호환·출자 혹은 증여할 경우에는 등기기관에 등기변경신청을 해야 한다(物权法 제143조-제145조). 여기서 양도라 함은 법률에 별도의 규정이 없는 한 권리자가 건설용지사용권을 계약의 방식으로 이전하는 것을 말한다. 따라서 건설용지사용권을 양도함에 있어서 계약법을 준용하게 된다. 양도와 출양은 서로 다른 독립적인 법률관계이기 때문에 반드시 그 구별에 주의를 돌려야 한다. 즉, 양도는 공민·법인 사이에 발생하며 출양은 국가와 토지사용자 간에 발생하며, 양도의 목적물은 권리인이 출양의 방법으로 취득한 건설용지 사용권이다.

fáng suí dì zǒu 房随地走 방수지주

건설용지사용권을 양도·호환·출자 혹은 증여할 경우 그 토지 위에 부착된 건물·구조물 및 그 부대시설을 함께 처분하는 것을 말한다(物权法 제146조). 즉 건물은 반드시 토지와 함께 처분해야 한다.

dì suí fáng zǒu 地随房走 지수방주

건물·구조물 및 그 부대시설을 양도·호환·출자 혹은 증여할 경우 그 건물·구조물 및 그 부대시설이 점용한 건설용지사용권을 함께 처분해야 함을 말한다(物权法 제147조). 즉 토지는 건물과 함께 처분해야 한다.

jiàn shè yòng dì shǐ yòngquán huà bō
建设用地使用权划拨
건설용지사용권획발

현급 이상 정부가 법에 따라 토지사용자에게 보상·안치 비용을 납부토록 한 후 국유 혹은 집체소유의 토지를 사용자에게 인도하여 사용토록 하거나 토지사용권을 무상으로 토지사용자에게 인도하여 사용토록 하는 방식을 말하다. 출양(出让)과 마찬가지로 划拨(huà bō)도 건설용지사용권의 1차적 취득, 즉 원시취득의 경우에 국가와 집체경제조직이 그 행위의 주체가 되는 것이다. 단 划拨(huà bō)의 경우 당사자는 평등협상을 거쳐 계약의 방식으로 건설용지사용권을 취득하는 것이 아니라 국가 및 집체가 일방적으로 사용자에게 토지사용권을 인도하는 것이기 때문에 토지소유자와 사용자는 평등한 법률지위에 있는 것이 아니다.

划拨(huà bō)는 아래와 같은 특징이 있다. ① 사용자는 건설용지사용권을 취득함에 있어서 상응한 대가를 지급할 필요가 없다. 비록 일정한 보상비와 정착비용을 지급하지만 이는 토지사용권에 대한 대가는 아니다. ② 건설용지는 공익목적에 사용해야 한다. 무상으로 취득한 만큼 용익물권자에게 경영활동을 하도록 허용하면 편법으로 특권을 얻게 된 것으로 되기 때문에 공익목적에 사용토록 제한해야 한다. ③ 양도의 제한을 받는다. 양도의 제한은 사용의 무상성과 목적의 공익성 특성에 의해 당연히 결정되는 것이다. 划拨(huà bō)토지가 공익성에 사용토록 하는 목적인데 용익권자가 임의로 양도하여 수익을 챙기면 공익목적이

거품으로 돌아갈 수 있다. 만약 용익물권자가 토지사용권을 양도하려면 출양의 방식처럼 건설용지사용권에 해당한 출양금을 국가 혹은 집체경제조직에 납부해야 한다. ④ 사용에 대한 기한제한이 없다.

jiàn shè yòng dì shǐ yòngquán xù qī 建设用地使用权续期 건설용지사용권속기

건설용지사용권 기한이 만기된 후 연장하는 것을 말한다. 주택건설용지사용권은 기한이 만기되면 자동적으로 연기되고 비주택건설용지사용권의 기한이 만기된 후의 연기는 법률의 규정에 따라 처리한다. 건설용지 상의 가옥 및 부동산의 귀속은 약정이 있는 것은 약정에 따르고 약정이 없거나 불명확한 경우에는 법률·행정법규에 따라 처리한다(物权法 제149조). 이렇게 구분한 이유는 주택건설용지는 자연인이 영구히 거주할 목적으로 그 위의 부동산을 구입한 것으로서 국민의 생활안정과 기본거주권을 보호할 필요가 있기 때문이다. 하지만 비주택건설용지는 주로 토지를 이용하여 경영활동을 하는 것이기 때문에 출양금을 납부하는 것은 약정한 기간 내에 토지사용권을 취득하는 것을 말하며 일단 기한이 만기되면 용익물권은 소멸되어야 한다는 취지이다. 비주택건설용지의 경우, 토지사용권 출양계약서에 규정된 사용연한이 만료된 후 토지사용자가 토지를 계속 사용하고자 할 경우에는 기한만료 1년 전에 기한연장 신청을 해야 하며, 사회 공공이익의 수요에 근거하여 토지를 회수해야 하는 경우를 제외하고는 당해 신청을 허가하는 것이 원칙이다.

허가한 경우 토지사용권 출양계약을 다시 체결하여야 하며 규정에 따라 토지사용권 출양금을 지급해야 한다. 반면에 토지사용권 출양계약서에 규정된 사용기한이 만료되어도 토지사용자가 기한연장 신청을 하지 않거나 신청을 했더라도 허가를 받지 못한 경우 당해 토지사용권은 국가가 무상으로 회수하게 된다.

jiàn shè yòng dì shǐ yòngquán huí shōu 建设用地使用权回收 건설용지사용권회수

건설용지사용권의 만기 전에 국가가 공공이익의 수요에 근거하여 법률에 규정한 보상을 하는 전제하에서 당해 토지를 회수하는 것을 말한다(物权法 제149조). 建设用地使用权回收(jiàn shè yòng dì shǐ yòngquán huí shōu)의 경우 국가는 실제 사용한 토지사용 기한과 출양계약상의 연한의 비례에 따라 상응한 출양금을 반환하는 동시에 이주보상금을 지급하고 개인주택을 회수할 경우에는 반드시 사용자의 거주조건을 보장해주어야 한다.

jiàn shè yòng dì shǐ yòngquán chè xiāo 建设用地使用权撤消 건설용지사용권철소

출양방식으로 토지사용권을 취득하여 부동산 개발을 함에 있어서는 토지사용권 출양계약서에 규정된 토지용도에 따라 개발 기한 내에 착공하여야 하는데 이를 위반할 경우 건설용지사용권을 취소하는 것을 말한다. 즉 출양계약서에 규정된 착공·개발일자가 만 1년이 지나도 착공·개발하지 않을 경우 토지사용권 출양금의 20%에 해당하는 공한지비(闲置费)를 징수할 수 있으며, 만 2년이 지나도 미착공·미개발시에는 무상으로 토지사용권을 회수할 수 있다. 다만, 불가항력 또는 정부 및 정부관계기관의 행위나 착공·개발에 필수적인 사전업무로 착공·개발이 지연되는 경우는 제외한다.

zhái jī dì shǐ yòngquán 宅基地使用权 택기지사용권	지상권

중국의 특유한 용익물권이며 법에 따라 집체소유의 토지를 점유·사용하고 당해 토지에 주택 및 기타 부대시설을 건설할 수 있는 권리를 말한다(物权法 제152조). 宅基地使用权(zhái jī dì shǐ yòngquán)과 건설용지사용권을 비교하여 보면 ① 전자의 사용권의 주체는 특정된 것인바 권리주체는 오직 본 집체경제조직의 구성원이어야만 하고 1가구가 오직 하나만 신청할 수 있으며 오직 주택 및 그 부대시설의 건축에만 사용할 수 있으며, ② 객체도 특정된 것인바 집체가 소유하고 있는 토지에 한하며, ③ 宅基地使用权(zhái jī dì shǐ yòngquán)의 취득은 대가가 없으며 사용권의 기한이 없는 등 구별점이 있다.

zhái jī dì shǐ yòngquán xiāo miè 宅基地使用权消灭 택기지사용권소멸	

택기지사용권에 법정 이유가 발생하여 그 사용권이 소멸되는 것을 말한다. 이러한 이유로는 자연재해로 소멸되는 경우 및 향(진)·촌의 공공시설과 공공사업의 건설을 위하여 택기지를 사용할 경우와 사용자가 비준된 용도에 의하여 주택기지를 사용하지 않거나, 장기적으로 사용하지 않을 경우 집체경제조

직에서 택기지사용권을 회수하는 등 경우가 있다.

dì yì quán 地役权 지역권	지역권

계약의 약정에 따라 타인의 부동산을 이용하여 자신의 부동산의 효익을 높이는 권리를 말한다(物权法 제156조 제1항). 地役权(dì yì quán)의 설정은 당사자 간의 서면계약으로 이루어지며 그 계약에는 ① 당사자의 성명 혹은 이름과 주소, ② 승역지와 요역지의 위치, ③ 이용목적과 방법, ④ 이용기한(당사자가 약정할 수 있지만 토지승포경영권 · 건설용지사용권 등 용익물권의 경우에는 그 사용권의 잔여기한을 초과해서는 아니 된다), ⑤ 비용 및 지급방식, ⑥ 분쟁해결방법 등에 관한 내용이 포함되어야 한다(物权法 제157조). 地役权(dì yì quán)은 계약이 효력을 발생한 때부터 설립되며 당사자가 등기를 요구할 경우 등기기관에 지역권등기를 신청할 수 있으며 등기를 거치지 않으면 선의 제3자에 대항하지 못한다(物权法 제157조).

gōng yì dì 供役地 공역지	승역지
xū yì dì 需役地 수역지	요역지
dān bǎo fǎ 担保法 담보법	

「中华人民共和国担保法」은 1995년 6월 30일 제8기 전국인민대표대회 상무위원회 제14차 회의에서 통과되었고 같은 해

10월 1일부터 시행되었다. 担保法(dān bǎo fǎ)의 입법취지는 자본의 융통과 상품의 유통을 촉진시키고, 채권의 실현을 보장하고 사회주의시장경제를 발전시키는 것이다. 担保法(dān bǎo fǎ)에 규정된 담보의 방식으로는 보증(保证)·저당(抵押)·질(质)·유치(留置)·정금(定金) 등이 있다. 担保法(dān bǎo fǎ) 외에 「物权法」에도 담보물권에 관한 규정이 있는데 두 법률이 모순될 경우에는 신법이 구법이 우선하는 원칙에 따라 「物权法」를 적용하게 된다.

fǎn dān bǎo 反担保 반담보

제3자가 채무자를 위하여 채권자에게 담보를 제공할 때 채무자가 제3자의 요구에 따라 제3자에게 담보를 제공하는 담보방식을 말한다. 反担保(fǎn dān bǎo)는 채무자와 제3자의 관계에서의 담보에 대한 특정용어일 뿐 구체적인 내용에서는 일반담보와 다를 바 없다.

bǎo zhèng 保 证 보 증 — 보 증

보증인과 채권자의 약정으로, 채무자가 채무를 이행하지 않을 경우 보증인이 약정에 따라 채무를 이행하거나 책임을 부담하는 행위를 말한다(担保法 제6조). 保证(bǎo zhèng)은 인적 담보에 속하고 제3자가 개인 신용으로 채무자의 채무에 대하여 保证(bǎo zhèng)을 서는 것이며, 이러한 제3자를 보증인이라고 한다. 채무를 대신하여 변제할 능력이 있는 법인, 기타 조직 및 공민은 모두 보증인 자격이 있다(担保法 제7조). 단, 국가기관은 국무원으로부터 허가를 받아 외국정부 혹은 국제경제조직에서 대출을 받아 재대출을 하는 경우를 제외하고는 보증인이 될 수 없고(担保法 제8조), 학교 · 유치원 · 병원 등 공익을 목적으로 하는 사업단위 · 사회단체는 보증인이 될 수 없으며(担保法 제9조), 기업법인의 분기구(分支机构), 직능부문(职能部门)은 법인의 위임이 없는 한 보증인이 될 수 없다(担保法 제10조). 즉, 국가기관 · 사업단위 · 사회단체 · 기업의 분기구 등은 일반적으로 보증인이 될 수 없으나 특정기관의 허가를 받거나 위임을 받은 경우에는 그 범위 내에서 보증인 자격이 있다.

물적 담보도 있고 인적 담보도 있는 채권에 있어서 채권자가 기한이 도래하여도 채무를 이행하지 않거나 당사자가 약정한 담보물권을 실현할 상황이 발생하면 채권자는 약정에 따라 채권을 실현해야 한다. 약정이 없거나 약정이 불명확할 경우 채무자 자신이 제공한 물적 담보가 있는 경우 채권자는 우선 그 물적 담보에 대하여 채권을 실현해야 한다. 제3자가 물적 담보를 제공한 경우 채권자는 그 물적 담보에 대하여 채권을 실현할 수도 있고 보증인에게 보증책임을 질 것을 요구할 수도 있다. 담보를 제공한 제3자는 담보책임을 진 후 채무자에게 구상할 권리가 있다(物权法 제176조).

yī bān bǎo zhèng 一般保证 일반보증	일반보증

보증의 방식에는 일반보증과 연대책임보증이 있다. 그 중

一般保证(yī bān bǎo zhèng)이라 함은 당사자가 보증계약에서 채무자가 채무를 이행할 수 없는 경우에 보증인이 보증책임을 지기로 약정한 보증을 말한다. 一般保证(yī bān bǎo zhèng)의 보증인은 주계약(主合同)의 분쟁이 심판 또는 중재를 받지 않았고 채무인의 재산에 대하여 법적으로 강제 집행하여 채무를 이행할 수 없는 경우를 제외하고는 채권자에 대하여 보증 책임을 거절할 수 있다. 단 아래 사항 중 하나에 해당되는 경우 보증인은 상술한 권리를 행사할 수 없다. ① 채무자의 주소가 변경되어 채권자가 채무자에게 채무이행을 요구하기가 어려운 경우, ② 법원에서 채무자의 파산사건을 수리하여 이행절차를 중지한 경우, ③ 보증인이 서면으로 위에서 규정한 권리를 포기한 경우 등이다(担保法 제17조).

连带责任保证 (lián dài zé rèn bǎo zhèng) 연대책임보증	연대보증

보증책임 방식의 하나로서, 보증계약에 보증인과 채무자가 채무에 대하여 연대책임을 지기로 약정한 보증을 말한다. 连带责任保证(lián dài zé rèn bǎo zhèng)의 채무자가 주계약에 규정한 채무이행 기한이 도래하였음에도 불구하고 채무를 이행하지 아니한 경우 채권자는 채무자에게 채무이행을 요구하거나 보증인에게 그 보증범위 내에서 보증책임을 질 것을 요구할 수 있다(担保法 제18조). 만약 당사자가 보증방식에 대하여 일반보증인지 连带责任保证(lián dài zé rèn bǎo zhèng)인지에 대하여 약정하지 않았거나 약정이 명확하지 않는 경우에는 후자에 따라 보증책임을 진다(担保法 제19조).

보증책임을 부담할 경우, 일반보증과 连带责任保证(lián dài zé rèn bǎo zhèng)의 보

증인은 모두 채무자에 대한 항변권이 있으며 채무자가 채무에 대한 항변권을 포기한 경우에도 보증인은 여전히 항변권이 있다. 여기서 항변권이라 함은 채권자가 채권을 행사할 때 채무자가 법정절차에 따라 채권자의 청구권에 대하여 대항할 수 있는 권리를 말한다(担保法 제20조).

bǎo zhèng zé rèn fàn wéi 保证责任范围 보증책임범위	보증책임범위

보증인이 채무자의 채무에 대하여 보증책임을 부담하는 범위를 말한다. 보증담보에는 주채권 및 이자 · 위약금 · 손해배상금과 채권을 실현하는 비용이 포함되며 보증계약에 별도의 약정이 있는 경우에는 그 약정에 따른다. 당사자가 보증담보의 범위에 대하여 약정하지 않았거나 약정이 불명확한 경우에는 보증인은 전부의 채무에 대하여 책임을 진다(担保法 제21조).

bǎo zhèng qī jiān 保证期间 보증기간	보증기간

보증인이 보증채무를 부담하는 기간을 말하는데 약정이 있는 경우에는 약정에 따르고 약정이 없는 경우에는 법정기간에 따른다. 일반보증의 보증인과 채권자가 保证期间(bǎo zhèng qī jiān)을 약정하지 않은 경우 保证期间(bǎo zhèng qī jiān)은 주채무 이행기한 만료일부터 6개월로 한다. 계약에 약정한 保证期间(bǎo zhèng qī jiān)과 법에 규정한 保证期间(bǎo zhèng qī jiān) 내에 채권자가 채무자에 대하여 소송을 제기하거나 중재를 신청하지 않은 경우 보증인의 보증책임은 면제된다. 채권자가 소송을 제

기하거나 중재를 신청한 경우 保证期间(bǎo zhèng qī jiān)은 시효중단의 효력이 발생한다(担保法 제25조).

연대책임보증의 보증인과 채권자가 保证期间(bǎo zhèng qī jiān)을 약정하지 않은 경우 채권자는 주채권 이행기한 만료일부터 6개월 내에 보증인의 보증책임을 요구할 수 있다. 계약에 약정한 保证期间(bǎo zhèng qī jiān)과 위에서 규정한 保证期间(bǎo zhèng qī jiān) 내에 채권자가 보증인의 보증책임을 요구하지 않은 경우 보증인의 보증책임은 면제된다(担保法 제26조). 연대책임보증이 일반보증과 구별되는 점은 일반보증에서는 주채무 소송시효가 중단되면 보증채무 소송시효도 중단되지만, 연대보증책임의 경우에는 주채무 소송시효가 중단되어도 보증채무 소송시효는 중단되지 않는다는 것이다.

dǐ yā 抵 押 저 압	저 당

채무자 혹은 제3자가 채권자에게 담보법에 규정된 재산을 제공하고, 채무자가 채무를 이행하지 않을 경우 채권자가 법률의 규정에 따라 담보로 제공한 재산을 환가 또는 경매(拍卖)·매각(变卖)하여 우선적으로 변제받을 수 있는 담보방식을 말한다.

dǐ yā rén 抵押人 저압인	저당권설정자
dǐ yā quán rén 抵押权人 저압권인	저당권자

抵押财产 (dǐ yā cái chǎn) 저압재산	저당재산

저당의 목적물로 제공 가능한 물건을 말한다. 중국의 담보 관련 법률을 살펴보면 抵押财产(dǐ yā cái chǎn)은 저당가능한 물건과 저당금지의 물건으로 나누어지며 다음의 도표와 같다.

저당가능한 물건 (채무자 혹은 제3자가 처분할 수 있는 재산)	저당금지의 물건
건물과 기타 토지부착물	토지소유권
건설용지사용권	경작지 · 주택기지 · 자류지(自留地) · 자류산(自留山) 등 집체소유의 토지사용권. 단 법률에 별도의 규정이 있는 경우는 제외함
입찰 · 경매 · 공개협상으로 취득한 황무지 등 토지승포경영권	학교 · 유치원 · 병원 등 공익을 목적으로 한 사업단위 · 사회단체의 교육시설 · 의료위생시설 및 기타 사회공익시설
생산설비 · 원자재 · 반제품 · 제품	소유권 · 사용권이 불명확하거나 분쟁이 있는 재산
제조 중에 있는 건물 · 선박 · 항공기	법에 따라 봉인 · 차압 · 감독관리받는 재산
교통운송도구	법률 · 행정법규에 저당할 수 없다고 규정한 기타 재산
법률 · 행정법규에 저당을 금지하지 않은 기타 재산	

cái tuán dǐ yā 财团抵押 재단저압

당사자가 서면협의를 거쳐 기업·개체공상호(个体工商户)·농업생산경영자의 현재의 재산과 장래의 재산으로 될 생산설비·원자재·반제품·제품에 관하여 저당권설정계약을 체결하는 것을 말한다. 채무자가 기한이 도래하여도 채무를 이행하지 않거나 당사자가 약정한 채권을 실현할 상황이 발생한 경우 채권자는 저당권을 실현할 때의 동산으로 우선변제 받을 권리가 있다(物权法 제181조).

dǐ yā hé tong 抵押合同 저압합동 | 저당권설정계약

저당권설정자와 저당권자의 권리의무를 명확히 하기 위한 계약이며 저당권을 설정함에 있어서 반드시 서면형식으로 체결해야 한다. 당해 抵押合同(dǐ yā hé tong)에는 ① 피담보채권의 종류와 액수, ② 채무자의 채무이행기간, ③ 저당할 재산의 명칭·수량·질량·상황·소재지·소유권귀속 혹은 사용권귀속, ④ 담보의 범위 등이 포함되어야 한다(物权法 제185조).

dǐ yā quándēng jì 抵押权登记 저압권등기 | 저당권설정등기

등기기관에 저당권에 관한 사항을 등기하는 것을 말한다. 저당물 중 ① 건물과 기타 토지부착물, ② 건설용지사용권, ③ 입찰·경매·공개협상으로 취득한 황무지 등 토지승포경영권,

④ 제조 중에 있는 건물은 등기를 한 때부터 저당권이 설정된다(物权法 제187조). 반면에 ① 생산설비 · 원자재 · 반제품 · 제품, ② 교통운수도구, ③ 제조 중에 있는 선박 · 항공기의 저당권은 저당권설정계약의 효력발생시에 설정되며 등기를 하지 않은 경우에는 선의 제3자에게 대항할 수 없다(物权法 제188조).

liú zhì tiáo kuǎn jìn zhǐ 流质条款禁止 유질조관금지	유저당

저당계약을 체결할 때 저당권자와 저당권설정자가 계약에 채무이행기간이 만료되어도 채무자가 채무를 변제하지 못할 경우 저당물의 소유권을 채권자에게 이전하는 것을 내용으로 하는 약정을 금지하는 것을 말한다(担保法 제40조, 物权法 제186조). 이러한 제도를 둔 목적은 저당물이 적절한 시장가격을 반영하지 못하는 것을 방지하기 위해서이다. 다만, 채무이행기간이 만료되어도 채무자가 채무를 변제하지 못한 경우 저당권자와 저당권설정자는 협의로 저당물을 환가하여 취득할 수 있으며 이러한 경우에도 후순위의 담보물권자와 기타 채권자의 이익에 손해를 초래해서는 아니 된다.

dǐ yā quán bǎo quán 抵押权保全 저압권보전	

저당권설정자의 행위가 저당재산의 가치의 감소를 초래할 우려가 있는 경우 저당권자가 저당권설정자에게 당해 행위를 정지할 것을 요하는 것을 말한다. 저당물의 가치가 감소한 경

우 저당권자는 저당물의 원상회복 혹은 상응한 담보제공을 요구할 권리가 있다. 저당권설정자가 저당물의 원상회복도 하지 않고 담보도 제공하지 않을 경우 저당권자는 채무자에게 사전에 채무를 변제할 것을 요구할 권리가 있다(物权法 제193조).

最高额抵押(zuì gāo é dǐ yā) 최고액저압	근저당

저당권자와 저당권설정자가 협의로 최고 채권액의 한도 내에서 저당물로 일정한 기간 내에 연속 발생하는 채권에 대해 담보하는 것을 말한다(担保法 제59조). 最高额抵押(zuì gāo é dǐ yā)는 차관계약 및 채권자와 채무자가 일정한 기간 내에 연속 발생하는 특정 상품거래에 관한 계약에 적용되며 最高额抵押(zuì gāo é dǐ yā) 설정 전에 이미 존재한 채권은 당사자의 동의를 얻어 最高额抵押(zuì gāo é dǐ yā)의 채권범위로 전환할 수 있다. 最高额抵押(zuì gāo é dǐ yā)의 채권이 확정되기 전에 일부의 채권을 양도할 경우 最高额抵押(zuì gāo é dǐ yā)권은 양도할 수 없다. 단 당사자 사이에 별도의 약정이 있는 경우는 제외한다(物权法 제193조).

抵押权人债权确定(dǐ yā quán rén zhài quán què dìng) 저압권인채권확정	피담보채무의 확정

근저당권에서 채권자의 채권이 확정되는 경우를 말한다. 抵押权人债权确定(dǐ yā quán rén zhài quán què dìng)의 사유로는 ① 약정한 채권확정기간이 만기된 경우, ② 채권확정기간을 약정하지 않았거나 약정이 불명확한 경우, 저당권자와 저당권설정자는 근저당권이 설립한 날

부터 만 2년 후 채권의 확정을 청구할 수 있다. ③ 새로운 채권이 발생할 가능성이 없는 경우, ④ 저당재산이 봉인 · 차압된 경우, ⑤ 채무자 혹은 저당권설정자가 파산선고를 받거나 말소된 경우, ⑥ 법률에 규정한 채권이 확정되는 기타 상황 등이 있다(物权法 제206조).

zuì gāo é dān bǎo 最高额担保 최고액담보	근담보
dòngchán zhì yā 动产质押 동산질압	동산질

채무자 혹은 제3자가 동산을 채권자에게 인도하여 점유하게 함으로써 채권의 담보로 하는 것을 말한다. 채무자가 채무를 이행하지 아니할 경우 채권자는 担保法의 규정에 따라 해당 동산을 환가 또는 경매 · 매각하여 얻은 대금으로 우선 변제받을 수 있다. 질권계약은 질물을 질권자에게 인도하여 점유한 때부터 효력을 발생한다(担保法 제64조).

zhì quán rén 质权人 질권인	질권자
chū zhì rén 出质人 출질인	질권설정자
zhì quán bǎo quán 质权保全 질권보전	

질물이 파괴되거나 가치가 현저히 저하되어 질권자의 권리

실현에 영향을 미칠 가능성이 있는 경우 질권자가 질권설정자에게 상응한 담보를 제공하도록 요구하는 것을 말한다. 질권설정자가 이를 거부할 경우 질권자는 질물을 경매 혹은 매각함과 동시에 질권설정자와 협의하여 질물을 경매 또는 매각하여 얻은 수입으로 담보채권을 사전에 변제받거나 질권설정자와 약정한 제3자에게 공탁할 수 있다(担保法 제70조, 物权法 제216조).

quán lì zhì yā 权利质押 권리질압	권리질

물권 이외의 특정재산권에 설정하는 질권을 말한다. 权利质押(quán lì zhì yā)가 가능한 것으로는 ① 환어금·수표·약속어음, ② 채권·예금통장, ③ 창고증권·선하증권, ④ 양도할 수 있는 기금지분·주주권, ⑤ 양도할 수 있는 등록상표전용권·특허권·저작권 등 지적소유권 중의 재산권, ⑥ 미수대금(应收帐款), ⑦ 법률·행정법규에 규정한 질권을 설정할 수 있는 기타 재산권리 등이 있다(物权法 제223조). 그 중 어음·수표·환어음·채권·예금증서·창고증권·선하증권에 질권을 설정할 경우 계약에 약정한 기한 내에 권리증명서를 질권자에게 인도해야 하며, 질권계약은 권리증명서를 인도한 날부터 효력을 발생한다(担保法 제76조).

법적으로 양도 가능한 주식에 질권을 설정할 경우 질권설정자와 질권자는 서면협의를 체결해야 하며 증권등기기관에 질권설정 등기를 해야 한다. 질권계약은 등기일로부터 효력을 발생한다. 주식은 질권설정을 한 후 양도해서는 아니 되나, 질권설정자와 질권자가 협상하여 동의하면 양도할 수 있다. 질권설정자가 질권을 양도하여 취득한 수입은 질권자에게 담보채권을 앞당겨 변제하거나 질권자와 약정한 제3자에게 공탁해야 한다. 유한책임회사의 지분으로 질권을 설정할 경우, 회사법상 지분양도의 관련규정을 따라야 한다. 지분질권설정계약은 질권설정을 주주명부에 기재한 날로부터 효력을 발생한다(担保法 제78조).

법적으로 양도 가능한 상표권 · 특허권 · 저작권 중의 재산권에 질권을 설정한 경우 질권설정자와 질권자는 서면계약을 체결하고 관리기관에 질권설정 등기를 해야 한다. 질권계약은 등기일로부터 효력을 발생한다(担保法 제79조).

liú zhì 留 置 유 치	유 치

보관계약 · 운송계약 · 가공청부계약 등 계약에서 채권자가 계약 내용에 따라 채무자의 동산을 점유하고 있는 경우, 채무자가 채무를 이행하지 않으면 채권자가 담보법의 규정에 따라 그 재산을 유치할 권리가 있고, 동 재산의 환가 또는 경매 · 매각한 수입으로 우선변제 받는 것을 말한다(担保法 제82조). 채권자와 채무자는 계약에 채권자가 재산을 유치한 후, 채무자는 2개월 이내에 채무를 이행한다는 내용을 약정해야 한다. 채권자와 채무자가 계약에 이를 약정하지 않은 경우 채권자는 채무자의 재산을 유치한 후, 2개월 이상의 기한을 확정하고 채무자에게 그 기한 내에 채무를 이행하도록 통지해야 한다. 채무자

가 기한이 지나도 이행하지 않을 경우 채권자는 채무자와 협의하여 유치물을 환가할 수 있으며 법에 따라 유치물을 경매·매각할 수 있다. 유치물을 환가 또는 경매·매각한 후 그 수입에서 채권액을 초과한 부분은 채무자에게 속하고 부족한 부분은 채무자가 변제해야 한다(担保法 제87조).

dìng jīn 定 金 정 금	계약금

채권의 담보로 계약 체결 당사자 일방이 상대방에게 지급하는 금전을 말한다. 채무자가 채무를 이행한 후 定金(ding jīn)은 대금으로 상계하거나 회수해야 한다. 定金(ding jīn)을 지급한 일방이 약정한 채무를 이행하지 않을 경우 定金(ding jīn)의 반환을 청구할 권리가 없고, 定金(ding jīn)을 받은 일방이 약정한 채무를 이행하지 않을 경우 定金(ding jīn)은 배로 반환해야 한다(担保法 제89조). 定金(ding jīn)계약은 서면으로 약정해야 한다. 당사자는 定金(ding jīn)계약에 定金(ding jīn) 지급기한을 약정해야 하며 定金(ding jīn)계약은 定金(ding jīn)의 실제 지급일부터 효력을 발생한다(担保法 제90조). 定金(ding jīn)의 금액은 당사자가 약정할 수 있으나 주계약 목적액의 20%를 초과해서는 아니 된다(担保法 제91조). 定金(ding jīn)과 위약금은 모두 징벌성을 띠고 있으므로, 동일한 위약행위에 대해 定金(ding jīn)과 위약금은 병용할 수 없다.

hé tong fǎ 合同法 합동법	계약법

「中华人民共和国合同法」는 1999년 3월 15일 중화인민공

화국 제9기 전국인민대표대회 제2차 회의에서 통과되었으며 같은 해 10월 1일부터 시행되었다. 이 법이 제정되기 전에 계약에 관한 사항은 「民法通则」, 「经济合同法」, 「涉外经济合同法」, 「技术合同法」에 산재되어 있었다. 이 법이 시행된 후 「经济合同法」, 「涉外经济合同法」, 「技术合同法」 등 계약에 관한 법률은 실효되었고 모든 민사계약관계는 통일合同法(hé tong fǎ)를 적용하게 되었다.

hé tong 合 同 합 동	계 약

평등한 주체인 자연인・법인・기타 조직 사이에 민사권리의무관계를 설립・변경・종료하기 위한 협의를 말한다(合同法 제2조 제1항). 혼인・입양・후견 등 신분관계에서도 민사권리주체 간의 합의가 존재하지만 이러한 신분관계는 「合同法」을 적용하지 않고 기타 법률의 규정을 적용한다(合同法 제2조 제2항).

중국법상 '合同(hé tong)'은 한국에서의 '합동(동일한 방향/목적으로부터 합쳐진 합의)'과 '계약(부동한 방향/목적으로부터 합쳐진 합의)'의 구별을 두지 아니하며 각 당사자들이 민사법률관계에 대한 의사표시의 합의가 이루어지면 이를 모두 合同(hé tong)이라 한다.

hé tong de chéng lì 合同的成立 합동적성립	계약의 성립

계약은 평등한 민사주체가 특정한 민사권리의무의 설정・

변경 또는 종료에 관하여 합의한 시점에서 유효하게 성립되고 법률의 보호를 받게 된다. 하지만 계약이 성립되었다 해서 반드시 효력을 발생하는 것은 아니다. 통상 계약은 성립된 후 바로 효력을 발생하지만 특수한 경우에는 그러지 아니하다. 예컨대 계약의 효력발생에 법정 등기를 요하거나 비준 또는 조건부, 기한부 등 법정 또는 약정 조건이 부가된 경우에는 이러한 법정 또는 약정 조건이 충족된 경우에만 계약이 법적 효력을 발생하여 각 당사자를 구속하게 된다.

yǒu míng hé tong 有名合同 유명합동	유명계약 전형계약

법률상 일정한 명칭과 요건 및 규정을 두고 있는 계약을 말하며 무명합동과 대응되는 개념이다. 중국 「合同法」에는 15가지 계약, 즉 매매 · 전기 · 수도 · 가스 · 열공급 · 증여 · 차관 · 임대 · 융자임대 · 승람 · 건설공정 · 운송 · 기술 · 보관 · 창저(仓储) · 위탁 · 항기(行纪) · 거간(居间) 등 유명계약을 규정하고 있으며 이러한 계약과 기타 법률 중에 명문으로 규정된 계약이 바로 有名合同(yǒu míng hé tong)이다.

wú míng hé tong 无名合同 무명합동	무명계약 비전형계약

「合同法」 및 기타 법률에 명문으로 규정되어 있지 아니한 계약을 말한다. 无名合同(wú míng hé tong)의 경우 「合同法」의 총칙에 따라 규율되며 또한 이와 가장 유사한 유명합동의 규정을 유추하여 적

용할 수 있다.

dān wù hé tong 单务合同 단무합동	편무계약

계약당사자 일방만이 채무를 부담하거나 쌍방이 채무를 부담하더라도 그 채무가 서로 대가적인 의미를 갖지 않는 계약을 말한다. 반면에 서로 대가적 의미를 가지는 채무를 부담하는 계약을 쌍무합동(双务合同)이라고 한다.

shí jiàn hé tong 实践合同 실천합동	요물계약

당사자의 일치한 의사표시 이외에도 목적물을 교부하거나 기타 급부를 하여야만 정식으로 성립되는 계약을 말한다. 반면에 당사자의 일치한 의사표시만으로 성립되는 계약을 낙성합동(诺成合同)이라고 한다. 「合同法」에 규정된 유명합동은 대부분이 낙성합동이며 그 중 보관계약 등 극히 일부분 계약만이 实践合同(shí jiàn hé tong)에 속한다.

xiān hé tong yì wù 先合同义务 선합동의무	

계약을 체결하기 전과 계약을 체결한 후 효력을 발생하기 전까지 신의성실원칙에 따라 당사자가 부담해야 하는 의무를 말한다.

dì yuē guò shī zé rèn 缔约过失责任 체약과실책임	계약체결상의 과실

당사자가 계약을 체결하기 전에 신의성실원칙에 반하여 선합동의무를 위반함으로써 상대방의 신뢰이익에 손해를 준 경우에 지는 계약상의 책임을 말한다. 의사자치원칙에 따라 합리적이고 적절한 계약체결협상은 당연시되는 것으로서 이러한 협상에 대해서는 그 결과(협상 결렬 또는 계약의 체결)에 무관하게 책임을 지지 않는 것이 일반적이다. 하지만, 민사행위는 공평과 신의성실의 원칙에 입각해야 하므로 이러한 기본원칙에 위반하여 악의로 계약체결과정을 이용하여 상대방에게 손해를 초래할 경우 이에 대해 배상할 의무가 부과된다. 缔约过失责任(dì yuē guò shī zé rèn)을 지는 경우에는 다음과 같은 3가지 경우가 있다. 즉, ① 상대방과 계약을 체결할 목적이 전혀 없음에도 불구하고 계약체결이란 구실로 상대방 또는 제3자의 이익에 손해를 초래하는 경우, ② 상대방의 계약 체결 결정에 대해 중대한 영향을 미치게 되는 중요한 사실을 은닉하거나 허위정보를 제공하는 경우, ③ 기타 신의성실원칙에 위반되는 행위를 한 경우 등이 있다(合同法 제42조).

yào yuē 要 约 요 약	청 약

타인과 계약의 체결을 원하는 의사표시로서 이러한 의사표시에는 단순한 계약체결의 의사만 포함되어 있는 것이 아니라 구체적인 계약체결조건을 명시하여 상대방이 수정 없이 이러한 의사표시를 받아들일 경우 행위자는 곧 당해 의사표시의 법적

구속력을 받게 되는 행위를 말한다.

「合同法」는 要约도달주의, 즉 要约가 상대방에게 도달한 시점에서 효력을 발생하는 제도를 취하고 있으며, 要约는 특정된 경우를 제외하고는 철회하거나 취소할 수 있다. 要约를 철회하려면 당해 要约철회의 통지는 要约가 수령자에게 도달하기 전에, 또는 要约와 동시에 수령자에게 도달하여야 한다(合同法 제17조). 要约가 상대방에게 도달한 후, 당해 要约를 취소하려면 수령자가 당해 要约에 대한 승낙통지를 발하기 전에 수령자에게 도달하여야 한다(合同法 제18조). 하지만, 要约자가 당해 要约에 대한 승낙기간을 확정하였거나 要约의 불가취소를 명시한 경우 또는 수령자가 당해 要约는 불가취소라고 인정할 만한 사유가 있고 당해 要约의 이행을 위한 준비 작업을 행한 경우에는 要约를 취소할 수 없다(合同法 제18조).

yào yuē yāo qǐng 要约邀请 요약요청	청약의 유인

상대방이 청약을 발송할 것을 요청하는 의사표시를 말한다. 要约邀请은 계약체결의 준비단계로서 법률구속력이 없으며 불특정다수인에게 발송할 수 있다. 要约邀请에는 견적표의 발송, 경매 · 입찰공고, 상업공고 등이 포함된다.

chéng nuò 承诺 승 낙	승 낙

청약을 수령한 자가 청약에 동의하는 의사표시를 말한다.

유효한 承诺(chéng nuò)가 되기 위해서는 ① 承诺(chéng nuò)기간 내(승낙기간이 명확하지 아니한 경우 청약이 대화의 방식으로 이루어진 경우에는 즉시 승낙의 의사표시를 하여야 하고, 대화가 아닌 방식으로 이루어진 경우에는 상당한 기간 내)에 청약자에게 도달되어야 하고(合同法 제23조), ② 청약내용에 대해 수정하여서는 아니 되며(승낙이 요약내용에 대해 실질적이 아닌 내용의 변경을 한 경우 청약자가 적시에 반대의사를 표시하거나 청약에 어떠한 내용의 변경도 금지한 경우를 제외하고 이러한 승낙은 유효하며 계약의 내용은 승낙내용을 기준으로 한다), ③ 수령자의 承诺(chéng nuò)의사가 포함되어야 한다. 承诺(chéng nuò)는 통지의 방식으로 이루어지지만, 거래습관・청약의 요구에 따른 承诺(chéng nuò)행위가 청약자에게 도달된 때에도 효력을 발생한다.

承诺(chéng nuò)의사는 철회할 수 있지만 이러한 철회의 통지는 承诺(chéng nuò)의사가 청약자에게 도달하기 전이거나 承诺(chéng nuò)의사의 도달과 동시에 청약자에게 도달되어야 한다(合同法 제27조).

格式条款(gé shì tiáo kuǎn) 격식조관	보통거래약관

일방 당사자가 중복사용을 위해 사전에 제정하고 계약체결 시 상대방 당사자와 협상하지 아니하는 계약조항을 말한다(合同法 제39조 제2항). 이러한 格式条款(gé shì tiáo kuǎn)으로 계약을 체결하고자 하는 경우 格式条款(gé shì tiáo kuǎn)의 제공측은 공평원칙에 따라 각 당사자의 권리의무를 확정하고 신의성실원칙에 따라 합리적인 방법으로 상대방에게 책임의 경감 또는 면책조항에 주의할 것을 고지하고 상대방의 요구에 따라 관련 조항을 설명할 의무가 있다(合

同法 제39조 제1항). 格式条款(gé shì tiáo kuǎn)의 일방적인 특점으로 인해 그 중 일부 조항에 대해 상이한 해석을 할 가능성이 있는데 이런 경우에는 格式条款(gé shì tiáo kuǎn)의 제공 측에 불리한 방향으로 해석한다(合同法 제41조). 또한 일방당사자가 우월한 지위를 이용하여 과도한 일방적 면책 또는 책임경감규정을 설정해 상대방에게 불이익을 초래할 가능성을 예방하기 위하여, 일반적인 계약무효 사유가 발생한 경우 및 일반적인 계약에서의 특수 면책조항(상대방에게 인신상해를 입힌 경우에 대비한 면책조항과 고의 또는 중대한 과실로 상대방의 재산에 손해를 초래한 경우에 대비한 면책조항은 무효)의 경우 외에도 ① 格式条款(gé shì tiáo kuǎn)을 제공한 당사자의 책임을 면제하거나, ② 상대방의 책임을 가중하거나, ③ 상대방의 주요권리를 배제하는 格式条款(gé shì tiáo kuǎn)은 무효라고 규정하였다(合同法 제40조).

合同的效力(hé tong de xiào lì) 합동적효력 | 계약의 효력

청약에 대한 승낙 · 교차청약 · 의사실현에 의해 계약이 성립된 경우의 다음 단계로 그 계약의 내용에 따른 채권 · 채무의 발생을 인정하고 그 효과를 부여하는 것을 말한다. 계약은 성립된 후 대체로 유효 · 효력미정 · 취소가능 · 무효 등 효력을 발생하게 된다.

일반적인 경우에 계약이 적법하게 성립되면 유효한 계약으로서의 효력을 발생한다(合同法 제44조). 하지만 계약의 효력발생에 법정등기(계약 자체의 등기를 의미함), 비준(추인 포함) 또는 조건부 · 기한부 등 법정 또는 약정 조건이 부가된 경우에는 이러한 법정조건 또는 약정조건이 충족된 경우에 계약이 유효하게 된다. 즉 계약이 성립되었지만, 법률에 정한 효력발생조건에 완전히 부합되지 아니하여 향후 권리자의 승인 또는 추인 등과 같은 하자보완절차를 거쳐야만 최종적으로 효력을 발생하는 계약을 효력미정 계약이라고 한다. 계약의 효력미정 사유로는 민사행위제한능력자(限制民事行为能力人)가 계약을 체결한 경우(合同法 제47조), 무권대리의 경우(合同法 제48조), 무권처분의 경우(合同法 제51조) 등이 있다. 그 중 민사행위제한능력자(限制民事行为能力人)가 행한 순이익의 수령계약 또는 그의 연령·지력·정신건강상황과 부합되는 계약을 체결한 경우에는 법정대리인의 추인을 받을 필요가 없이 유효한 계약으로 된다.

또한 법정대리인의 추인을 받아야 하는 민사행위제한능력자(限制民事行为能力人)가 체결한 계약과 무권대리인이 본인의 명의로 체결한 계약의 경우에는 상대방에게는 최고권(1개월 내에 추인여부를 결정할 것을 최고할 수 있는 권리)과 취소권(선의상대방의 경우에만 인정)이 부여되는데 후자의 경우가 취소가능 계약이 되는 것이다.

계약이 성립된 후 법정무효의 사유가 있는 경우에 계약은 무효로 된다.

fù tiáo jiàn hé tong 附条件合同 부조건합동	조건부계약

계약 당사자는 계약의 효력발생조건 또는 효력해지조건을 약정할 수 있는데 이러한 조건이 설정된 계약을 말한다. 여기에

서 조건은 향후 발생여부가 확정되지 아니한 적법한 사실, 즉 각 당사자들이 예견할 수 없는 적법한 조건으로서 장래 반드시 발생하거나 또는 반드시 발생하지 않을 사실은 조건으로 설정될 수 없고 또한 법률에서 규정한 사항도 조건으로 될 수 없다. 이러한 조건의 형성에 있어서 당사자가 자기 이익을 위해 부당하게 조건의 형성을 저해하는 경우 조건이 형성된 것으로 간주하고, 당사자가 자기 이익을 위해 부당하게 조건이 형성되게 하는 경우 조건이 형성되지 아니한 것으로 간주한다(合同法 제45조).

fù qī xiàn hé tong 附期限合同 부기한합동	기한부계약

계약이 적법하게 성립된 후 계약 당사자는 계약의 효력발생기한 또는 효력해지기한을 약정할 수 있는데 이러한 기한이 설정된 계약을 말한다. 기한은 당사자가 예견한, 확정된 기한을 말한다. 따라서 당사자가 계약을 체결할 시 확정된 사실을 계약의 효력발생 또는 효력해지조건으로 할 경우 이는 附期限合同(fù qī xiàn hé tong)이고 조건부계약이 아니다.

wú xiào hé tong 无效合同 무효합동	무효계약

계약에 법적 무효사유가 있는 경우 무효로 되며 소급하여 효력이 없는 계약을 말한다. 계약은 민사법률행위에 속하므로 계약의 무효사유도 민법통칙의 민사행위의 무효사유와 일치해

야 한다. 하지만 중국 민법법률체계에서는 일반적인 민사행위의 경우와는 달리 계약행위에서 있어서 거래를 권장하고 당사자의 의사를 최대한 존중하는 원칙에 입각하여 계약의 무효사유를 일반적인 민사행위의 무효사유보다 좁게 규정하였다(合同法 제52조).

무 효 사 유	민법통칙 제58조	합동법 제52조, 제54조
민사행위제한능력자(限制民事行为能力人)가 독립적으로 실시하지 못하는 행위	무효	효력미정계약
사기·협박의 수단으로 인해 상대방이 그 진실한 의사에 위반하여 한 행위	무효	피해자에 의한 변경 또는 취소가능
타인의 위급함을 틈타 상대방으로 하여금 진실한 의사에 위반하여 한 행위	무효	피해자에 의한 변경 또는 취소 가능
계약이 국가 지령성 계획을 위반한 경우	무효	유효

无效合同(wú xiào hé tong)은 최초부터 법률효력이 없으며 이로 인해 취득한 재산은 반환하여야 하며, 반환할 수 없거나 반환할 필요가 없는 경우 환가하여 보상하여야 한다. 또한 이 경우 계약체결상의 과실원칙을 적용하며 쌍방이 모두 과실이 있는 경우 각자 상응한 책임을 부담하게 된다(合同法 제56조, 제58조).

hé tong de chè xiāo
合同的撤消
합동적철소

계약에 법정사유가 있는 경우에 당사자가 계약을 취소하는 것을 말한다. 이러한 사유로는 ① 일방에 중대한 오해가 있거나 계약 체결시 현저히 불공평한 경우, 주로 오해가 있는 측 또는 피해자가 취소를 주장할 수 있고, ② 일방이 사기·협박(강박) 또는 타인의 위급함을 틈타 상대방으로 하여금 그 진실한 의사에 위반하여 계약을 체결하도록 한 경우, 오로지 피해자만이 법원 또는 중재기관에 계약의 변경 또는 취소를 신청할 수 있다. 피해자의 이러한 취소권에는 1년의 제척기간이 주어진다. 계약이 취소되기 전의 계약은 유효하나 이러한 계약이 취소된 이후에는 처음부터 법률구속력이 없으며 당해 계약으로 인해 취득한 재산은 반환해야 하며, 반환할 수 없거나 반환할 필요가 없는 경우에는 환가하여 보상하여야 한다. 또한 이 경우 계약체결상의 과실원칙을 적용하며 쌍방에 모두 과실이 인정되는 경우 각자 상응한 책임을 부담하게 된다(合同法 제54조, 제55조, 제56조, 제58조). 취소권은 일단 유효하게 성립한 계약을 소급하여 소멸시킨다는 점에서 한국법상의 해제권과 유사하지만 이러한 취소권은 해제권처럼 일방적인 의사표시로만 가능한 것이 아니라, 반드시 법원 또는 중재기구의 판단을 거쳐 정식으로 취소되어야 한다.

hé tong de jiě chú 合同的解除 합동적해제	계약의 해지

계약의 약정사유 혹은 법정사유가 발생한 경우 계약을 해제하고 아직 이행하지 아니한 때에는 이행을 종료하고 이미 이행한 때에는 당사자가 이행상황과 계약의 성질에 따라 원상복귀 또는 그 밖의 구제조치를 취하거나 손해배상을 청구하는 것

을 말한다(合同法 제97조). 合同的解除(hé tong de jiě chú)는 법률·행정법규에 계약의 해제가 비준·등기 등 절차를 거쳐야 한다는 별도의 규정이 없는 한, 해제통지가 상대방에게 도달한 때에 정식으로 해제된다(合同法 제96조).

해제권은 일방적인 해제와 협의에 의한 해제로 나눌 수 있고 또한 해제사유가 법률에서 정한 사유인지 여부에 따라 법정해제권과 약정해제권으로 나눈다. 계약의 법정해제사유로는 ① 불가항력으로 계약의 목적을 달성할 수 없는 경우, ② 이행기가 도래하기 전에 당사자 일방이 주요한 채무의 이행을 하지 않을 것을 명확히 표시하거나 자신의 행위로써 표명한 경우, ③ 당사자 일방이 주요한 채무의 이행을 지체하고 최고를 수령한 후에도 상당한 기간 내에 채무를 이행하지 않은 경우, ④ 당사자 일방이 채무의 이행을 지체하거나 기타 위약행위에 의하여 계약의 목적 달성이 불가능해진 경우, ⑤ 기타 법률에 규정된 사유가 발생한 경우 등이 있다(合同法 제94조).

合同的解除(hé tong de jiě chú)에 소급효가 인정되는지에 관하여「合同法」에는 명확한 규정이 없다. 통설은 해제권에는 소급효가 없다고 주장하고 있지만,「合同法」입법해석에 의하면 "合同的解除(hé tong de jiě chú)는 계약관계를 처음부터 소멸하도록 하거나 장래를 향해 소멸하도록 한다. 즉, 合同的解除(hé tong de jiě chú)에 대해서는 당사자 간에 계약관계가 발생하지 아니하였다고 보거나 계약에 의해 아직 존재하는 권리의무에 대해서는 이행하지 아니한다"라고 표현하였으므로 사실상 해제권의 행사 결과에 대해 그 소급효가 발생될 수도 있고 그러하지 아니할 수도 있다고 볼 수 있다.

tóng shí lǚ xíng kàng biàn quán 同时履行抗辩权 동시이행항변권	동시이행항변권

쌍무계약의 이행에 있어서 각 당사자의 의무이행의 우선순위가 규정되어 있지 아니하는 경우, 양 당사자는 원칙상 동시에 계약에 약정한 의무이행기(만기채무이행)에 따라 의무를 이행하여야 하며, 만일 일방 당사자가 의무를 적시에 요구에 부합되게 이행하지 아니하면 그 위약상황에 따라 상대방 당사자도 전부 또는 일부 의무의 이행을 거절할 수 있는 권리를 말한다(合同法 제66조).

xiān lǚ xíng kàng biàn quán 先履行抗辩权 선이행항변권	선이행항변권

쌍무계약의 이행에 있어서 의무이행에 선후순위가 정해져 있는 경우, 선순위 의무이행자가 그 의무를 적시에 요구에 부합되게 이행하지 아니하면 후순위의무이행자는 선순위의무이행자의 불이행정도에 상응하게 그의 의무이행을 일부 또는 전부를 거절할 수 있는 권리를 말한다(合同法 제67조). 이 경우, 선순위 의무이행자의 의무불이행(불완전이행 포함)은 위약행위로 되지만, 후순위의무이행자의 先履行抗辩权(xiān lǚ xíng kàng biàn quán)에 의한 의무이행 거절은 위약행위로 보지 아니하게 된다.

bù ān kàng biàn quán 不安抗辩权 불안항변권	

쌍무계약의 이행에 있어서 후순위 이행의무자에게 ① 경영

상황이 극도로 악화되거나, ② 재산을 이전하고 자금을 빼돌려 채무변제를 회피하거나, ③ 상업신용을 상실하거나, ④ 채무변제능력을 상실하거나 상실하게 될 기타 상황이 확실한 증거로 증명된 경우, 선순위 이행의무자가 그 이행을 일시적으로 중지할 수 있는 권리를 말한다(合同法 제68조). 不安抗辩权(bù ān kàng biàn quán)의 행사에 있어서 선순위 의무이행자는 적시에 상대방에게 통지하여야 하며 상대방이 합리적인 기간 내에 이행능력을 회복하지 못하거나 기타 적당한 담보를 제공하지 못하면 선순위 이행의무자는 계약을 해지할 수 있다(合同法 제69조).

tí qián lǚ xíng 提前履行 제전이행	조기이행

계약의 이행에 있어서, 채무자가 쌍방이 약정한 의무이행기 도래 이전에 채무를 조기 이행하는 것을 말한다. 채무의 提前履行(tí qián lǚ xíng)에 있어서 조기 이행이 채권자의 이익에 손해를 초래할 우려가 있는 경우 채권자는 채무자의 提前履行(tí qián lǚ xíng)을 거절할 수 있다. 채무자의 提前履行债务(tí qián lǚ xíng zhài wù)로 인해 채권자에게 추가로 발생하는 비용은 채무자가 부담하게 된다(合同法 제71조).

bù fen lǚ xíng 部分履行 부분이행	일부이행

계약의 이행에 있어서 채무자가 일부채무를 이행하고자 하는 경우 이러한 部分履行(bù fen lǚ xíng)이 채권자의 이익에 손해를 초래할 우려가 있는 경우 채권자는 채무자의 部分履行(bù fen lǚ xíng)을 거절할 권리

가 있다. 채무자의 部分履行(bù fen lǚ xíng)함으로 인해 채권자에게 추가로 발생하는 비용은 채무자가 부담하게 된다(合同法 제72조).

债权人代位权 (zhài quán rén dài wèi quán) 채권인대위권	채권자대위권

채권자의 채권회수를 보장하기 위한 법률제도로서 채무자가 채권자에 대한 만기 채권을 변제하지 아니하고 채무자의 제3채무자에 대한 채권이 만기되었음에도 불구하고 소송 또는 중재의 방법으로 제3채무자에 대한(일신전속권은 제외함) 금전급부채권을 주장하지 아니함으로 인해 채권자의 만기채권이 회수되지 못하는 경우, 채권자는 자신의 명의로 제3채무자를 상대로 채무자를 대위하여 제3채무자 소재지 법원에 소송을 제기함으로서 채권액의 한도 내에서 채권을 직접 회수할 수 있는 법제도이다(合同法 제73조). 한국법상 채권자가 채권을 '보전'하기 위하여 债权人代位权(zhài quán ren dài wèi quán)을 행사하는 것과 달리 중국법상의 债权人代位权(zhài quán rén dài wèi quán)에 있어서 채권자는 채권을 직접 '회수'할 수 있다는 점에서 구별된다. 즉 중국의 债权人代位权(zhài quán rén dài wèi quán)에는 귀입권(归入权) 제도가 적용되지 않는다.

债权人撤销权 (zhài quán rén chè xiāo quán) 채권인철소권	채권자취소권

계약관계에서 채무자가 그의 만기채권을 포기하거나 재산을 무상으로 혹은 현저히 불합리한 저가로 처분하여 채권자에게 손해를 초래할 경우 채권자는 채무자를 상대로 자기의 채권

의 한도 내에서 법원에 채무자의 사해행위의 취소를 청구할 수 있는 권리를 말한다. 이 경우 채권자의 债权人撤销权 zhài quán rén chè xiāo quán으로 인하여 발생한 필요한 비용(변호사비용, 출장비 등 필요비용)은 채무자가 부담하게 된다(合同法 제74조 제2항).

债权人撤销权 zhài quán rén chè xiāo quán의 행사효력은 이러한 사해행위의 취소로 인해 소급하여 무효로 되기 때문에 사해행위로 인한 수익자는 당해 수익을 채무자에게 반환하여야 한다. 이는 제3채무자가 직접 채권자에게 채무변제를 하는 채권자 대위권의 법적 효력과는 상이한 것이다(合同法 제74조 제1항). 债权人撤销权 zhài quán rén chè xiāo quán 행사의 소멸시효는 채권자가 취소사유를 알았거나 알 수 있었던 날부터 1년 내에 행사하여야 하지만, 채무자의 행위 발생일부터 5년 내에 취소권을 행사하지 아니하면 철소권이 소멸된다.

zhài quánzhuǎn ràng 债权转让 채권전양	채권양도

법정, 약정 또는 계약의 성질에 의해 양도할 수 없는 권리 이외의 기타 채권을 제3자에게 양도하는 것을 말한다. 채권자는 채무자에게 채권양도 통지(법률·행정법규에서 채권의 양도가 비준·등기 등 절차를 거치도록 요구하는 경우 그에 따름)를 함으로써 채권양도의 3자간(채권자·채무자·채권인수자)에 법적 효력을 발생시킨다. 债权转让 zhài quánzhuǎn ràng은 무인성, 불가취소(양수인의 동의를 취득한 경우는 제외)이며, 채무자는 채권자에 대한 항변권을 양수인에게도 행사할 수 있다. 또한 채권자가 채권을 양도한 경우 채무자가 채권자에게 반대채권을 가지고 있고 그 채무자의 채권

이 양도된 채권의 기한보다 앞서거나 동시에 도래하는 경우 채무자는 양수인에게 상계를 주장할 수 있다(合同法 제83조).

zhài wù zhuǎn yí 债务转移 채무전이	채무의 인수

채무자가 자신의 채무를 제3자에게 양도하는 것을 말한다. 이런 경우, 채무자는 채권자에게 债务转移(zhài wù zhuǎn yí)를 통지하여야 할 뿐만 아니라 채권자의 동의를 얻어야 한다(법률·행정법규에서 비준·등기 등 절차를 거치도록 요구하는 경우 그에 따름). 또한 양수인은 채권자에 대해 기존 채무자의 채권자에 대한 항변을 주장할 수 있다(合同法 제85조).

dǐ xiāo 抵 消 저 소	상 계

채권자와 채무자가 서로 동종의 채권·채무를 가지는 경우 그 채권과 채무를 대등액에 있어서 소멸케 하는 일방석 의사표시이다. 抵消(dǐ xiāo)는 법정抵消(dǐ xiāo)와 약정抵消(dǐ xiāo)로 나눌 수 있다. 전자는 각 당사자가 서로 만기채무를 가지고 있고 당해 채무의 목적물의 종류와 품질 등이 동일한 경우, 법률 또는 계약의 성질에 의해 채무를 상호 소멸할 수 없는 경우를 제외하고, 임의의 일방당사자는 그의 채무로 상대방의 채무를 소멸시킬 수 있는 형성권을 말하며 조건이나 기한을 붙이지 못하는 것을 말한다(合同法 제99조).

후자는 각 당사자가 서로 채무를 가지고 있으나 그 목적물의 종류·품질이 상이한 경우에 합의하여 각자의 채무를 서로 소멸시킬 수 있는 권리로서 이는 일방적인 형성권이 아니라 상계계약이라고 할 수 있다(合同法 제100조).

提存(tí cún) 제존 | 공탁

계약의 이행에 있어서 채권자의 원인으로 인해 채무자가 적시에 계약상의 목적물에 대한 인도의무를 이행할 수 없는 경우 채무자가 제3기관에 목적물을 인도하거나 목적물을 경매·환금한 금액을 제3기관에 공탁함으로써 채무자의 계약하의 의무를 종료하는 일종의 채무자보호제도를 말한다.

채무자가 목적물을 제3기관에 인도하거나 목적물을 경매·환금한 금액을 제3기관에 인도함으로써 그의 인도의무를 소멸할 수 있는 사유에는 다음과 같은 경우가 포함된다. ① 채권자가 행방불명인 경우, ② 채권자가 정당한 이유 없이 수령을 거절한 경우, ③ 채권자가 민사행위능력을 상실 또는 일부 상실한 후 적법한 권리자가 확정되지 않은 경우, ④ 기타 법률에서 규정한 사유 등이 있다(合同法 제101조).

채무자가 목적물 또는 목적물의 대체물을 提存(tí cún)한 후 채권자가 행방불명인 경우를 제외하고 채권자 또는 기타 채권자의 승계인, 후견인에게 提存(tí cún)의 사실을 통지하여야 하며(合同法 제102조), 提存(tí cún)기간 동안 목적물 또는 목적물의 대체물의 멸실·훼손 리스크 및 비용은 채권자의 부담으로 하고 과실 역시 채권자에게 귀속된다(合同法 제103조). 提存(tí cún)일부터 5년이라는 제척기간 내에 채권자가 권리를 행사하지 아니하면 그 수령권은 소멸되며 提存(tí cún)비용을 공제한 후 잔여 목적물 또는 그 대체물은 국가소유로 된다(合同法 제104조).

hé tong zhōng zhǐ 合同终止 합동종지	계약의 종료

계약에 일정한 사유가 발생하여 당사자들의 계약이 종료되는 것을 말한다. 이러한 사유로는 ① 채무를 완전히 이행한 경우, ② 계약을 해지한 경우, ③ 서로 채무를 상계한 경우, ④ 채무자가 목적물을 공탁한 경우, ⑤ 채권자가 채무를 면제한 경우, ⑥ 채권·채무가 동일인에게 귀속된 경우, ⑦ 법률 또는 약정한 기타 사유 등이 있다(合同法 제91조). 계약상의 권리와 의무가 소멸된 후에도 당사자는 신의성실의 원칙을 준수하고, 거래관습에 따라 통지·협력·비밀유지 등 의무를 이행해야 한다(合同法 제92조). 또한 合同终止(hé tong zhōng zhǐ)된 후에도 최종 정산과 청산 조항은 여전히 유효하며 이러한 조항에 따라 계약은 최종적으로 종료된다(合同法 제98조).

hòu hé tong yì wù 后合同义务 후합동의무	계약 종료 후의 의무

계약이 종료된 후의 당사자의 의무를 말한다. 즉 당사자들은 신의성실원칙에 입각하여 거래습관에 따라 통지·협조·비밀유지 등 의무를 이행하여야 함을 말한다(合同法 제92조). 즉, 이러한 신의성실원칙에서 파생된 계약종료 후의 의무가 바로

后合同义务(hòu hé tong yì wù)이다. 后合同义务(hòu hé tong yì wù)는 법정의무로서 이를 위반한 경우 손해배상책임을 부담하여야 한다.

违约责任(wéi yuē zé rèn) 위약책임	위약책임

각 당사자 사이에 적법하게 성립되고 법적 효력을 발생한 계약상 의무를 위반한 경우 부담하는 민사책임을 말한다. 당사자가 사전에 계약의무를 이행하지 아니할 것을 명확히 표시하거나 그 행동으로 이를 명확히 표시한 경우에는 이행기간 만료 전에라도 위약책임을 추궁할 수 있다. 违约责任(wéi yuē zé rèn)의 형태로는 ① 계속이행, ② 구제조치, ③ 손해배상, ④ 위약금, ⑤ 계약금 등이 있다.

损害赔偿(sǔn hài péi cháng) 손해배상	손해배상

손해를 가한 자가 손해를 입은 자에 대하여 배상을 하는 것을 말한다. 중국 민법 제도상 대부분의 损害赔偿(sǔn hài péi cháng)제도는 징벌적인 규정이 아니라 피해자의 실제 발생한 손해(예외적인 징벌성 손해배상제도로는 소비자보호법 제49조 등이 있음)를 보상하는 원칙하의 민사책임제도이다. 따라서 실제 발생한 손해가 존재하지 아니하면 법정 손해배상금 부담방법을 적용할 수 없게 된다. 손해배상은 위약책임 중에서 제일 중요하고 제일 많이 사용되는 책임부담형태이며, 가해자가 피해자한테 자신의 위약행위로 인해 입은 손실을 보상해주는 방법이다. 손해배상방법에

는 구체적인 경우에 따라 원상복귀·금전배상 및 대물배상 등이 있다.

여기서 피해자가 입은 손실의 인정에 있어서 직접적인 손해와 간접적인 손해를 포함하지만 계약의 일방 당사자가 계약 체결시 예견하였거나 예견하였어야 할 위약행위로 인한 손실을 초과하여서는 아니 된다(合同法 제113조). 당사자들은 위약행위로 인한 손해배상의 산정방법을 약정할 수 있다(合同法 제114조 제1항).

wéi yuē jīn 违约金 위약금	위약금

계약을 체결할 때 계약을 위반하면 일정한 금액을 채권자에게 지급한다는 내용을 말한다. 일방 당사자가 위약행위를 한 경우 상대방이 실질적으로 손해를 입었는지 여부와 관계없이 징벌적으로 위약행위자에게 가하는 일종의 계약불이행에 대한 책임추궁방법이다. 违约金 wéi yuē jīn은 위약행위에 대한 징벌일 뿐 결코 违约金 wéi yuē jīn의 지급이 위약행위자의 계약상의 의무의 소멸 또는 종료를 의미하는 것은 아니다. 따라서 계약에서 각 당사자가 일방 당사자의 지연이행에 대해 전문적으로 违约金 wéi yuē jīn 지급을 약정한 경우 위약행위자는 违约金 wéi yuē jīn을 지급한 후에도 계속하여 계약을 이행하여야 한다(合同法 제114조 제3항). 또한 당사자의 권익을 더욱 적절하게 보호하기 위해, 약정한 违约金 wéi yuē jīn이 실제 손실보다 적은 경우 또는 약정한 违约金 wéi yuē jīn이 실제 손실보다 과다하게 많은 경우, 당사자는 법원 또는 중재기관에 적정한 금액으

로 감액할 것을 청구할 수 있다(合同法 제114조 제2항).

quán lì de jìng hé 权利的竞合 권리적경합	권리의 경합

계약의 이행에 있어서 일방 당사자의 위약행위가 상대방 당사자의 인신 또는 재산상의 권리를 침해한 경우, 당해 상대방 당사자는 위약책임 또는 불법행위책임이 경합될 경우 그 중 하나를 선택하여 책임을 물을 수 있는 것을 말한다. 다만, 경합된 권리 중에서 하나를 선택하여 소를 제기한 후에 1심 법정심리 이전에는 이를 변경할 수 있다(合同法 제122조). 청구의 경합 혹은 소송물의 경합의 경우 모순되는 판결을 피하고자 실정법상 이를 선택적으로 이용하도록 규정한 것이다. 따라서 이런 경우에는 청구의 선택적 병합의 문제가 존재하지 않는다.

mǎi mài hé tong 买卖合同 매매합동	매매계약

일방 당사자가 목적물의 소유권을 하자담보책임 하에 상대방 당사자에게 인도하고 당해 상대방 당사자가 목적물 대금을 지급하는 계약을 말한다(合同法 제130조). 양도인은 양도목적물에 대해 소유권 또는 처분권이 있어야 하며 이러한 목적물은 법률·행정법규상 양수도가 금지되거나 제한된 목적물이 아니어야 한다(合同法 제132조).

买卖合同(mǎi mài hé tong)은 목적물이 다수인 경우에 그 중의 일부가 약정된 내용과 일치하지 아니하는 경우 매수인은 그 목적물에 대하여 계약을 해제할 수 있다. 다만 목적물의 일부를 다수의 목적물로부터 분리하여 목적물의 가치가 명백하게 훼손되는 경우 당사자는 다수의 목적물 전부에 대하여 계약을 해제할 수 있다(合同法 제165조). 매도인이 목적물을 분할하여 인도하는 경우, 그 중 일부의 목적물을 인도하지 아니하거나 인도하였지만 약정된 내용과 일치하지 아니하여 계약의 목적을 달성할 수 없게 된 경우 매수인은 그 일부의 목적물에 대한 계약을 해제할 수 있다. 매도인이 목적물의 일부를 인도하지 아니하거나 인도한 것이 약정에 부합되지 아니하여 이후 다른 목적물을 인도할 수 없게 된 경우 매수인은 그 일부의 목적물 및 그 후의 목적물에 대한 계약을 해제할 수 있다. 매수인이 목적물 일부에 대한 계약을 해제한 경우 그 목적물이 다른 목적물과 상호 의존관계가 있는 경우 이미 인도한 목적물과 아직 인도하지 아니한 다른 목적물에 대하여 계약을 해제할 수 있다(合同法 제166조). 할부매매의 경우 대금을 분납하는 매수인이 변제기가 도래한 대금 전액의 5분의 1에 달하는 금액을 지급하지 아니한 경우 매도인은 매수인에게 대금 전액을 청구하거나 계약을 해제할 수 있으며 매도인이 계약을 해제한 경우에는 매수인에게 그 목적물의 사용료를 청구할 수 있다(合同法 제166조).

píng yàng pǐn mǎi mài hé tong
凭样品买卖合同
빙양품매매합동

당사자가 확정된 견품을 기준으로 체결한 매매계약을 말한다. 凭样品买卖合同(píng yàng pǐn mǎi mài hé tong)의 당사자는 견품을 봉인하여 보존하고 견본의 품질에 대한 설명을 할 수 있어야 한다. 매도인이 인도한 목적물은 견품 및 설명한 품질과 동일해야 한다(合同法 제168조). 양수인이 은폐된 하자를 발견하지 못하고 또한 인도한 목적물이 견품과 같다 할지라도 이러한 목적물은 동 종류 물품의 일반적인 표준에 부합되어야 한다(合同法 제169조).

shì yòng mǎi mài hé tong 试用买卖合同 시용매매합동	

당사자 사이에서 일정한 목적물의 시용을 조건으로 체결한 매매계약을 말한다. 시용기간 내에 시용자는 구매여부를 결정하여야 하며 시용기간 만료 후에도 아무런 의사표시가 없는 경우 시용자가 구매한 것으로 본다(合同法 제171조).

jiǎn yì jiāo fù 简易交付 간이교부	간이인도

양수인이 양도인으로부터 목적물을 양수받기 전에 이미 목적물을 점유한 상황에서 양도인과 양수인이 그 인도사실을 확인하는 것을 말한다.

zhàn yǒu gǎi dìng 占有改定 점유개정	점유개정

양도인이 양수인에게 목적물의 소유권을 양도하였지만 합의에 따라 양도인이 계속 당해 목적물을 점유하는 방법을 말한다.

zhǐ shi jiāo fù
指示交付
지시교부

목적물이 제3자에게 적법하게 점유된 상황에서 양도인과 양수인이 합의하여 제3자가 직접 양수인에게 당해 목적물의 점유를 이전하는 방법을 말한다.

gòngyòng diàn hé tong
供用电合同
공용전합동

전기공급자가 전기사용자에게 전력을 공급하고 전기사용자가 요금을 지급하는 계약을 말한다(合同法 제176조). 供用电合同(gòngyòng diàn hé tong)은 일종의 쌍무·유상·낙성계약이며 공익성과 연속성의 특징이 있다. 공급자가 시설의 수리 등 원인으로 임시적으로 공급을 중단하고자 하는 경우 사전에 공급중단통지를 하여야 하고 자연재해 등 원인으로 공급이 중단된 경우 적시에 수리하지 아니하여 수급자에게 손해를 초래한 경우 손해배상을 하여야 한다(合同法 제179조). 통상 이러한 계약은 공익성을 띠므로 그 거래가격에 대해 일반 상거래계약과는 달리 정부에서 개입하여 조정하는 경우가 많다. 수도·가스·열에너지의 공급계약은 供用电合同(gòng yòng diàn hé tong)을 준용한다(合同法 제184조).

zèng yǔ hé tong
赠与合同
증여합동 — 증여계약

증여자가 자신의 재산을 무상으로 수증자에게 수여하기로 하고 수증자는 그에 대한 수령의사를 표시하는 계약을 말한다(合

同法 제185조). 증여인은 사회공익, 도덕의무성질의 증여계약 또는 공증을 거친 贈与合同(zèng yú hé tong) 이외에, 贈与合同(zèng yú hé tong)을 체결한 후 재산인도 이전에 당해 계약을 취소할 수 있으며, 인도할 재산에 대하여 상대부담이 있는 경우를 제외하고는 하자담보의무를 부담하지 아니하며(合同法 제191조 제1항) 고의 또는 중대한 과실 이외에 멸실・훼손위험을 부담하지 아니한다(合同法 제191조 제2항).

증여자는 재산을 증여한 후 수증자에게 법정 혹은 약정사유가 발생하면 그러한 사유를 알았거나 알 수 있었던 날부터 1년 내에 취소권을 행사할 수 있다. 이러한 사유로는 ① 수증자가 증여자 또는 증여자의 가까운 친척에게 중대한 침해행위를 한 경우, ② 증여자에 대하여 부양의무가 있는 자가 그 의무를 이행하지 아니한 경우, ③ 증여계약서에 정한 의무를 이행하지 아니한 경우 등이 있다(合同法 제192조).

증여자 외에도 증여자의 상속인 또는 법정대리인은 수증자의 위법행위로 인하여 증여자가 사망하거나 민사상의 행위능력을 상실하게 된 때에는 그 원인을 알았거나 알 수 있었던 날부터 6개월 내에 취소권을 행사할 수 있다(合同法 제193조). 증여자와 그의 상속인 또는 법정대리인이 법적 절차에 따라 취소권을 행사한 경우 수증자에게 증여재산의 반환을 청구할 수 있다(合同法 제194조).

jiè kuǎn hé tong 借款合同 차관합동	금전소비대차

차주가 대주로부터 금전을 차용하고 기한이 도래하면 차용

금과 그로 인한 이자를 대주에게 지급할 것을 약정하는 계약을 말한다(合同法 제196조). 借款合同(jiè kuǎn hé tong)은 일반적인 상황에서는 낙성계약이지만 대주와 차주가 자연인인 경우에는 요물계약이다(合同法 제210조). 중국법상 기업 간의 차관은 허용되지 아니하여 기업은 은행 또는 자연인으로부터 차관할 수 있으며, 자연인 사이의 차관 역시 가능하다. 다만, 자연인 사이의 借款合同(jiè kuǎn hé tong)에서 이자에 대해 약정하지 아니하였거나 또는 약정이 불분명한 경우 이자를 지급하지 아니하는 것으로 본다(合同法 제211조).

어떠한 경우든지 차관이자는 사전에 원금에서 공제할 수 없으며 그럼에도 불구하고 원금에서 차관이자를 공제하여 차관을 제공한 경우 실제 차관을 제공한 액수에 따라 그 원리금을 산정하여 지급한다(合同法 제200조).

zū lìn hé tong 租赁合同 조임합동	임대차계약

임대인이 임차인에게 임차물을 인도하여 사용·수익하게 하고 임차인은 차임을 지급하는 계약을 말한다(合同法 제212조). 租赁合同(zū lìn hé tong)의 임대기간은 20년을 초과하지 못하며 초과된 부분은 무효이다. 그리고 임대기간 만료 후 당사자의 약정으로 租赁合同(zū lìn hé tong)을 연장할 수 있지만 재계약일부터 20년을 초과하지 못한다(合同法 제214조). 임대기간이 6개월 이상인 경우에는 반드시 서면에 의한 租赁合同(zū lìn hé tong)을 체결하여야 하며 그러하지 아니할 경우에는 기한을 정하지 않은 租赁合同(zū lìn hé tong)으로 본다(合同法 제215조).

임대인은 목적물 인도의무·수선의무·하자담보의무 등을 이행하여야 하는 반면 임차인은 차임지급의무, 재임대제한의무, 개선 및 증설의 금지의무, 목적물 반환의무 등을 이행하여야 한다. 임대인이 임대차 건물을 매도하는 경우 상당한 기간 내에 임차인에게 해당 사실을 통지해야 하며 임차인은 동일한 조건에서 우선적으로 매수할 권리가 있다(合同法 제230조).

chū zū rén 出租人 출조인	임대인
chéng zū rén 承租人 승조인	임차인
jīn róng zū lìn hé tong 金融租赁合同 금융조임합동	리스계약

리스대여자는 리스이용자가 지정한 리스물건을 리스이용자가 선정한 공급자로부터 구입하여 리스이용자의 사용·수익에 제공하고 리스이용자는 그에 대한 대여료를 지급하는 계약을 말한다(合同法 제237조).

金融租赁合同(jīn róng zū lìn hé tong)은 서면으로 체결되어야 하고, 리스대여자는 리스이용자가 선정한 공급자와 매매계약을 체결하고 약정에 따라 리스물건을 리스이용자에게 인도해야 하며 리스이용자는 수령한 목적물에 관하여 매수인으로서 권리를 가진다(合同法 제239조). 리스이용자는 리스물건의 점유기간 동안에 수선의무를 이행하여야 하고, 리스물건으로 인해 제3자에게 손해를 초래한 경우 리스대여자는 책임을 부담하지 아니하며 원칙상 목적물이 약정 또는 사용목적에 부합되지 아니하여도 리스대여자는 책임을 부담하지 아니한다.

리스대여자와 리스이용자는 리스기간 만료 후의 리스물건의 귀속에 대해 약정할 수 있으며 약정하지 아니하였거나 불분명한 경우, 리스물건은 리스대여자에게 귀속된다(合同法 제250조). 다만, 당사자가 리스기간이 만료된 후 리스물건의 소유권을 리스이용자에게 귀속하기로 약정한 경우 리스이용자가 대여료를 대부분 지급한 뒤 잔액을 지급하지 아니하여 리스대여자가 이를 이유로 하여 리스계약을 해제하고 리스물건을 회수할 경우, 회수한 리스물건의 가치가 리스이용자가 지급하지 아니한 대여료 및 기타 비용을 초과하는 경우 리스이용자는 그 부분에 해당하는 가치의 반환을 청구할 수 있다(合同法 제249조).

chéng lǎn hé tong 承揽合同 승람합동	도급계약

수급인이 도급인의 요구에 따라 특정된 일을 완성하여 그 업무성과를 인도하고 도급인이 보수를 지급하는 유상·낙성·쌍무계약이며 이에는 가공·주문제작(定作)·수리·복제·측정·검사 등이 포함된다(合同法 제251조).

당사자 사이에 별도의 약정이 없는 한, 수급인은 자기의 설비·기술과 노력으로 특정된 일의 주요부분을 완성해야 하며 가령 도급인의 동의를 취득하여 제3자에게 하도급을 주었다 해도 당해 제3자의 업무성과에 대해 도급인에게 책임져야 한다. 또한 별도의 약정이 없는 한, 수급인이 수명인 경우 공동수급인은 도급인에 대해 연대책임을 부담하여야 한다.

기타 일반계약과 다른 점은 承揽合同(chéng lǎn hé tong)에서 도급인은 수시로 계약을 해제할 수 있는 법정 권리가 있으며 이 경우 수급인의 손해를 배상하여야 한다(合同法 제268조).

dìng zuò rén 定作人 정작인	도급인
chéng lǎn rén 承揽人 승람인	수급인
fā bāo rén 发包人 발포인	도급인
chéng bāo rén 承包人 승포인	수급인
jiàn shè gōngchéng hé tong 建设工程合同 건설공정합동	건설공사계약

수급인이 건설공사를 하고 도급인이 결과물에 대하여 대금을 지급하는 계약을 말한다. 建设工程合同(jiàn shè gōngchéng hé tong)은 서면으로 체결해야 하며 실지조사・설계・건설 및 시공계약이 포함된다(合同法 제269조). 도급인은 수급인 1인이 완성할 수 있는 건설공사를 수 개로 분할하여 다수의 수급인과 계약을 체결해서는 아니 된다. 반면에 수급인은 전부 건설공사를 분할하여 분할도급(分包)의 명목으로 제3자에게 하도급을 해서는 아니 된다. 단 도급인의 동의를 얻어 자신이 완성할 공사의 일부분을 건축자질과 조건을 갖춘 제3자에게 하도급을 줄 수 있으며 이런 경우에 업

무성과에 대해 당해 수급인은 도급인에게 연대책임을 부담하여야 한다(合同法 제272조). 建设工程合同도 承揽合同(도급계약)의 특수한 계약형태이기 때문에 承揽合同의 관련 규정을 준용한다(合同法 제287조).
jiàn shè gōngchéng hé tong

yùn shū hé tong 运输合同 운수합동	운송계약

운송인이 여객이나 화물을 운송 출발지에서 약정된 장소에 운송하고 여객이나 송하인 또는 수하인이 승차요금 또는 운송비를 지급하는 계약을 말한다(合同法 제288조). 运输合同은 물건운송계약(货运合同)과 여객운송(客运合同)으로 나누어지며 통상 약관을 사용한다. 공공운송에 종사하는 운송인은 여객이나 송하인의 통상적이고 합리적인 운송요구를 거절하지 못하며 약정된 운송노선 또는 통상 운송노선에 따라 약정된 목적지까지 여객이나 화물을 운송해야 한다.
yùn shū hé tong

kè yùn hé tong 客运合同 객운합동	여객운송계약

당사자 사이에 별도의 약정 또는 별도의 거래습관이 있는 경우를 제외하고 客运合同은 운송인이 여객에게 승차권을 인도한 시점에서 성립된다(合同法 제293조).
kè yùn hé tong

운송인의 원인으로 지연 운송하는 경우 운송인은 운임가격을 인하할 의무는 없지만 여객의 요구에 따라 기타 운송수단을 제공하거나 요금을 환불해야 한다(合同法 제299조). 반면에 여객이 자신의 원인으로 승차권에 기재된 시간에 승차하지 못한 경우에는 약정한 기간 내에 승차권의 환불 또는 변경절차를 이행해야 한다. 기간 내에 절차를 이행하지 않은 경우 운송인은 승차요금을 환불하지 아니할 수 있고 운송의무를 부담하지 않는다(合同法 제295조).

운송인의 손해배상책임과 관련하여 ① 운송중인 여객의 상해와 사망에 대해서는 여객 자신의 건강문제로 인한 것이거나 여객의 고의나 중대과실로 인한 것을 제외하고는 무과실책임원칙을 적용하여 운송인은 손해배상책임을 부담하게 되고, ② 운송중인 여객이 직접 지참한 소지품에 대해서는 운송인에게 과실책임원칙을 적용하여 그 배상책임을 확정하며, ③ 여객으로부터 인도받은 화물에 대해서는 과실추정원칙을 적용하여 운송인의 배상책임을 확정한다(合同法 제302조, 제303조).

chéng yùn rén 承运人 승운인	운송인
tuō yùn rén 托运人 탁운인	송하인
kè piào 客票 객표	승차권
huò yùn hé tong 货运合同 화운합동	물건운송계약

货运合同(huò yùn hé tong)의 경우 ① 송하인이 위험물의 운송을 의뢰하고자 하는 경우 국가 관련 규정에 따라 적절하게 포장한 후 관

련 서류를 운송인에게 제출하여야 하고(合同法 제307조), ② 운송인이 물건을 수하인에게 인도하기 전에 송하인은 운송인에게 손해를 배상해주는 조건하에 언제든지 운송을 중지하거나 운송 변경요청을 할 수 있으며(合同法 제308조), ③ 물건의 훼손·멸실에 대한 배상액과 관련하여 당사자의 의사가 일치되지 않고 상응한 관습도 존재하지 아니하는 경우 물건도달지의 시장가격으로 계산한다(合同法 제312조).

2인 이상의 운송인이 동일한 운송방식으로 순차로 운송한 경우 송하인과 계약을 체결한 운송인은 운송의 전 과정에 대하여 책임을 지며 특정한 운송 구간에서 손해가 발생한 경우 송하인과 계약을 체결한 운송인은 그 구간의 운송인과 함께 연대 책임을 진다(合同法 제313조).

duō shì lián yùn hé tong 多式联运合同 다식연운합동	복합운송계약

복합운송경영자가 송하인과 전체 운송구간에 관한 운송계약을 체결하고 일괄하여 송하인에게 운송 중 발생한 손해에 대해 법에 따라 배상하는 유상·쌍무·낙성계약을 말한다. 복합운송경영자는 매 운송구역의 운송인과의 합의에 따라 매 운송인들 간의 대내적 책임부담을 약정하여 실시할 수 있다. 하지만 이러한 약정은 전체 운송과정에서 복합운송경영자가 부담하게 될 의무에는 영향을 미치지 않는다(合同法 제318조).

책임의 구체적 부담과 관련하여 어느 특정된 구역에서 물건이 훼손·멸실된 경우 복합운송경영자는 당해 구역에서 적용하는 운송방식 관련 법률규정에 따라 그 구체적인 배상책임과 액수를 정하며, 송하인의 과실로 복합운송경영자에게 손해를 초래한 경우 송하인에게 손해배상책임을 요구할 수 있다(合同法 제320조).

jì shù hé tong 技术合同 기술합동	기술계약

당사자 사이에서 기술의 개발·양도·자문 또는 서비스를 위해 체결한 계약을 말한다(合同法 제322조). 법인 또는 기타 조직의 직업임무의 완성결과인 직무기술성과 또는 주로 법인·기타 조직의 물질기술조건을 이용하여 완성한 기술성과인 경우 양 당사자 사이에 그 귀속권에 대해 별도로 약정하지 아니한 경우에는 당해 기술성과를 직무상의 기술성과로 보고 그 소유권은 법인 또는 기타 조직에게 귀속되며 이 경우 기술성과자에게는 장려금 또는 보수를 받을 권리와 동등한 조건하에서의 우선양수권이 부여된다(合同法 제326조). 여기서 "직업임무의 완성결과"라 함은 재직시 직무상의 임무 또는 법인·기타 조직이 요구한 기술개발임무를 완성하는 경우 및 법률·행정법규에서 별도로 규정하는 경우 이외에, 이직 후 1년 내 원법인·기타 조직에서 종사했던 직무상의 임무 또는 법인·기타 조직이 요구한 기술개발업무와 관련된 업무에 계속하여 종사하여 완성한 결과를 말한다.

技术合同(jì shù hé tong)은 어떠한 경우에도 기술의 불법독점, 기술진보를 방해하거나 타인의 기술성과를 침해할 경우에는 무효로 된다(合同法 제329조).

jì shù kāi fā hé tong 技术开发合同 기술개발합동	기술개발계약

당사자 사이에서 신기술 · 신제품 · 신공예 또는 신소재 및 그 시스템의 연구개발과 관련하여 체결하는 계약을 말하며 위탁개발계약과 합작개발계약을 포함한다(合同法 제330조).

技术开发合同(ji shù kāi fā hé tong)은 서면으로 체결해야 하고, 개발하고자 하는 기술이 이미 공개된 경우 쌍방은 모두 일방적인 계약해지권이 있으며 기술개발과정에서의 리스크에 대해 약정할 수 있다(合同法 제337조). 약정이 없거나 약정이 불분명한 경우 보충약정 또는 거래습관에 의해서도 확정할 수 없는 경우 당사자 사이에서 합리적으로 분담하게 된다(合同法 제338조).

위탁개발계약의 경우 당사자 사이에 별도의 규정이 없으면 특허출원권은 연구개발자에게 귀속되며 이 경우 위탁자에게는 당해 특허의 무상사용권이 부여된다. 합작개발의 경우, 당사자 사이에 별도의 약정이 없는 한 특허출원권은 각 당사자가 공유하게 되고, 일방이 특허출원을 거부하면 상대방은 특허를 신청할 수 없고, 일방이 그 공유하는 특허출원권 양도시 상대방에게 우선매수권이 부여되며, 일방이 특허출원권을 포기한 경우 상대방은 특허를 신청할 권리가 있고 이 경우 특허출원권을 포기한 당사자에게는 당해 특허의 무상사용권이 부여된다(合同法 제340조). 그 이외에 기술비밀성과의 사용권 · 양도권 및 이익의 분배와 관련하여 각 당사자들의 합의에 의하고 합의가 없는 경우 보충약정 또는 거래습관에 의해서도 확정을 할 수 없는 경우 각 당사자는 모두 당해 기술비밀성과를 사용 및 양도할 권리가 있다. 다만 위탁개발의 경우 연구개발자는 위탁자에게 연구개발성과를 인도하기 전에 제3자에게 양도할 수는 없다(合同法 제341조).

jì shù zhuǎn ràng hé tong 技术转让合同 기술전양합동	기술양도계약

技术转让合同(jì shù zhuǎn ràng hé tong)에는 특허권 양도, 특허출원권 양도, 기술비밀 양도, 특허사용허가 양도가 포함되며 서면으로 체결해야 한다(合同法 제342조). 技术转让合同(jì shù zhuǎn ràng hé tong)의 이행과정에서 양도인이 양수인에게 기술의 실시를 위한 전용설비·원자료 등 기타 기술자문·기술서비스에 대해 약정한 경우 이러한 부분은 계약의 일부분으로서 향후 분쟁이 발생할 경우 관련 규정에 따라 처리한다.

jì shù zī xún hé tong 技术咨询合同 기술자순합동	기술자문계약

특정된 기술항목에 대해 타당성논증·기술예측·전문기술조사·분석평가보고 등의 제공을 그 목적으로 하는 계약을 말한다(合同法 제356조 제1항). 각 당사자의 별도 합의가 없는 한, 계약의 이행과정에 있어서 일방 당사자가 상대방의 기술자료·직무조건 또는 업무성과를 이용하여 완성한 신규 기술성과는 당해 신규 기술성과를 완성한 당사자에게 귀속된다(合同法 제

363조).

jì shù fú wù hé tong 技术服务合同 기술복무합동	기술서비스계약

당사자 일방이 기술지식으로 상대방을 위해 특정 기술문제를 해결해주기 위해 체결하는 계약을 말한다(合同法 제356조 제2항). 각 당사자의 별도 합의가 없는 한, 계약의 이행과정에 있어서 일방 당사자가 상대방의 기술자료 · 직무조건 또는 업무성과를 이용하여 완성한 신규 기술성과는 당해 신규 기술성과를 완성한 당사자에게 귀속된다(合同法 제363조).

bǎo guǎn hé tong 保管合同 보관합동	임치계약

임치인이 인도한 물건을 수치인이 보관한 뒤 그 보관물을 반환하는 계약을 말한다(合同法 제365조). 保管合同(bǎo guǎn hé tong)은 민사계약으로서 그 보관료에 대해 약정하지 아니하였거나 약정이 불분명하고 또한 보충합의 · 거래관습에 의해서도 확정할 수 없는 경우에는 무상계약으로 본다(合同法 제366조). 따라서 물건의 보관 중, 유상계약인 경우에는 과실책임원칙에 따라 수치인의 배상책임을 확정하지만 무상계약인 경우에는 수치인에게 중대한 과실이 없음이 입증되는 경우 수치인은 손해배상책임을 부담하지 아니한다.

保管合同(bǎo guǎn hé tong)의 이행 중, 임치인은 수시로 물건을 수령할 수 있으며 보관기간이 불확정적인 경우 보관인 역시 수시로 임치인에게 물건을 수령할 것을 요구할 수 있다(合同法 제376조). 또한 보관인이 화폐 또는 기타 대체가능한 물건을 보관하는 경우 보관인은 동 종류·동일한 액수의 화폐 또는 기타 동 종류·동일한 품질과 동일한 수량의 대체물을 반환할 수 있다(合同法 제375조).

jì cún rén 寄存人 기존인	임치인
bǎo guǎn rén 保管人 보관인	수치인
cǔn huò rén 存货人 존화인	수치인
cāng dān 仓 单 창 단	창고증권
cāng chǔ hé tong 仓储合同 창저합동	창고보관계약

임치계약의 특수한 형태로서 임치인이 인도한 보관물을 창고업자가 보관하고 임치인은 보관료를 지급하는 계약을 말한다(合同法 제381조). 仓储合同(cāng chǔ hé tong)에서 규정하지 아니한 사항에 대해서는 임치계약(保管合同)의 관련 법률규정을 적용하게 된다(合同法 제395조). 仓储合同(cāng chǔ hé tong)에서 임치인은 수치인으로부터 물건을 수령한 후 창고증권을 인도하여야 한다. 민사계약인 임치계약(保管合同)과는 달리, 仓储合同(cāng chǔ hé tong)에 있어서 그 보관기간을 확정할 수 없는 경우 임치인 또는 창고증권 소지인은 언제든지 임

치물의 반환을 청구할 수 있고, 창고업자도 언제든지 임치인 또는 창고증권 소지인에게 임치물의 수령을 청구할 수 있다. 다만 상술한 권리를 행사함에 있어서 상대방에게 필요한 준비 시간을 주어야 한다(合同法 제391조).

仓储合同(cāng chǔ hé tong)은 유상계약인 만큼 임치계약 내의 창고업자에 대해서 과실책임원칙을 적용하지만 보관물의 성질이나 부적절한 포장 등으로 인하여 물건이 변질·손해된 경우 보관인은 손해배상책임을 부담하지 아니한다(合同法 제394조).

委托合同(wěi tuō hé tong) 위탁합동	위임계약

위임인과 수임인의 약정에 의하여 수임인이 위임인의 사무를 처리하는 계약을 말한다(合同法 제396조). 委托合同(wěi tuō hé tong)은 유상 또는 무상으로 체결할 수 있다. 수임인이 자기의 명의로 위임인의 수권범위 내에서 제3자와 계약을 체결하는 경우, 제3자가 계약체결시 수임인과 위임인 사이의 대리관계를 알았다면 당해 합동은 곧 위임인과 제3자를 구속하게 된다. 다만 제3자가 이러한 사실을 알지 못하거나 당해 계약이 수임인과 제3자만을 구속함을 증명할 수 있는 확실한 증거가 있는 경우는 제외한다(合同法 제396조).

유상委托合同(wěi tuō hé tong)은 과실책임원칙을 적용하며 수임인의 과실로 위임인에게 손해를 초래한 경우 위임인은 수임인에게 손해배상청구를 할 수 있다. 무상委托合同(wěi tuō hé tong)에서 수임인의 고의 또는 중대한 과실로 위임인에게 손해를 초래한 경우 위임인은 수임인에게 손해배상청구를 할 수 있다. 수임인이 권한을 초과하여 위임인에 손해를 초래한 경우 위임인에게 손해배상책임을 진다(合同法 제407조).

wěi tuō rén 委托人 위탁인	위임인, 위탁자
shòu tuō rén 受托人 수탁인	수임인
háng jì rén 行纪人 행규인	위탁매매인
háng jì hé tong 行纪合同 행규합동	위탁매매계약

위탁매매인이 자신의 명의로 위탁자를 위한 거래활동에 종사하고 위탁자는 위탁매매인에게 보수를 지급하는 계약을 말한다(合同法 제414조). 行纪合同(háng jì hé tong)은 위임계약(委托合同)의 특수한 형태이기 때문에 위임계약의 관련 규정을 적용할 수 있다(合同法 제423조). 위탁매매인이 위임사무를 처리하기 위하여 지급한 비용은 당사자 간에 별도의 약정이 있는 경우를 제외하고 위탁매매인이 부담한다. 위탁매매인이 위탁물을 점유하고 있는 때에는 적절하게 보관할 의무가 있다.

위탁매매인이 제3자와 계약을 체결한 경우 위탁매매인은 그 계약으로부터 직접 권리를 취득하고 의무를 부담한다. 제3자가 의무를 이행하지 아니하여 위탁자에 손해를 초래한 경우, 위탁매매인과 위탁자 간에 별도의 약정이 있는 경우를 제외하고 위탁매매인은 그 손해를 배상해야 한다(合同法 제421조). 위탁매매인은 법정유치권이 있다. 즉 위탁매매인이 위탁사무의 전부 혹은 일부를 완성한 경우 위탁자는 상응한 보수를 지급해야 한다. 위탁자가 기한을 초과하여 보수를 지급하지 아니할 경우 위탁매매인은 위탁물을 유치할 수 있다. 다만 당사자 간에 별도의 약정이 있는 경우에는 그러지 아니하다(合同法 제422조).

jū jiān rén 居间人 거간인	중개인
jū jiān hé tong 居间合同 거간합동	중개계약

중개인이 의뢰인에게 계약을 체결할 기회를 보고하거나 계약체결의 중개서비스를 제공하고 의뢰인은 그에 대한 보수를 지급하는 계약을 말한다(合同法 제424조). 중개인은 계약체결에 관한 사항을 의뢰인에게 성실하게 보고해야 하며, 중요한 사항을 고의로 은폐하거나 허위사항을 제공하여 의뢰인의 이익에 손해를 초래할 경우 중개인은 보수를 청구할 수 없으며 반면에 이로 인하여 의뢰인에게 초래한 손실을 배상해야 한다(合同法 제425조). 중개인에 의하여 계약이 체결된 경우 의뢰인은 약정에 따라 보수를 지급해야 하며 약정이 명확하지 않거나 관련 관습에 의해서도 확정할 수 없는 경우에는 중개인의 노무를 적절히 참작하여 확정한다. 중개인이 제공한 중개서비스에 의하여 계약이 체결된 경우 계약당사자는 중개인의 보수를 균등하게 부담해야 한다(合同法 제425조 제1항). 중개인에 의하여 계약

이 체결된 경우에는 중개인이 중개활동비를 부담한다(合同法 제425조 제2항). 반면에 중개인의 노무에도 불구하고 계약이 체결되지 않은 경우 중개인은 의뢰인에 보수를 청구할 수 없지만, 중개활동에 종사하여 지출한 필요한 비용은 의뢰인에게 청구할 수 있다(合同法 제427조).

bù dāng dé lì 不当得利 부당득리	부당이익

합법적인 근거가 없이 부당이익을 취득하고 타인에게 손해를 초래하는 것을 말한다. 不当得利(bù dāng dé lì)의 경우에는 취득한 부당이익을 손해자에게 반환해야 한다(民法通则 제92조). 반환하는 不当得利(bù dāng dé lì)는 원물과 과실을 포함하며, 不当得利(bù dāng dé lì)로 인하여 취득한 기타 이익에 대해서는 노무관리비용을 공제한 후 몰수한다.

wú yīn guǎn lǐ 无因管理 무인관리	사무관리

법률상 혹은 약정한 의무가 없이 타인의 이익이 손해를 입는 것을 피하기 위하여 관리하거나 서비스를 제공한 경우 无因管理(wú yīn guǎn lǐ)자가 수익자에게 이로 인하여 발생한 비용을 청구하는 것을 말한다(民法通则 제93조).

mín shì zé rèn 民事责任 민사책임	민사책임

공민·법인이 계약을 위반하였거나 기타 의무를 이행하지

아니한 경우 또는 과실로 제3자의 재산권・인신권을 침해한 경우 및 법률의 규정에 의해 관련 책임을 부담하여야 하는 사법상의 책임이며 형사책임과 대립되는 개념이다(民法通则 제106조).

민사책임의 부담형태에는 권리침해정지(停止侵害), 방해배제(排除妨碍), 위험소거(消除危险), 재산반환(返还财产), 원상복귀(恢复原状), 수리・재가공・교환(修理・重作・更换), 손실배상(赔偿损失), 위약금 지급(支付违约金), 사죄(赔礼道歉) 등이 있으며 이러한 민사책임방식은 경우에 따라 단독적용 또는 병합 적용할 수 있다(民法通则 제134조).

민사책임의 부담원칙에는 과실책임원칙・과실추정책임원칙・무과실책임원칙・공평책임원칙 등이 있다. 계약위반의 민사책임과 관련하여 「合同法」는 계약위반의 민사책임에 대해 무과실책임주의를 원칙으로 하고 과실책임주의를 예외로 하는 방법을 취하고 있다. 불법침해의 민사책임과 관련하여 「民法通则」는 과실책임주의를 원칙으로 하고 기타 원칙을 예외로 하는 방법을 취하고 있으며 과실책임주의 이외의 기타 원칙을 적용하려면 반드시 명문의 법률규정이 있어야 한다.

gòng tóng qīn quán 共同侵权 공동침권	공동불법행위

둘 또는 둘 이상의 민사주체가 공동으로 타인에게 손해를 초래한 경우를 말하며 共同侵权(gòng tóng qīn quán)와 공동위험행위(共同危险行为)로 나눈다(民法通则 제130조). 전자의 경우 ① 공동 고의 또는

공동 과실이 있거나 공동고의 또는 공동과실이 없지만 불법행위가 직접 결합하여 타인에게 동일한 피해결과를 초래한 경우에는 연대책임을 지고, ② 타인이 불법행위를 하도록 교사·방조한 경우에는 각 가해자는 연대책임을 지며, ③ 둘 또는 둘 이상의 행위자가 공동 고의 또는 공동 과실이 없지만 각자가 실행한 여러 행위가 간접적으로 결합되어 동일한 손해결과를 초래한 경우 가해자들은 과실의 크기 또는 원인제공의 비례에 따라 각자 상응한 배상책임을 부담한다. ④ 민사행위무능력자(限制民事行为能力人)로 하여금 불법행위를 하도록 교사·방조한 경우 공동가해자가 아니라 직접적인 가해자로서 모든 민사책임을 부담하여야 하고, 민사행위제한능력자로 하여금 불법행위를 하도록 교사·방조한 경우 공동가해자로 되며 주요민사책임을 부담하여야 한다.

후자는 둘 또는 둘 이상의 행위자가 타인에게 피해를 줄 수 있는 행위를 공동으로 실시하여 손해가 발생하였지만 구체적으로 실제 가해자를 확정하기 어려운 경우 각 가해자들이 연대하여 배상책임을 부담하는 제도를 의미한다.

jiān hù rén zé rèn 监护人责任 감호인책임	후견인책임

민사행위무능력자 또는 민사행위제한능력자(限制民事行为能力人)가 타인에게 피해를 입힌 경우 그의 후견인이 민사책임을 부담하는 것을 말한다. 후견인이 책임을 다한 경우에는 민사책임을 경감할 수 있다. 민사행위무능력자 또는 민사행위제

한능력자(限制民事行为能力人)가 재산이 있는 경우에는 본인의 재산에서 배상비용을 지급하고 부족한 부분은 후견인이 적당하게 배상하지만 기관업체가 후견인을 담당한 경우는 제외한다(民法通则 제133조).

guò cuò zé rèn yuán zé 过错责任原则 과착책임원칙	과실책임주의

행위자가 그의 주관적 과실로 인한 민사행위에 대해 책임을 지는 것을 말한다. 过错责任原则(guò cuò zé rèn yuán zé)는 중국의 불법침해 민사책임에 있어서의 가장 기본적인 원칙이며, 이는 「民法通则」 제106조, 제117조, 제122조, 제123조, 제124조, 제125조 등등에서 구체적으로 체현되고 있다.

guò cuò tuī dìng zé rèn yuán zé 过错推定责任原则 과착추정책임원칙	과실추정책임주의

특별한 불법행위에 대해 피해자의 권리를 더욱 공평하고 적절하게 보호하기 위하여 무과실입증책임을 가해자가 지도록 하는 제도이다. 즉, 법정 상황이 발생한 경우 행위자의 행위가 피해자에게 손해를 초래한 경우 별도의 반증이 없는 상황에서 행위자한테 주관상의 과실이 있었다고 추정하여 피해자에 대하여 민사책임을 부담하도록 하는 제도이다. 이 제도를 적용함에 있어서 피해자는 단지 가해자의 행위가 피해자에게 손해를 초래하였다는 것을 증명하면 되고 가해자의 주관적 과실의 존재 여부까지 증명할 필요는 없다. 过错推定责任原则(guò cuò tuī dìng zé rèn yuán zé)가 적용되는

경우로는 ① 공공장소 · 길옆 혹은 통로에 웅덩이를 파고 지하 시설을 수선, 설치할 때 뚜렷한 표지를 설치하지 않았거나 안전조치를 취하지 않아 타인에게 손해를 초래한 경우 시공자가 지는 민사책임(民法通则 제125조), ② 건축물 혹은 기타 시설 및 건축물 위의 방치물, 걸어 놓은 물건이 넘어지거나 탈락 · 추락해 타인에 손해를 초래한 경우 그 물건의 소유자 혹은 관리자가 지는 민사책임 등이 있다. 단 후자의 경우 자신에게 과실이 없음을 증명할 수 있는 경우는 제외한다(民法通则 제126조).

wú guò cuò zé rèn yuán zé 无过错责任原则 무과착책임원칙	무과실책임주의

행위자의 불법행위에 의해 손해가 초래된 경우, 행위자의 과실여부에 관계없이 법률의 규정에 따라 행위자가 당해 손해에 대해 민사책임을 부담하는 원칙을 말한다. 无过错责任原则(wú guò cuò zé rèn yuán zé)는 과실추정책임원칙과 마찬가지로 특수한 법정 불법행위에만 적용되며 이러한 책임은 법관의 자유재량으로 적용하는 것이 아니라 반드시 법률 규정에 따라 적용해야 하며 법정 면책사유에 의해 그 민사책임이 면제될 수도 있다.

无过错责任原则(wú guò cuò zé rèn yuán zé)의 법정 사유로는 아래와 같은 것이 있다. ① 제품 품질의 불합격으로 타인의 재산 · 인신에 손해를 초래한 경우 제품의 제조자 · 판매자는 법에 따라 민사책임을 져야 한다. 운송자 · 창고보관업자에게 책임이 있는 경우에는 제품 제조자 · 판매자는 손해배상을 요구할 권리가 있다(民法通

则 제122조). ② 고공, 고압, 가연성 물품, 쉽게 폭발하는 물품, 극독물, 방사성 물품, 고속운송도구 등 주위환경에 높은 위험성이 있는 작업에 종사하다가 타인에게 손해를 초래한 경우 민사책임을 져야 한다. 피해자의 고의로 손해가 초래된 것임을 증명할 수 있는 경우에는 민사책임을 지지 않는다(民法通则 제123조). ③ 사육 동물이 타인에게 손해를 초래한 경우 동물 사육인 혹은 관리인은 민사책임을 져야 하며 피해자의 과실로 손해가 초래된 경우 동물 사육인 혹은 관리인은 민사책임을 지지 않으며 제3자의 과실로 손해가 초래된 경우에는 제3자가 민사책임을 진다(民法通则 제127조).

gōng píng zé rèn yuán zé 公平责任原则 공평책임원칙	공평책임주의

행위자의 행위에 의해 초래된 손해에 대해 각 당사자가 모두 과실(이러한 과실에는 실제 과실, 추정 과실이 모두 포함되며 무과실책임제도가 적용되는 경우는 제외한다)이 없지만, 사회형평의 수호 및 공평의 원칙에 따라 행위자가 피해자의 손실에 대해 일정하게 보상하여야 하는 경우 법원이 구체적인 상황을 종합적으로 감안하여 자유재량으로 각 당사자들에게 적절하게 책임을 분담하도록 하는 제도이다(民法通则 제132조).

국가 · 집체의 재산 혹은 타인의 재산 · 인신이 침해받는 것을 방지 및 제지하기 위해 자신이 손해를 입은 경우 가해자가 배상책임을 지며 수익자도 적당한 보상을 해줄 수 있다(民法通则 제109조).

sù sòng shí xiào 诉讼时效 소송시효	소멸시효

소유권을 제외한 재산권과 채권에 있어서 권리자가 그의 권리를 행사할 수 있음에도 불구하고 일정한 기간 동안 권리불행사의 상태가 계속된 경우에 그 자의 권리를 소멸시키는 제도를 말한다. 중국에서는 소멸시효제도를 诉讼时效(sù sòng shí xiào)라고 표현하고 있으며, 주로 「民法通则」 제7장에 규정하고 있으며 기타 민사관련 특별법 예컨대 「物权法」, 「担保法」, 「合同法」, 「民事诉讼法」 등 법률에도 소멸시효에 관한 규정이 산재하여 있다. 이 외에 특히 주목해야 할 것은 최근에 공포된 법적 구속력이 있는 '최고인민법원의 민사사건 심리에서 소멸시효를 적용할 약간의 규정에 관한 의견'이다. 당해 의견은 「民法通则」과 기타 법률상 소멸시효제도의 미흡한 점을 보완하고, 전국적으로 소멸시효에 대한 통일된 사법처리원칙을 제시하여 통일된 사법실무와 공평한 사법처리를 위한 구체적인 제도를 마련하였다.

pǔ tōng sù sòng shí xiào 普通诉讼时效 보통소송시효	일반소멸시효

소멸시효 중에서 가장 일반적으로 적용되는 시효 기간을 말한다. 중국법상 법원에 민사권리의 보호를 청구할 수 있는 普通诉讼时效(pǔ tōng sù sòng shí xiào)는 2년이다(民法通则 제135조).

tè bié sù sòng shí xiào 特别诉讼时效 특별소송시효	단기소멸시효

일반소멸시효와 다른 시효기간을 말하다. 特别诉讼时效(tè bié sù sòng shí xiào)는 1년의 시효가 적용되는 경우와 기타 불규칙적인 시효기간이 있다. 전자의 경우 ① 신체 상해를 받아 배상을 요하는 경우, ② 품질 불량 제품을 판매하고 이를 설명하지 않은 경우, ③ 임대료의 지급을 연체하거나 거절하는 경우, ④ 보관한 물건이 분실되었거나 훼손된 경우이고(民法通则 제136조), 후자의 경우에는 6개월, 3년, 4년 등 서로 다른 소멸시효가 적용된다.

zuì cháng sù sòng shí xiào 最长诉讼时效 최장소송시효	

당사자가 권리가 침해받은 것을 알거나 응당 알아야 하는 날부터 20년을 경과한 경우에는 이를 보호하지 않음을 말한다. 最长诉讼时效(zuì cháng su song shí xiào)는 20년이다. 다만, 특수한 상황이 있는 경우에는 법원은 이를 연장할 수 있다(民法通则 제137조).

shí xiào kàng biàn 时效抗辩 시효항변	시효의 원용

시효의 이익을 받겠다고 주장하는 것을 말한다. 소멸시효가 완성된 경우 당사자는 채권청구권에 대하여 时效抗辩(shí xiào kàng biàn)을 할 수 있다. 단 아래의 채권청구권에 대하여 소멸시효 항변을 할 경우 법원은 이를 인용하지 않는다. 즉 ① 예금의 원리금에 대한 지급청구권, ② 국채・금융채권 및 불특정대상에 대해 발행

하는 기업채권의 원리금 지급청구권, ③ 투자관계에 따라 발생하는 출자납입청구권, ④ 기타 법에 따라 소송시효규정을 적용하지 아니하는 채권청구권 등이다.

shí xiào zhōngduàn 时效中断 시효중단	시효의 중단

시효의 기초가 되는 계속된 사실 상태와 일치되지 않는 일정한 사실이 발생한 경우 시효는 중단되며 이미 진행한 시효기간은 효력을 잃고 다시 시효기간을 계산하게 되는 것을 말한다. 당사자의 제소, 일방 당사자의 요구 제출 또는 의무이행에 동의한 경우에 시효는 중단된다(民法通则 제140조). 여기서 '제소'는 일방 당사자가 법원에 소장을 제출하거나 구두로 소송을 제기한 날을 말한다. 또한 '제소'와 동등한 소멸时效中断(shí xiàozhōngduàn)효력이 있는 사항으로는 ① 중재신청, ② 지급명령신청, ③ 파산신청·파산채권 신고, ④ 권리주장을 위한 의무인 실종 또는 사망선고 신청, ⑤ 제소전 재산보전 신청·제소 전 임시금지령(가처분) 등 제소 전 조치 신청, ⑥ 강제집행 신청, ⑦ 당사자 추가신청 또는 소송참가통지 수령, ⑧ 소송 중 상계 주장 등이 있다. '일방 당사자의 요구 제출'은 권리자가 법에 따라 민사분쟁을 해결할 권리가 있는 국가기관·사업단위·사회단체 등 사회조직에 민사권리의 보호를 신청한 경우를 말한다. 권리자가 공안기관·검찰원·법원에 신고하거나 고소하여 민사권리를 보호해 줄 것을 청구한 경우 소멸시효는 신고 또는 고소한 날부터 중단되며, 상기 기관이 불입건, 사건취소 또는 불기소 결

정을 한 경우 소멸시효기간은 권리자가 불입건, 사건취소 또는 불기소를 알거나 알 수 있었던 날부터 다시 계산된다. 형사사건이 심리단계에 진입된 후 소멸시효는 형사재판문서가 효력을 발생한 날부터 다시 계산된다. '의무이행에 동의'는 의무자가 분기이행, 일부이행, 담보제공, 연기이행청구, 채무변제계획서 작성 등 승낙 또는 행위를 한 경우를 말한다.

이 외에도 연대채권자 중 1인에게 소멸시효중단사유가 발생한 경우 기타 연대채권자에게도 소멸시효의 중단효력이 발생하며, 연대채무자 중 1인에게 时效中断(shí xiào zhōngduàn)사유가 발생한 경우 기타 연대채무자에게도 时效中断(shí xiào zhōngduàn)효력이 발생한다. 채권자가 대위권소송을 제기한 경우 채권자의 채권과 채무자의 채권에 대해 모두 时效中断(shí xiào zhōngduàn)의 효력이 발생한다. 채권이 양도된 경우, 소멸시효는 채권양도통지가 채무자에게 도달한 날부터 중단된다. 채무부담의 경우 기존 채무자가 채무에 대해 승인한 경우 소멸시효는 채무부담의 의사표시가 채권자에게 도달한 날부터 중단된다.

时效中止(shí xiào zhōng zhǐ) 시효중지	시효의 정지

시효기간의 진행에 일정한 법정사유가 있는 경우에 권리자 보호의 차원에서 시효의 계산을 정지하는 것을 말한다. 소송시효 기간의 마지막 6개월 이내에 불가항력 또는 기타 장애로 청구권을 행사할 수 없게 된 경우 소멸시효는 정지된다. 소멸시효 정지 원인이 제거된 날부터 소송시효는 계속하여 계

산된다(民法通则 제139조). '기타 장애'라 함은 ① 권리가 침해를 받는 민사행위무능력자, 민사행위제한능력자(限制民事行为能力人)가 법정대리인이 없거나 법정대리인이 사망하거나 대리권을 상실하거나 행위능력을 상실한 경우, ② 상속 개시 후 상속인이나 재산관리인을 확정하지 못한 경우, ③ 권리자가 의무자 혹은 기타 제3자에게 지배되어 권리를 주장하지 못한 경우, ④ 권리자가 권리를 주장할 수 없는 기타 객관상황 등을 말한다.

pāo qì shí xiào lì yì 抛弃时效利益 포기시효이익	시효이익의 포기

시효로 생기는 법률상의 이익을 받지 않겠다는 의사표시를 말하는데 중국법상 시효의 포기는 인정되지 않는다. 즉, 당사자가 법률의 규정을 위반하여 소멸시효를 연장하거나 단축하거나 소멸시효의 이익을 미리 포기하는 행위에 대하여 법원은 이를 인정하지 않는다. 한국법상 소멸시효를 단축 또는 경감할 수 있다는 것과 구별된다.

shè wài mín shì guān xi 涉外民事关系 섭외민사관계	섭외적 민사법률관계

민사관계의 일방 또는 쌍방 당사자가 외국인·무국적인이거나 외국법인인 경우, 민사관계의 목적물이 외국에 있는 경우, 민사권리의무관계를 발생·변경 또는 소멸하는 법률사실이 외국에서 발생한 경우를 말한다. 涉外民事关系(shè wài mín shì guān xi)에 대해서는 ①

중국이 체결 또는 가입한 국제 조약 중 중국이 보류 한 규정, ② 중국이 체결 또는 가입한 국제 조약, ③ 중국 민사법률, ④ 국제관례의 순서로 적용한다.

zhǔn jù fǎ 准据法 준거법	준거법

섭외민사관계에서 적용되는 실질적인 법률을 말한다. 당사자는 准据法(zhǔn jù fǎ)에 대하여 약정할 수 있지만 내국법에 특별규정이 있는 경우에는 내국법의 절차에 따라야 한다. 중국법상 准据法(zhǔn jù fǎ)에 대한 특별규정으로는 ① 부동산의 소유권은 부동산 소재지 법률에 따르고(民法通则 제144조), ② 불법행위의 손해배상은 불법행위지 법률에 따르되 쌍방의 국적이 동일하거나 동일한 국가에 주소를 둔 경우에는 당사자 본국 법률 또는 주소지 법률을 적용할 수 있으며(民法通则 제146조), ③ 중국 공민과 외국인의 결혼은 결혼 체결지 법률을 따르고 이혼은 사건수리법원소재지 법률을 따르며(民法通则 제147조), ④ 동산 유산의 법정 상속은 피상속인의 사망시 주소지 법률에 따르고 부동산은 부동산소재지 법률에 따르며(民法通则 제149조), ⑤ 후견의 설립, 변경과 종료는 피후견인의 본국 법률에 따르되 피후견인이 중국 경내에 주소를 둔 경우 중국 법률을 따르며, ⑥ 중국 경내에서 사망한 외국인이 중국 경내의 재산에 대해 상속인이 없거나 유증을 받지 않은 경우 양국이 체결하였거나 참가한 국제조약에 따르고 이러한 국제조약이 없는 경우 중국법률에 따르며, ⑦ 중외합자경영기업계약·중외합작경영기업계

약과 중외합작자연자원탐측개발계약(中外合作自然资源探测开发合同)은 중국 법률을 적용하고(合同法 제126조 제2항), ⑧ 외국인이 중국 경내에서 민사활동을 하는 경우 중국 법률에 따라 민사행위능력이 있는 자로 인정되는 경우 민사행위능력자로 보는(民法通则 제143조) 등 규정이 있다. 당사자가 중국의 강제성 법률규범 또는 금지성 법률규범을 회피하여 외국법을 准据法(zhǔn jù fǎ)로 약정하는 경우 외국법의 적용약정은 효력을 발생하지 아니한다.

hūn yīn fǎ 婚姻法 혼인법	

「中华人民共和国婚姻法」는 1950년 5월 1일에 제정되었는데 근본법인 헌법보다 4년 앞서 제정되었다. 현행 婚姻法는 1980년 9월 10일 제5기 전국인민대표대회 제3차 회의에서 통과된 것이며, 2001년 4월 28일 제9기 전국인민대표대회 상무위원회 제21차 회의에서 개정되었다.

fǎ dìng hūn líng 法定婚龄 법정혼령	혼인적령

혼인법상 결혼 가능한 최저 연령을 말한다. 혼인관계를 맺고자 하는 쌍방은 모두 法定婚龄(fǎ dìng hūn líng)에 달해야만 합법적으로 결혼할 수 있으며 그러지 아니할 경우 혼인은 무효로 된다. 남자는 만 22세 이상, 여자는 만 20세 이상이 되어야만 결혼할 수 있다(婚姻法 제6조).

结婚登记 (jié hūn dēng jì) 결혼등기	혼인신고

결혼하고자 하는 당사자 쌍방이 친히 혼인등기기관에 혼인 신청을 하고 필요한 절차를 밟는 것을 말한다. 혼인등기 기관은 법 규정에 따라 혼인신청을 심사하고 혼인법규정에 부합되지 않는 경우가 있으면 등기를 허가하지 않는다. 심사 후 혼인 신청이 법 규정에 부합되면 정식으로 등기하고 '결혼증(结婚证)'을 발급해준다. '결혼증'을 취득하면 혼인관계가 성립된다(婚姻法 제8조).

夫妻共同财产 (fū qī gòng tóng cái chǎn) 부처공동재산	부부공유재산

부부의 공동소유의 재산을 말한다. 부부가 혼인관계의 존속 기간에 취득한 ① 임금·상여금, ② 생산·경영 수익, ③ 지재권 수익, ④ 상속 혹은 증여로 취득한 재산(유서 혹은 증여계약에 夫 혹은 妻 일방에만 속한다고 확정한 경우는 제외), ⑤ 기타 공동소유에 속하는 재산은 夫妻共同财产(fū qī gòng tóng cái chǎn)이다(婚姻法 제17조). 부부는 공동소유의 재산에 대하여 평등한 처분권이 있다.

夫妻个人财产 (fū qī gè rén cái chǎn) 부처개인재산	특유재산

부 혹은 처의 일방에 속하는 재산을 말한다. 夫妻个人财产(fū qī gè rén cái chǎn)에는 ① 일방의 혼인전 재산, ② 일방이 신체적 손해로 취득한 의료비·장애인 생활보조 비용, ③ 유증 혹은 증여계약 중

에 夫 혹은 妻 일방에 속한다고 확정한 재산, ④ 일방이 전속
fū qī
으로 사용하는 생활용품, ⑤ 기타 일방에 속하는 재산이 포함된다(婚姻法 제18조).

fū qī yuē dìng cái chǎn 夫妻约定财产 부처약정재산	부부재산계약

혼인 전 재산 및 혼인관계 존속기간에 취득한 재산에 대하여 특유재산으로 할지 공동재산으로 할지, 부분적 특유재산으로 할지 부분적 공동재산으로 할지에 관하여 약정한 재산을 말한다. 재산에 대한 약정은 서면으로 해야 하며 약정이 없거나 약정이 불명확한 경우에는 혼인법의 법정재산제의 규정에 따른다. 부부가 혼인존속기간에 취득한 재산 및 혼인 전 재산에 대한 약정은 쌍방에 대하여 모두 구속력이 있다. 부부가 혼인 존속기간에 취득한 재산에 대하여 특유재산으로 약정한 경우에는 부 혹은 처 일방의 대외적 채무에 대하여 제3자가 당해 약정을 알고 있다면 부 혹은 처 일방이 소유한 재산으로 변제한다(婚姻法 제19조).

fú yǎng 扶 养 부 양	부 양

부부상호 간의 부양의무를 말한다. 일방이 扶养(fú yǎng)의무를 이행하지 않을 경우 扶养(fú yǎng)이 필요한 일방은 상대방에게 扶养(fú yǎng)비용을 청구할 수 있다(婚姻法 제20조). 여기에는 부가 처에 대한 扶养(fú yǎng)이 포함될 뿐만 아니라, 처가 자력 또는 생활력이 없는

부에 대한 扶养(fú yǎng)도 포함된다. 부담능력이 있는 형(兄)·저(姐)는 부모가 사망하였거나 부모가 抚养(fǔ yǎng)능력이 없는 경우 미성년 제(弟)·매(妹)에 대하여 扶养(fú yǎng)의무가 있다. 형(兄)·저(姐)의 扶养(fú yǎng)으로 성장한 제(弟)·매(妹)는 노동능력이 결핍하고 생활 원천이 없는 형(兄)·저(姐)에 대하여 扶养(fú yǎng)의무가 있다(婚姻法 제29조).

抚养(fǔ yǎng) 부 양 | 부 양

부모가 자식에 대한 의무를 말한다. 부모가 抚养(fǔ yǎng)의무를 이행하지 않을 경우 미성년자 혹은 독립적으로 생활할 수 없는 자녀는 부모에게 抚养(fǔ yǎng)비를 청구할 권리가 있다(婚姻法 제21조 2항). 독립적으로 생활할 수 없는 자녀는 고등학교 및 그 이하 학력의 교육을 받고 있는 자 또는 노동능력을 일부 상실 또는 전부 상실 등 원인으로 정상적인 생활을 유지할 수 없는 성년 자녀를 말한다.

부모가 사망하였거나 抚养(fǔ yǎng)능력이 없는 경우에는 조부모·외조부모가 미성년 손자녀·외손자녀에 대하여 抚养(fǔ yǎng)의무를 진다(婚姻法 제28조 전단).

赡养(shàn yǎng) 섬 양 | 부 양

노동능력이 없거나 생활이 어려운 부모에 대한 자녀의 섬김의무를 말한다. 자녀는 부모에 대하여 赡养(shàn yǎng)의 의무가 있으며 이를 이행하지 않을 경우 부모는 자녀에게 赡养(shànyǎng)비를 청구할 권리가 있다. 부담능력이 있는 손자녀·외손자녀는 자녀가 사망했거나 자녀가 부담능력이 없는 조부모·외조부모에 대하여 赡养(shànyǎng)의무가 있다(婚姻法 제28조 후단).

收养(shōu yǎng) 수양 　 입양

양자를 입양하는 행위를 말한다. 收养(shōuyǎng)인의 조건으로는 ① 자녀가 없고, ② 양자를 부양하고 교육할 능력이 있어야 하며, ③ 의학적으로 양자를 입양할 수 없는 질병이 없어야 하며, ④ 만30세 이상이어야 한다(收养法 제6조). 이 외에도 收养(shōuyǎng)인이 배우자가 없는 남자일 경우, 여자를 입양하려면 收养(shōuyǎng)자와 양녀의 나이 차이는 만 40세 이상이어야 한다(收养法 제9조).

양자의 조건으로는 ① 14세 미만의 미성년자이고, ② 부모를 잃은 고아 혹은 생부모를 찾을 수 없는 유기된 아이와 아동 혹은, ③ 부모가 특수한 사정으로 인해 부양능력이 없는 경우이다(收养法 제4조).

收养(shōuyǎng)관계 성립일로부터 양부모와 양자녀 간의 권리의무관계는 부모자녀 간의 관계에 관한 법률상 규정을 적용하게 되며, 양자녀와 양부모 간의 가까운 친족 간의 권리의무관계는 자녀와 부모의 가까운 친족 간의 권리의무관계에 관한 법률상 규정을 적용한다. 양자녀와 생부모 및 생부모의 가까운 친족 간의 권리의무관계는 收养(shōuyǎng)의 성립으로 인하여 소멸된다(收养法 제23조).

无效婚姻 (wú xiào hūn yīn) 무효혼인 | 혼인의 무효

혼인성립 요건을 결하여 법률효력이 없는 혼인을 말한다. 无效婚姻(wú xiào hūn yīn)의 사유로는 ① 중혼인 경우, ② 결혼을 금지하는 친족관계가 있는 경우, ③ 결혼 전에 의학상 결혼에 적당하지 않은 질병을 앓았고 결혼 후 치유되지 않은 경우, ④ 법정 혼인연령에 도달하지 않은 경우가 있으며(婚姻法 제10조) 이러한 혼인은 원천무효이다(婚姻法 제12조).

无效婚姻(wú xiào hūn yīn)의 신청자로는 ① 중혼인 경우에는 당사자, 당사자의 가까운 친인척 및 기층조직이고, ② 결혼을 금지하는 친족관계가 있는 경우, 당사자와 가까운 친족이며, ③ 결혼 전에 의학상 결혼에 적절하지 않은 질병을 앓았고 결혼 후 치유되지 않은 경우에는 당사자 및 병을 앓고 있는 자와 공동 생활하는 가까운 친속이며, ④ 법정 혼인연령에 도달하지 않은 경우에는 당사자와 법정혼인연령에 달하지 않은 자의 가까운 친족이 된다.

可撤消婚姻 (kě chè xiāo hūn yīn) 가철소혼인 | 혼인의 취소

당사자의 진실된 의사에 반하여 성립된 혼인을 말하며 협박에 의한 혼인은 可撤消婚姻(kě chè xiāo hūn yīn)에 속한다. 협박을 받은 일방은 결혼등기일로부터 1년 내에 혼인취소 청구를 해야 한다. 불법으로 인신자유를 제한 받은 당사자의 경우 인신자유를 회복한 날부터 1년 내에 혼인취소 청구를 해야 한다(婚姻法 제11조).

可撤消婚姻(kě chè xiāo hūn yīn)은 무효혼인의 효력과 마찬가지로 원천무효가 되며 당사자 사이에는 부부의 권리와 의무가 없다(婚姻法 제12조). 중국 혼인법상의 可撤消婚姻(kě chè xiāo hūn yīn)의 효력은 한국법상의 취소의 효력, 즉 "혼인의 취소의 효력은 기왕에 소급하지 않는다"는 규정과 다르다는 점에 주의할 필요가 있다.

自愿离婚(zì yuàn lí hūn) 자원이혼 | 협의이혼

부부 쌍방이 법률규정에 따라 합의하여 혼인관계를 소멸하는 이혼방식이다. 自愿离婚(zì yuàn lí hūn)의 경우 혼인 당사자 쌍방은 혼인등록기관에 이혼신청을 해야 한다. 혼인등록기관은 쌍방이 자발적이고 또한 자녀와 재산문제를 이미 타당하게 처리했음을 확인한 후 이혼증(离婚证)을 발급해 준다(婚姻法 제31조).

自愿离婚(zì yuàn lí hūn)은 재판상이혼과 같은 법적 효력을 발생한다. 이혼증은 혼인관계가 이미 합법적으로 제거된 법적 효력을 발생하는 증명이다. 당사자들은 이혼증을 취득한 날로부터 혼인관계가 소멸된다. 하지만 自愿离婚(zì yuàn lí hūn)은 법원에서 진행되는 것이 아니기 때문에 혼인등록기관에서 비준한 이혼에 대하여 법원이 판결로 변경할 수 있는가 하는 문제가 제기된다. 원칙상 법원은 혼인등록기관에서 비준한 이혼에 대하여 간섭할 수 없다. 다만, 당사자들이 자녀의 부양, 재산 등 문제에 분쟁이 생겼을 경우에는 법원에 소송을 제기하여 해결할 수 있다.

sù sòng lí hūn 诉讼离婚 소송이혼	재판상 이혼

혼인 당사자 쌍방이 이혼협의를 달성하지 못할 경우 법원에 소송을 제기하여 이혼하는 제도이다. 诉讼离婚(sù sòng lí hūn)에 대하여 법원은 조정절차를 선행해야 하며 조정이 이루어지지 않을 경우에는 이혼판결을 해야 한다. 诉讼离婚(sù sòng lí hūn)의 사유로는 ① 중혼 혹은 배우자가 타인과 동거한 경우, ② 가정폭력을 행하거나 가정 구성원을 유기·학대한 경우, ③ 도박·마약흡입 등 악습이 있고 수차 교육하였음에도 불구하고 시정하지 않을 경우, ④ 감정불화로 2년간 별거한 경우, ⑤ 기타 부부감정을 파열한 상황이 있는 경우 등이 있다(婚姻法 제32조).

fù hūn 复 婚 복 혼	

이혼한 당사자 쌍방이 자발적으로 혼인관계를 회복하는 것을 말한다. 复婚(fù hūn)을 하려면 당사자 쌍방은 혼인등록기관에 复婚(fù hūn)등기를 해야 한다(婚姻法 제35조).

tàn wàngquán 探望权 탐망권	면접교섭권

이혼 후 자녀를 직접 부양하지 않는 부모 중 일방이 자녀를 면접할 수 있는 권리를 말한다. 探望权(tàn wàngquán)을 행사할 경우 자녀를 직접 부양하는 부모는 협조의무가 있으며 探望权(tàn wàngquán)의 행사방식·시간은 당사자들이 협상하여야 하며 협의를 이루지 못할

경우 법원이 판결한다. 이러한 探望权(tàn wàngquán)의 행사가 자녀의 심신 건강에 불리할 경우 법원에서 법에 따라 探望权(tàn wàngquán)을 중지할 수 있다. 중지의 사유가 소멸된 후에는 응당 探望权(tàn wàngquán)을 회복해주어야 한다(婚姻法 제38조).

jì chéng fǎ 继承法 승계법	민법 제5편 상속

상속에 관한 법률관계를 규율하는 법률이다. 「中华人民共和国继承法」는 1985년 제6기 전국인민대표대회 제3차 회의에서 통과되었고 같은 해 10월 1일부터 시행되었다. 继承法(jì chéng fǎ)는 혼인법과 마찬가지로 통일된 민법전에 규정된 것이 아니라 단행법으로 제정되어 있다.

jì chéngquán de sàng shī 继承权的丧失 계승권적상실	상속인의 자격상실

법정사유가 있는 경우 기존의 상속인이 상속권을 상실하는 것을 말한다. 이러한 사유에는 ① 피상속인을 고의로 살해한 경우, ② 유산을 쟁탈하기 위하여 기타 상속인을 살해한 경우, ③ 유서를 위조·왜곡하거나 인멸한 상황이 엄중한 경우가 포함된다(继承法 제7조).

jì chéngshùn xù 继承顺序 계승순서	상속의 순위

법정 상속순위를 말한다. 유서가 없을 경우 피상속인의 상

속재산은 ① 배우자 · 자녀 · 부모, ② 형제자매 · 조부모 · 외조부모의 순위에 따라 상속한다. 상속이 개시된 후 제1순위의 상속인이 상속하며 제2순위의 상속인은 상속하지 않는다. 제1순위 상속인이 없을 경우 제2순위의 상속인이 상속한다. 여기서 말하는 자녀는 혼생자녀(婚生子女) · 비혼생자녀(非婚生子女) · 양자녀(养子女)와 부양관계가 있는 계자녀(继子女)가 포함된다. 부모는 생부모(生父母) · 양부모(养父母)와 부양관계가 있는 계부모(继父母)가 포함된다. 형제자매는 동부모의 형제자매 · 동부이모(同父异母) 혹은 동모이부(同母异父)의 형제자매 · 양형제자매(养兄弟姐妹) · 부양관계가 있는 계형제자매(继兄弟姐妹) 등이 포함된다(继承法 제10조).

代位继承 (dài wèi jì chéng) 대위계승	대습상속

피상속인의 자녀가 피상속인보다 먼저 사망한 경우 피상속인자녀의 직계비속이 그 상속분을 상속하는 것을 말한다. 代位继承(dài wèi jì chéng)에 있어서 일반적으로 부 혹은 모의 상속분만 상속할 수 있다(继承法 제11조). 하지만 상속인이 상속권을 상실한 경우에는 代位继承(dài wèi jì chéng)을 할 수 없다.

遗嘱 (yí zhǔ) 유 촉	유 언

상대방이 없는 단독 의사표시로서 사망 후 효력을 발생하는 것을 말한다. 遗嘱(yí zhǔ)에는 공증遗嘱(yí zhǔ) · 자필遗嘱(yí zhǔ) · 대필遗(yí)

嘱·녹음遗嘱·구두遗嘱 등 5종이 있다. 공증遗嘱는 유언자가 공증기관에서 遗嘱를 한 것이고, 자필遗嘱는 유언자가 직접 작성한 것으로서 유언자의 서명과 연월일이 포함되어야 한다. 대필遗嘱는 2인 이상의 증인이 현장에서 견증(见证)해야 하며 그 중 1인이 대신 遗嘱를 작성하고 연월일을 표기한 후 대필자·기타 견증인과 유언자가 서명한다. 녹음遗嘱는 2인 이상의 증인이 현장에서 견증해야 한다. 구두遗嘱는 위급한 상황에서만 할 수 있으며 2인 이상의 증인이 현장에서 견증(见证)해야 한다. 위급상황이 해제된 후 유언자가 서면 혹은 녹음의 방식으로 遗嘱를 하면 구두遗嘱는 무효로 된다(继承法 제17조).

yí zèng
遗 赠
유 증 | 유 증

유언의 방식으로 자신이 사망 후 재산의 일부 혹은 전부를 국가·집체 및 상속인 이외의 자연인에게 증여하는 단독의 사표시이다. 유언과 다른 점은 유언은 상속인의 범위 내에서 수익자를 정해야 하지만, 유증은 법정상속인의 범위 외에서 수익자가 정해져야 한다는 것이다.

yí zèng fǔ yǎng xié yì
遗赠抚养协议
유증부양협의

유증인과 부양인(抚养人)이 재산의 증여와 부양에 관하여 체결한 협의를 말한다. 즉 유증인이 유언의 형식으로 자신의 사망 후 모든 재산을 부양인에게 증여하고, 부양인은 유증인의 생활과 사후 장례를 지내주는 내용의 협의를 말한다. 遗赠抚养协议(yí zèng fǔ yǎng xié yì)는 2가지 경우가 있는데 하나는 공민과 공민 사이, 즉 개인과 개인이 협의를 체결하는 것이고, 다른 하나는 공민과 집체 사이, 즉 개인과 집체가 협의를 체결하는 것이다. 遗赠抚养协议(yí zèng fǔ yǎng xié yì)는 「继承法」에 명시된 상속방식의 하나이다. 상속 개시 후 법정상속에 따라 처리하게 되는 데 유언 혹은 유증이 있으면 이에 따라 처리하고, 遗赠抚养协议(yí zèng fǔ yǎng xié yì)가 있으면 우선적으로 후자의 약정에 따라 처리한다(继承法 제5조). 즉 遗赠抚养协议(yí zèng fǔ yǎng xié yì)가 기타 상속 방식보다 우선적으로 적용되는 것이다.

均分继承(jūn fēn jì chéng) 균분계승 | 균분상속

법정상속에 있어서 동일 순위의 상속인 사이에서 상속분을 균등하게 분배하는 것을 말한다. 단 생활에 특별한 어려움이 있거나 노동능력을 결한 상속인에 대해서는 적당한 배려를 해주어야 한다. 피상속인이 주요 부양의무를 이행하였거나 피상속인과 공동 생활한 상속인에 대해서는 많이 분배할 수 있다. 부양능력과 부양조건이 있는 상속인이 부양의무를 이행하지 않을 경우 분배하지 않거나 적게 분배할 수 있다. 이 외에도 상속인 사이에는 협의로 均分继承(jūn fēn jì chéng)을 하지 않을 수도 있다(继承法 제13조).

tè liú fèn 特留份 특유분

유언에 따라 상속할 경우 노동능력을 결하거나 생활 원천이 없는 상속자를 위하여 보유해두는 일정액을 말한다(继承法 제20조). 유언에 特留份(tè liú fèn)이 없을 경우 유산을 처리할 때 당해 상속자에게 필요한 유산을 남겨두고 잔여부분을 유언에 따라 집행해야 한다. 상속인이 노동능력을 결했는지 여부와 생활 원천이 없는지 여부는 유서가 효력을 발생하는 시점의 구체적 상황에 따라 확정한다.

bì liú fèn 必留份 필유분 — 유류분

태아의 권리를 보장하기 위하여 유산을 분할할 때 태아한테 일정한 비율 혹은 일정액을 보유해두는 제도를 말한다(继承法 제28조). 만약 태아한테 必留份(bì liú fèn)을 보유해두지 않았다면 상속인은 일정액을 상속받은 재산에서 반환해야 한다. 태아 출생 후 사망한 경우 必留份(bì liú fèn)은 태아의 상속인이 상속 받고, 태아가 사망상태로 출생할 경우 必留份(bì liú fèn)은 피상속인의 상속인이 상속받는다.

xiàn dìng jì chéng 限定继承 한정계승 — 한정승인

상속인은 상속재산으로 피상속인이 납부해야 할 세금과 채무를 변제해야 하지만, 이러한 변제는 상속받은 실제재산에 한

정됨을 말한다. 즉 상속인은 상속재산을 초과한 부분에 대한 변제책임이 없다. 단, 상속인이 자발적으로 초과분을 변제할 경우에는 그러지 아니하다. 상속인이 상속을 포기할 경우 피상속인의 납부할 세금과 채무에 대하여 변제책임을 지지 않는다(继承法 제33조).

[민사소송편]

mín shì sú sòng fǎ 民事诉讼法 민사소송법	민사소송법

협의의 의미에서는 民事诉讼法(mín shì sú sòng fǎ)란 이름을 가진 법을 말하고, 광의의 의미에서는 민사소송제도 전체를 규율하는 법규의 총체를 뜻한다. 「中华人民共和国民事诉讼法」는 1991년 4월 9일 제7기 전국인민대표대회 제4차 회의에서 통과되었으며 2007년 10월 28일에 일부 개정을 하였다. 중국의 민사소송법에는 민사소송절차 · 보전절차 · 집행절차 등이 함께 규정되어 있다.

guǎn xiá 管 辖 관 할	관 할

재판권을 행사하는 법원 내부에서 즉 동급법원과 각급 법원 사이에서 제1심 민사사건을 수리하는 업무분담과 권한을 말한다. 제1심 민사사건의 관할권에는 급별管辖(guǎn xiá), 지역管辖(guǎn xiá), 이송管辖(guǎn xiá), 지정管辖(guǎn xiá) 등이 있다.

jí bié guǎn xiá 级别管辖 급별관할	사물관할 심급관할

서로 다른 급별의 법원 사이의 제1심민사사건의 관할에 대한 분배 제도이다. 중국의 법원은 최고인민법원, 지방 각급인민법원 및 전문인민법원으로 구성되어 있다. 지방인민법원은 다시 기층인민법원 · 중급인민법원 · 고급인민법원으로 나누어져 있으며, 전문인민법원은 군사법원 · 해사법원 · 철로운수법원 등으로 나누어진다. 여기서 해사법원은 중급인민법원에 해당하고, 군사법원과 철로운수법원은 일반법원의 시스템을 갖추고 있으나 고급인민법원에 해당하는 급별까지 있다. 따라서 중국의 법원의 급별은 4개 등급이라고 보면 된다. 즉, 최고인민법원 · 고급인민법원 · 중급인민법원 · 기층인민법원이다. 级别管辖(jí bié guǎn xiá)는 바로 이러한 4개 급별의 법원 사이에 어떤 표준을 잣대로 제1심사건을 분배하는가에 관한 문제이다.

민사사건은 원칙적으로 기층인민법원에서 심리하나 법률에 별도의 규정이 있는 경우에는 그러하지 아니하다(民事诉讼法 제18조). 중급인민법원은 중대한 섭외사건, 본 관할구역 내의 중대한 사건, 최고인민법원에서 중급인민법원이 관할하도록 확정한 사건의 제1심 관할법원이 된다(民事诉讼法 제19조). 고급인민법원은 관할구역 내에서 중대한 영향이 있는 제1심 민사사건을 관할한다(民事诉讼法 제20조). 최고인민법원은 전국에서 중대한 영향이 있는 사건과 본 법원이 심리해야 한다고 인정하는 사건에 대하여 제1심 관할법원이 된다(民事诉讼法 제21조).

dì yù guǎn xiá 地域管辖 지역관할	토지관할

동급 법원 사이에 제1심 민사사건의 관할을 분배하는 것을 말한다. 지역관할은 피고주소지 혹은 거소지 법원이 관할하는 것이 원칙이고(民事诉讼法 제22조), 기타 특수한 경우에는 법률의 규정에 따른다.

xié yì guǎn xiá 协议管辖 협의관할	합의관할

합의관할이라고도 하는데 당사자 쌍방이 법정요건을 충족시키는 조건하에 관할법원을 선택하는 것을 말한다. 계약 당사자는 서면계약에 피고 주소지 · 원고 주소지 · 계약이행지 · 계약체결지 · 원고 주소지 · 목적물 소재지 법원을 협의하여 관할법원으로 선택할 수 있다. 단 급별관할과 전속관할의 규정을 위반하여서는 아니 된다(民事诉讼法 제25조).

biàn lùn guǎn xiá 辩论管辖 변론관할	변론(응소)관할
yí sòngguǎn xiá 移送管辖 이송관할	소송의 이송

법원이 사건을 수리한 후 당해 법원이 관할권이 없음을 발견하면 법에 따라 사건을 관할권이 있는 법원으로 이송하는 것을 말한다(民事诉讼法 제36조). 移送管辖(yí sòngguǎn xiá)는 동급법원 사이에서 발생할 수도 있고 상 · 하급 법원 사이에서 발생할 수

도 있다.

zhǐ dìng guǎn xiá 指定管辖 지정관할	지정관할

상급법원이 법에 따라 당해 법원의 관할 구역 내의 하급 법원에 사건을 심리하도록 지정하는 것을 말한다. 指定管辖(zhǐ dìng guǎn xiá)는 관할권이 있는 법원이 특수한 원인으로 관할권을 행사할 수 없는 경우, 법원 사이에 관할권에 다툼이 있는 경우, 이송관할에 의하여 사건을 이송 받은 법원이 이송사건이 당해 법원의 관할에 속하지 않는다고 간주할 경우에 발생한다(民事诉讼法 제36조, 제37조).

zhuān shǔ guǎn xiá 专属管辖 전속관할	전속관할

특정된 사건에 대하여 특정법원만이 관할권이 있는 경우를 말한다. 专属管辖(zhuān shǔ guǎn xiá)는 강제성과 배타성이 있으며 법률에 专属管辖(zhuān shǔ guǎn xiá)라고 규정한 사건에 대하여 지역관할(地域管辖)과 협의관할은 적용되지 않으며 외국법원도 관할권이 없다. 专属管辖(zhuān shǔ guǎn xiá)에 속하는 사건으로는 주로 아래와 같은 3가지 경우가 있다. ① 부동산 분쟁으로 인한 소송은 부동산 소재지의 법원이 관할한다. ② 항구작업 중에 발생한 분쟁으로 인한 소송은 항구 소재지 법원이 관할한다. ③ 유산 상속분쟁으로 인한 소송은 피상속인 사망시 주소지 혹은 주요 유산 소재지 법원이 관할한다(民事诉讼法 제34조).

guǎn xiá quánzhuǎn yí 管辖权转移 관할권전이	소송의 이송

일정한 요건 하에 자기 관할권 내의 사건을 다른 급별의 법원에 이송하는 것을 말하다. 즉 제1심 민사사건에 대하여 상급법원이 하급법원에 관할권이 있는 사건을 직접 심리하거나 자신의 관할권 내에 있는 사건을 하급법원이 심리하도록 명령하는 경우, 하급법원이 자기 관할권 내의 사건을 상급법원이 심리할 필요가 있다고 간주할 경우 상급법원에 심리를 청시(请示)하는 경우를 말한다(民事诉讼法 제39조).

pǔ tōnggòng tóng sù sòng 普通共同诉讼 보통공동소송	통상공동소송

당사자 일방 또는 쌍방이 2인 이상이고 소송물이 동일 종류일 경우 법원이 당사자의 동의를 얻어 병합 심리하는 것을 말한다. 普通共同诉讼(pǔ tōnggòng tóng sù sòng)은 분리하여 심리할 수 있는 소송이며 소송절차의 효율성 등을 감안하여 병합하여 심리하는 것이다.

bì yào gòng tóng sù sòng 必要共同诉讼 필요공동소송	필수적 공동소송

당사자 일방 또는 쌍방이 2인 이상이고 소송물이 공통된 경우 법원이 반드시 병합하여 심리하는 사건을 말한다(民事诉讼法 제53조). 중국 민소법상 한국법상의 유사필수적 공동소송은 명문으로 규정되어 있지 않다.

sù sòng biāo dì 诉讼标的 소송표적	소송물

민사소송에서 있어서 심판의 대상이 되는 기본단위를 말하는데 일반적으로 원고가 피고에 대한 권리주장 혹은 청구를 뜻하는 말이다. 중국 「民事诉讼法」 조항을 살펴보면 诉讼标的(sù sòng biāo dì)는 소송청구라는 용어를 쓰는 경우도 있다.

dài biǎo rén sù sòng 代表人诉讼 대표인소송	선정당사자

공동의 이해관계가 있는 다수인이 소송할 경우에 소송 진행의 편의를 위하여 당사자 중에서 대표인을 선정하여 선정된 대표인이 당해 소송을 진행하는 절차를 말한다. 代表人诉讼(dài biǎo rén sù sòng)은 '당사자 수가 확정된 代表人诉讼(dài biǎo rén sù sòng)'과 '당사자 수가 확정되지 않은 代表人诉讼(dài biǎo rén sù sòng)'이 있다. 전자의 경우에는 당사자들이 대표인을 선출하여 소송을 진행하는 것이고(民事诉讼法 제54조), 후자의 경우에는 법원이 사건내용과 소송청구에 대하여 공고를 하여 권리자가 일정한 기간 내에 법원에 등기를 한 후 등기한 권리자가 대표인을 선출하여 소송을 진행하는 것이다. 대표인을 선출하지 못할 경우 법원은 등기를 한 권리자들과 상의하여 대표인을 결정할 수 있다(民事诉讼法 제55조). 대표인의 소송행위는 그가 대표하는 기타 당사자에게 효력을 미친다. 단, 대표인이 소송청구를 변경·포기하거나 상대방의 소송청구를 인낙하거나 화해할 경우에는 반드시 그가 대표하는 당사자들

의 동의를 얻어야 한다. '당사자 수가 확정되지 않은 代表人诉讼(dài biǎo rén sù sòng)'에서 법원이 내린 판결·재정은 등기한 전체 권리인에게 효력이 미친다. 등기하지 않은 권리인이 소송시효 기간 내에 소송을 제기할 경우 당해 판결·재정을 적용한다(民事诉讼法 제55조).

第三人(dì sān rén) 제삼인	제3자

有独立请求权第三人(yǒu dú lì qǐng qiú quán dì sān rén) 유독립청구권제삼인	독립당사자

당사자 쌍방의 다툼의 대상인 소송물에 대하여 독립청구권이 있다고 간주하는 제3자를 말한다(民事诉讼法 제56조). 有独立请求权第三人(yǒu dú lì qǐng qiú quán dì sān rén)은 타인간의 소송의 계속 중에 다툼의 대상인 소송물에 대하여 소를 제기하는 방법으로 소송에 참가하며 원고에 해당하는 지위를 지닌다.

无独立请求权第三人(wú dú lì qǐng qiú quán dì sān rén) 무독립청구권제삼자	보조참가

당사자 쌍방의 다툼의 대상인 소송물에 대하여 독립된 청구권은 없지만 사건의 처리결과의 법률상 이해관계가 있는 경우 소송참가를 신청하거나 법원의 통지로 소송에 참가하는 자를 말한다. 법원의 판결에 의하여 민사책임을 부담하는 无独立请求权第三人(wú dú lì qǐng qiú quán dì sān rén)은 당사자의 소송권리의무가 있다(民事诉讼法 제56조).

sù sòng dài lǐ rén 诉讼代理人 소송대리인	소송대리인

소송을 대리할 권한에 의하여 당사자에 갈음하여 소송을 진행하는 자를 말하는데 법정诉讼代理人(sù sòng dài lǐ rén)과 위탁诉讼代理人(sù sòng dài lǐ rén)이 포함된다. 전자는 법률의 규정에 따라 소송행위무능력자를 대리하여 민사소송절차를 진행하는 자를 말하고, 후자는 당사자・법정대리인・소송대표자의 위임을 받고 민사소송절차를 진행하는 자를 말한다. 일반적인 의미에서의 诉讼代理人(sù sòng dài lǐ rén)은 후자를 말한다. 중국은 변호사강제대리의 원칙을 실시하지 않기 때문에 소송행위능력이 있는 자는 위임을 받으면 모두 诉讼代理人(sù sòng dài lǐ rén)이 될 수 있다. 여기에는 변호사, 당사자의 가까운 친족, 사회단체가 추천한 자, 법원의 허가를 받은 기타 공민 등이 포함된다(民事诉讼法 제57조, 제58조). 诉讼代理人(sù sòng dài lǐ rén)의 경우 당사자는 1인 내지 2인의 诉讼代理人(sù sòng dài lǐ rén)만 위임할 수 있다(民事诉讼法 제59조).

jǔ zhèng zé rèn 举证责任 거증책임	증명책임, 입증책임

소송상 권리 또는 법률관계의 존부를 판단함에 있어서 필요한 사실에 관하여 소송에 나타난 일체의 증거자료에 의하여도 법원이 그 존부여하를 결정할 수 없는 경우에는 이를 당사자 일방이 입을 불이익을 말한다.

jǔ zhèng zé rèn dào zhì 举证责任倒置 거증책임도치	증명책임의 전환

증명책임 분배에 있어서의 일반원칙에 대한 예외인바 반대사실에 관하여 상대방에게 증명책임을 지우는 것이다. 举证责任倒置(jǔ zhèng zé rèn dào zhì)가 적용되는 경우로는 ① 공공장소·길옆 혹은 통로에 웅덩이를 파고 지하 시설을 수선, 설치할 때 뚜렷한 표식을 설치하지 않았거나 안전조치를 취하지 않아 타인의 손해를 초래했을 경우 시공자가 지는 민사책임(民法通则 제125조), ② 건축물 혹은 기타 시설 및 건축물 위의 방치물, 걸어 놓은 물건이 넘어지거나 탈락·추락해 타인에 손해를 초래한 경우 그 물건의 소유자 혹은 관리자가 지는 민사책임 등이 있다. 단 후자의 경우 자신에게 과실이 없음을 증명할 수 있는 때는 제외한다(民法通则 제126조).

jǐ fù zhī sù 给付之诉 급부지소	이행의 소

给付(jǐ fù)청구권의 확정과 피고에 대하여 给付(jǐ fù)명령을 할 것을 청구하는 소의 종류이다. 给付(jǐ fù)청구권의 확정을 받은 당사자는 피고가 판결의 내용을 집행하지 않을 경우에 법원에 피고의 재산에 대한 강제집행을 신청하는 방법으로 자신의 권리를 실현할 수 있다.

què rèn zhī sù 确认之诉 확인지소	확인의 소

권리, 법률관계의 존재·부존재의 확정을 청구하는 소의

종류이다. 소유권확인 등을 청구하는 적극적 确认之诉(què rèn zhī sù)와, 채무부존재 확인 등을 청구하는 소극적 确认之诉(què rèn zhī sù)가 있다.

变更之诉 (biàn gēng zhī sù) 변경지소	형성의 소

법률관계의 변경을 청구하는 소의 종류이다. 즉 소제기 당시까지 존재하지 아니하였던 새로운 법률관계를 발생시키거나 기존의 법률관계를 변경·소멸시키는 내용의 청구를 구하는 소이다.

请求事项 (qǐng qiú shì xiàng) 청구사항	청구의 취지

소장에 법원에 청구하고자 하는 사항인 목적을 기재하는 것을 말하며 소의 결론 부분에 해당한다. 请求事项(qǐng qiú shì xiàng)에 대해서는 원고가 바라는 판결주문을 적게 되며 이를 간단명료하게 표현해야 한다. 请求事项(qǐng qiú shì xiàng)은 소송물의 동일성을 가리는 중요한 표준이 되며 관할권의 확정, 소송비용의 부담 등에 있어서도 중요한 의의가 있다.

事实和理由 (shì shí hé lǐ yóu) 사실화이유	청구의 원인

소장에 청구취지와 같은 결론에 도달할 수 있도록 뒷받침해주는 사실관계와 실체법상의 권리를 설명하는 것을 말한다.

qǐ sù 起 诉 기 소	제 소

공민·법인 또는 기타 조직이 자기의 민사권익이 침해받았거나 타인과 분쟁이 발생할 경우 자기의 명의로 법원에 소를 제기하여 민사권리를 보해줄 것을 청구하는 것이다. 한국법상의 기소는 검사가 특정한 형사사건에 대하여 법원의 심판을 구하는 행위를 말한다는 점에서 중국법상의 기소와 구별된다.

lì àn 立 案 입 안	

소장의 수리에 대하여 중국법상 立案(lì àn)과 수리라는 용어를 사용한다. 전자는 법원의 입안정(立案庭: 접수전담 재판부를 의미한다)에서 당사자가 소를 제기할 경우 제소조건에 부합되면 입안정에서 7일 내에 입안여부에 대하여 결정하여 당사자에게 통보하는 것을 말한다(民事诉讼法 제112조). 즉, 立案(lì àn)은 소장에 대한 법원의 수리의 결정이라고 할 수 있다.

bù yú shòu lǐ 不予受理 불여수리	소각하

법원의 입안정(立案庭)에서 당사자가 소를 제기할 경우 제소조건에 부합되지 않을 경우 7일 내에 不予受理(bù yú shòu lǐ) 재정을 내린다. 당사자는 이에 불복할 경우 상소할 수 있다(民事诉讼法 제112조).

tiáo jiě 调 解 조 해	조 정

민사소송절차에서 법원이 판결이 아닌 조정으로 당사자의 분쟁을 해결하는 것을 말하는데 调解(tiáo jiě)원칙은 중국민사소송의 기본원칙의 하나이다. 법원은 민사사건을 심리함에 있어서 자원과 합법의 원칙에 따라 조정해야 하며 조정이 이루어지지 않으면 즉시에 판결해야 한다(民事诉讼法 제9조). 调解(tiáo jiě)는 민사소송절차의 모든 단계에서 진행될 수 있다. 즉 1심절차, 2심절차, 재심절차뿐만 아니라 답변서 제출 전에도 법원은 调解(tiáo jiě)할 수 있다.

chè sù 撤 诉 철 소	소취하

법원이 사건을 수리한 후 판결을 내리기 전에 소를 취하하는 것을 말한다. 撤诉(chè sù)는 원고가 주동적으로 신청할 수도 있고, 원고가 소환장을 받고 출석하지 않거나 법원의 허가 없이 중도에서 퇴정할 경우에 법원에서 撤诉(chè sù)로 처리하는 두 가지 경우가 있다. 물론, 후자의 경우에 피고가 반소를 제기하면 결석판결을 내릴 수 있다(民事诉讼法 제129조, 제131조).

chuán piào 传 票 전 표	소환장

법원이 기일을 지정한 경우 당사자와 기타 이해관계인에게 그 기일에 출석을 요구하기 위하여 작성한 서류이다. 원고가 传票(chuán piào)를 받고 출석하지 않으면 소취하로 처리될 수 있다.

sòng dá 送 达 송 달	송 달

당사자 그 밖의 소송관계인에게 소송에 관한 서류를 법정 형식에 따라 교부하는 법원의 행위를 말한다. 중국의 송달방식에는 직접送达(sòng dá)·유치送达(sòng dá)·위탁送达(sòng dá)·우편送达(sòng dá)·재교부送达(sòng dá)(转交送达)·공시送达(sòng dá) 등이 있다.

sù sòngzhōng zhǐ 诉讼中止 소송중지	소송중단 소송중지

소송의 진행을 계속하기 어려운 법정사유가 발생하여 법원이 재정으로 소송을 중지하는 것을 말한다. 诉讼中止(sù sòngzhōng zhǐ)의 법정사유로는 ① 일방당사자가 사망하고 상속인의 소송참가 여부를 기다려야 할 경우, ② 일방당사자가 소송행위능력을 상실하고 법정대리인이 확정되지 않은 경우, ③ 일방당사자로서의 법인 또는 기타 조직이 종료되었으나 권리의무 승계인이 확정되지 않은 경우, ④ 일방당사자가 불가항력으로 소송에 참가할 수 없는 경우, ⑤ 본안이 다른 사건의 심리결과를 근거로 해야 할 경우, 당해 사건의 심리가 종결되지 않은 경우, ⑥ 기타 소송을 중지하여야 하는 경우 등이 있다(民事诉讼法 제136조). 중국 민사소송법상 소송중단과 중지사유를 구별하고 있지 않으며 한국법상의 중단사유와 중지사유는 기본적으로 중국의 중지사유에 포함된다고 할 수 있다. 또한 소송중지 기간은 심리기간에서 배제되므로 소송중단과 같은 효과가 있다고 할 수 있다.

sù sòngzhōng jié
诉讼终结
소송종결

소송이 정상적인 절차를 마치고 법원의 판결로 종결되는 것이 아니라 법정사유로 인하여 청구취지에 대한 판결을 내리기 전에 종결되는 것을 말한다. 诉讼终结(sù sòngzhōng jié)의 법정사유로는 ① 원고 사망 후 상속인이 없거나 상속인이 소송권리를 포기한 경우, ② 피고 사망 후 유산이 없고 의무를 부담할 사람도 없는 경우, ③ 이혼사건의 일방당사자가 사망한 경우, ④ 섬양비(赡养费)·부양비(抚养费)·무육비(抚育费) 및 입양관계 취소사건의 일방당사자가 사망한 경우이다(民事诉讼法 제137조). 诉讼终结(sù sòngzhōng jié)요건에 부합되는 경우에 법원은 诉讼终结(sù sòngzhōng jié)의 재정을 할 수 있고, 이 诉讼终结(sù sòngzhōng jié)의 재정에 대하여 당사자는 상소하거나 이의를 제기할 수 없다.

cái pàn
裁 判
재 판 | 재 판

법원이 실체문제와 절차문제에 대한 결론적인 판단을 말한다. 광의의 재판에는 민사판결·재정·결정과 각종 명령(지급명령·집행명령) 등이 포함되며 협의의 裁判(cái pàn)에는 민사판결·재정·결정이 포함된다.

pàn jué
判 决
판 결 | 판 결

법원이 변론종결 후 사건의 사실과 법리에 근거하여 당사자 간의 실체문제에 대하여 내린 구속력이 있는 결론적인 판단을 말한다. 判决(pàn jué)은 그 내용에 따라 확인判决(pàn jué)·급부判决(pàn jué)·변경判决(pàn jué)로 나눌 수 있다.

cái dìng 裁 定 재 정	결 정

법원이 민사사건을 심리함에 있어서 각종 절차적인 사항에 대하여 구속력이 있는 결론적인 판단을 하는 것을 말한다. 裁定(cái dìng)의 사항으로는 ① 불여수리, ② 관할권이의, ③ 소각하, ④ 재산보전과 선여집행(先予执行), ⑤ 소취하의 허가 또는 불허가, ⑥ 소송중지 혹은 종결, ⑦ 집행중지 또는 종결, ⑧ 중재판정의 집행거부, ⑨ 공증기관이 강제집행효력을 부여한 채권문서의 집행거부, ⑩ 판결서 오류의 보정, ⑪ 기타 裁定(cái dìng)으로 해결해야 할 사항이다. 그 중 ① 내지 ③의 裁定(cái dìng)에 대해서는 상소할 수 있다. 상소할 수 있는 裁定(cái dìng)은 송달 받은 날로부터 10일 내에 상소하지 않으면 확정되며, 기타 상소할 수 없는 裁定(cái dìng)은 송달되면 즉시 확정된다.

jué dìng 决 定 결 정	결 정 명 령

법원이 민사소송절차의 순리로운 진행을 보장하기 위하여 소송과정에서 발생한 장애 혹은 정상적인 소송활동을 방해하는 특수한 사항을 처리하기 위하여 내리는 구속력이 있는 결론적인 판단을 말한다. 비록 절차적인 문제에 대한 처리방식이라는

면에서 재정과 비슷하나 决定(jué dìng)은 특수한 문제 혹은 긴박성이 필요한 경우에 적용되는 것이며 서면이 아닌 구두로 할 수도 있다는 점에서 구별된다. 决定(jué dìng)이 적용되는 사항에는 ① 회피신청의 허가여부, ② 소송기간 연장신청의 허가여부, ③ 강제조치의 채택여부, ④ 민사소송을 방해해는 행위의 배제, ⑤ 소송비용의 감면·유예 신청 허가여부, ⑥ 기타 법원이 决定(jué dìng)으로 처리할 사항 등이 포함된다. 决定(jué dìng)은 즉시 확정되며 상소할 수 없으며 决定(jué dìng)을 내린 재판부에 재검토를 신청할 수 있으나 재검토 기간에 집행정지를 하지 않는다.

dǐ xiāo kàng biàn 抵消抗辩 저소항변	상계항변

이행의 소에 있어서 원고가 주장하는 채권에 대하여 피고가 자기의 반대채권으로 상계를 주장하는 항변을 말한다. 일반적으로 피고의 항변에는 기판력이 미치지 않는 것이 원칙이나 抵消抗辩(dǐ xiāo kàng biàn)은 법원이 이를 인용한 경우에는 항변한 액수에 한해서 기판력이 생긴다.

jiǎn yì chéng xù 简易程序 간이정서	간이절차

제1심법원, 즉 기층인민법원 및 그 파출법정이 심리하는 간단한 민사사건 및 간단한 민사사건은 아니지만 당사자들이 简易程序(jiǎn yì chéng xù)를 선택한 경우에 적용되는 일반소송절차보다 편리하고 이용하기 쉬운 절차를 말한다. 기층인민법원 및 그 파출법

정은 사실관계가 명확하고, 권리의무관계가 명확하며 분쟁이 크지 않은 민사사건에 대하여 简易程序(jiǎn yì chéng xù)를 적용할 수 있다(民事诉讼法 제142조). 简易程序(jiǎn yì chéng xù)를 적용할 경우 원고는 구두로 제소할 수 있고, 당사자 쌍방이 동시에 법원에 분쟁해결을 청구할 경우 즉시 심리할 수도 있고 기일을 정하여 심리할 수도 있다(民事诉讼法 제143조). 简易程序(jiǎn yì chéng xù)는 판사 1인이 단독으로 심리하고 법원은 간편한 방법으로 수시로 당사자를 소환할 수 있으며 사건을 수리한 후 3개월 내에 결심해야 한다(民事诉讼法 제146조).

四级两审终审制 (sì jí liǎng shěn zhōng shěn zhì)
4급2심종심제

중국의 법원은 기층인민법원·중급인민법원·고급인민법원·최고인민법원 등 4개 등급으로 나누어지는데 모든 민사사건은 그 중 2개 등급의 법원의 심리로 종결되는 제도를 말한다. 즉 3심 종심제를 시행하고 있는 한국과 달리 중국의 민사사건은 2심 종심제를 시행하고 있으므로, 일반적인 사건은 중급인민법원이나 고급인민법원에서 2심으로 최종 확정되기 때문에 한국의 대법원에 해당하는 최고인민법원의 심리를 받을 기회가 없다.

上诉 (shàng sù)
상소

상 소

당사자가 제1심 법원의 판결에 불복할 경우 상급법원에

그 취소·변경을 구하는 신청이다. 중국은 2심 종심제를 실시하기 때문에 한 번의 上诉(shàng sù)기회만 있으며 판결서는 송달받은 날로부터 15일 내에, 재정서는 송달받은 날로부터 10일 내에 상1급 법원에 上诉(shàng sù)해야 한다(民事诉讼法 제147조). 섭외사건의 경우 판결서나 재정서를 송달받은 날로부터 30일 내에 上诉(shàng sù)해야 한다(民事诉讼法 제247조). 한국법상 항소·상고·항고·재항고 등으로 상급법원의 심급에 따라 불복신청을 구별하는 것과 달리 중국의 上诉(shàng sù)에는 그러한 구별이 없다.

抗诉 (kàng sù)
항소

검찰기관이 법원이 내린 판결·재정에 착오가 있다고 확신할 경우 관할권이 있는 법원에 재심리를 신청하는 방식이다. 민사소송에 있어서는 검찰기관이 심판감독절차에 따라 법원이 내린 판결·재정에 착오가 있다고 인정할 경우 법원에 재심리를 신청하는 방식이다. 따라서 한국법상의 상소절차의 하나인 '항소'와는 완전히 다른 개념이므로 이를 명확히 구분해야 한다.

驳回诉讼请求 (bó huí sù sòng qǐng qiú)
박회소송청구 | 청구기각

청구내용이 이유 없다고 하여 본안판결에서 원고의 청구를 인용하지 않는 것을 말한다.

fā huí chóng shěn 发回重审 발회중심	파기환송

하급심판결의 사실인정에 오류가 있거나 하급심판결의 사실인정이 불명확하여 증거가 부족한 경우에 상급법원에 하급심판결을 취소하고 하급법원에 재심리를 명하는 것을 말한다(民事诉讼法 제153조).

shěn pàn jiān dū chéng xù 审判监督程序 심판감독정서	재심절차

중국민사소송법에 규정된 특별한 구제절차로서 판결의 공정성을 보장하는 마지막 보루이다. 중국민사소송법에서 말하는 审判监督程序(shěn pàn jiān dū chéng xù)라 함은 심판기관·검찰기관 및 당사자가 이미 효력을 발생한 법원의 판결과 재정에 확실히 착오가 있다고 인정하여 재심을 개시하거나 재심을 신청하는 절차를 말한다. 각급 법원 원장은 효력을 발생한 판결·재정에 대하여 확실한 착오가 있어 재심이 필요하다고 간주할 경우, 심판위원회에 회부하여 토론·결정하도록 한다. 최고인민법원은 지방 각급 법원의 효력을 발생한 판결·재정에 확실한 착오가 있음을 발견할 경우, 상급법원은 하급법원의 효력을 발생한 판결·재정에 확실한 착오가 있음을 발견할 경우, 직접 재심리하거나 하급 법원에 재심을 명한다(民事诉讼法 제177조). 당사자는 이미 효력을 발생한 판결·재정에 대하여 착오가 있다고 인정할 경우, 원심법원 혹은 상1급 법원에 재심을 신청할 수 있다(民事诉讼法 제178조). 최고인민검찰원은 각급 법원의 효력을 발생한 판

결 · 재정에 대하여, 상급 검찰원은 하급 법원의 효력을 발생한 판결 · 재정에 대하여 법에 규정한 사항이 있을 경우에 审判监督程序(shěn pàn jiān dū chéng xù)에 따라 항소를 제기할 수 있다(民事诉讼法 제185조). 즉 审判监督程序(shěn pàn jiān dū chéng xù)는 ① 법원의 감독에 의한 재심절차, ② 검찰원의 항소로 제기된 재심절차, ③ 당사자가 제기한 재심절차 등 세 가지 종류가 있다. 따라서 중국의 审判监督程序(shěn pàn jiān dū chéng xù)는 사권영역에서 당사자만이 재심을 제기할 수 있도록 하는 기타 나라의 일반적인 재심절차보다 넓은 개념이라고 할 수 있다.

先予执行 (xiān yú zhí xíng) 선여집행	

법원이 특정한 사건을 심리함에 있어서 판결을 내리기 전에 당사자의 생활과 생산의 긴급한 수요를 해결하기 위하여 재정으로 상대방 당사자에게 일정한 금전이거나 기타 재산을 지급하도록 하거나 어떤 행위를 실시하거나 정지하도록 하며, 즉시 집행하는 것을 말한다. 先予执行(xiān yú zhí xíng)에는 ① 섬양비(赡养费) · 부양비(抚养费) · 무육비(抚育费) · 무휼금(抚恤今) · 의료비 청구사건, ② 노동보수 청구 사건, ③ 기타 긴급한 사항으로 先予执行(xiān yú zhí xíng)이 필요한 사항 등이 포함된다(民事诉讼法 제97조).

特殊程序 (tè shū chéng xù) 특수정서	특별절차

법원이 특수한 유형의 민사사건을 심리할 때 적용되는 절차이다. 特殊程序(tè shū chéng xù)는 원칙적으로 판사 1인이 심리하고(民事诉讼

法 제161조) 제1심 절차에만 적용되며 1심종심제를 시행하며(동법 제161조) 사건을 수리한 날로부터 30일 내에 결심해야 한다(동법 제163조). 特殊程序(tè shū chéng xù)를 적용하는 사건으로는 ① 선거인자격사건, ② 실종선고 및 사망선고사건, ③ 민사행위무능력자와 민사행위제한능력자(限制民事行为能力人) 인정사건, ④ 무주재산 인정사건 등이 있다.

dū cù chéng xù 督促程序 독촉정서	독촉절차

금전 그 밖의 대체물 또는 유가증권의 일정수량의 지급을 목적으로 하는 채권자의 청구에 대하여 법원이 채무자에게 그 지급을 명하는 소송절차이다.

zhī fù lìng 支付令 지부령	지급명령

변론을 거치지 않고 채권자의 청구에 이유가 있다고 인정되면 법원이 채무자에 대해서 일정한 급부를 명하는 재판이다. 支付令(zhī fù lìng)의 발급요건으로는 ① 채권자와 채무자가 기타 채무분쟁이 없어야 하고, ② 支付令(zhī fù lìng)이 채무자에게 송달될 수 있어야 한다(民事诉讼法 제191조). 채권자가 支付令(zhī fù lìng)을 신청한 후 법원은 5일 내에 수리여부를 채권자에게 통지해야 하며(동법 제192조) 채권채무관계가 명확하고 합법적일 경우에는 15일 내에 채무자에게 支付令(zhī fù lìng)을 발송해야 한다. 채무자는 支付令(zhī fù lìng)을 송달받은 날부터 15일 내에 채무를 변제하거나 법원에 서면으로

이의를 제기해야 한다. 채무자가 15일 내에 법원에 이의를 제기하지 않거나 채무를 변제하지 않을 경우 채권자는 법원에 집행신청을 할 수 있다(동법 제193조).

gōng shì cuī gào chéng xù 公示催告程序 공시최고정서	공시최고절차

법률에 정함이 있는 경우에 법원이 당사자의 신청에 근거하여 공고의 방법으로 미지의 불분명한 이해관계인에게 실권 및 기타 불이익의 경고를 첨부하여 권리신고의 최고를 하고 누구한테서도 권리의 신고가 없을 때에는 제권판결을 하는 절차를 말한다. 규정에 따라 배서양도 가능한 어음·수표소지인은 어음·수표가 도난·분실 또는 소멸된 경우 어음·수표지급지의 기층인민법원에 公示催告(gōng shì cuī gào)를 신청할 수 있으며 법률에 의해 公示催告(gōng shì cuī gào)를 신청할 수 있는 사항도 같은 절차를 적용한다(民事诉讼法 제195조). 법원은 당사자의 신청에 관하여 수리결정을 한 경우 동시에 지급인에게 지급정지를 통지해야 하며 3일 내에 공고를 하여 이해관계인에게 권리를 신고하도록 촉구해야 한다. 공시최고기간은 법원이 경우에 따라 결정하지만 60일보다 적어서는 아니 된다(동법 제196조).

zhí xíng 执 行 집 행	집 행

국가의 집행기관이 채권자의 집행권원에 표시된 사법상의 청구권을 국가의 강제력으로 실현시키는 것을 말한다. 중국은

단행법으로 집행법이 제정되어 있지 않고 민사소송법에 집행절차가 규정되어 있으며 최고인민법원의 사법해석에 구체적인 규정들이 있다.

zhí xíng gēn jù 执行根据 집행근거	집행권원

강제집행의 기초가 되는 서류를 뜻한다. 执行根据(zhí xíng gēn jù)의 종류로는 ① 법원의 민사와 행정판결·재정·조정서·지급명령 및 형사부대민사판결, ② 법에 따라 법원이 집행해야 할 행정처벌결정·행정처리결정, ③ 중국중재기관의 중재판정과 조정서, 법원이 「仲裁法」에 따라 내린 재산보전과 증거보전재정, ④ 공증기관이 법에 따라 강제집행력을 부여한 채무·물품을 추심하는 채권문서, ⑤ 법원이 재정으로 효력을 승인한 외국법원의 판결·재정 및 국외중재기관의 중재판정, ⑥ 법률에 따라 법원이 집행해야 할 기타 법률문서 등이 있다.

zhí xíng guǎn xiá 执行管辖 집행관할	집행법원

상이한 급별의 법원 사이 및 동일한 급별의 법원 사이에 민사집행사건을 수리하고 민사집행행위를 실시하는 권한과 분공이다. 법률효력이 발생한 민사판결·재정 및 형사판결·재정 중 재산부분은 제1심 법원 또는 제1심법원과 동급인 피집행재산소재지 법원이 집행한다. 법률에 법원이 집행하도록 규정한 기타 법률문서는 피집행인 주소지 또는 피집행재산 소재지

법원이 집행한다(民事诉讼法 제201조). 따라서 제1심법원이 기층법원일 경우에는 기층법원이 집행법원이 되는 것이고, 제1심법원이 중급법원일 경우에는 중급법원이 집행법원이 되며 제1심법원이 고급법원일 경우에는 고급법원이 집행법원이 되는 것이다. 이는 한국법상 원칙적으로 지방법원단독판사를 집행법원으로 하고 있는 것과 구별된다.

zhí xíng hé jiě
执行和解
집행화해

집행절차에서 집행근거의 내용의 이행에 대하여 서로 협의하여 화해를 달성하고 집행절차를 종료하는 것을 말한다. 집행중 당사자들이 자발적으로 화해를 한 경우 집행관은 협의내용을 조서에 기재해야 하며 쌍방 당사자는 서명 혹은 날인해야 한다. 일방당사자가 화해협의를 이행하지 않을 경우 법원은 상대방 당사자의 신청에 따라 원래의 법적 효력이 발생한 법률문서의 집행을 회복할 수 있다(民事诉讼法 제207조). 따라서 执行和解(zhí xíng hé jiě)는 확정판결과 같은 효력을 발생하는 것은 아니고 당사자의 자발적인 이행을 촉구하는 의미에 그친다.

[회 사 편]

公司法 gōng sī fǎ 공사법

협의의 公司法gōng sī fǎ는 「中华人民共和国公司法」를 말하는데 1993년 12월에 전국인민대표대회상무위원회 제5차 회의에서 심의되고, 당월 29일에 공포되었으며, 1994년 7월 1일부터 시행되었다. 2005년 10월 27일 제10기 전국인민대표대회 상무위원회 제18차 회의에서 전면 개정 회사법을 통과하였다. 개정회사법을 보면 기존의 299개 조문 중에서 개정·증설하거나 삭제한 조항이 224개 조항에 달하며 그 중 신설조항은 41개 조항이고 삭제한 조항은 46개 조항이며 개정한 조항은 137개 조항이다. 즉 개정 전 회사법에 있던 조문이 보유된 것은 10%에도 달하지 않는다. 광의의 公司法gōng sī fǎ는 각종 회사의 설립·변경·활동·해산 및 기타 대내외 관계를 규정하는 법률규범의 총칭이다. 이에 비추어 볼 때 회사법은 단지 하나의 전문적인 「公司法」를 말하는 것이 아니라 회사와 관련된 각종 법률규범을 말한다. 따라서 公司法gōng sī fǎ는 단행법인 「公司法」뿐만 아니라 회사와 관련된 기타 방면의 법률문제에 관한 법률·법규·법령·규장 및 기타 법률법규 중 회사문제와 관련된 내용을 포함한다.

公司(gōng sī) 공사	회사

주주가 회사법의 규정에 의하여 출자하는 방식으로 설립되고, 주주는 인수한 출자액 또는 인수한 주식을 한도로 회사에 대하여 책임을 지며, 회사는 독립된 법인재산 전부로 회사 채무에 대하여 책임을 지는 기업법인을 말한다. 중국 회사법상 규정된 公司(gōng sī)로는 유한책임公司(gōng sī)와 주식유한책임公司(gōng sī)가 있다.

19세기에 있어서 公司(gōng sī)라는 용어는 주로 영국동인도회사(EIC)를 전문적으로 지칭하는 용어였다. 동인도회사의 무역독점권이 거의 상실될 무렵에 양행(洋行), 국(局) 등으로 회사를 부르기도 하였다. 1903년 '대청공사율(大青公司律)'이 반포된 후 '公司(gōng sī)'라는 용어는 일반적인 법인기업을 지칭하게 되었다.

人合公司(rén hé gōng sī) 인합공사	인적회사

한국법상의 인적회사와 같은 개념이다. 이러한 회사는 주주의 성향이 강하게 회사에 반영되고 주주간의 결합이 두드러진 회사를 말한다. 따라서 인적 결합이 두드러짐을 표현하기 위하여 중국에서는 인적회사를 '人合(rén hé)'公司(gōng sī)라고 표현한다. 중국의 회사법상 합명회사를 인정하지 않기 때문에 중국에서 人合(rén hé)公司(gōng sī)는 다만 학술상의 의미만 있을 뿐이다.

zī hé gōng sī 资合公司 자합공사	물적회사

한국법상의 물적회사와 같은 개념이다. 주주간의 인적인 결합은 크게 중요시되지 않고 자본결합에 중점을 두는 회사를 말한다. 자본결합이 두드러짐을 표현하기 위하여 중국에서는 물적회사를 '资合'公司(zī hé gōng sī)라고 표현한다. 중국의 주식회사는 资合公司(zī hé gōng sī)에 속하는 것이며 유한회사도 인적회사의 요소를 구비하고 있지만 본질적으로는 资合公司(zī hé gōng sī)에 속한다고 할 수 있다.

wú xiàn gōng sī 无限公司 무한공사	합명회사

한국법상의 합명회사와 같은 개념이다. 无限公司(wú xiàn gōng sī)의 주주는 회사의 채무에 대하여 무한연대책임을 지게 된다. 중국회사법상 无限公司(wú xiàn gōng sī)를 인정하지 않기 때문에 학술상의 의의만 있다.

liáng hé gōng sī 两合公司 양합공사	합자회사

한국법상의 합자회사와 같은 개념이며 유한책임을 지는 주주와 무한책임을 지는 주주로 구성된 회사를 말한다. 중국회사제도는 两合公司(liáng hé gōng sī)를 승인하지 않으므로 학술상의 의의만 있다. 다만 주의할 것은 중국법상 한국의 '合资'회사와 똑같은 용어를 사용하는 '合资公司'가 있는데 이것은 유한책임을 지는 주주와 무한책임을 지는 주주로 구성된 회사를 말하는 것이 아니

라 중국투자자와 외국투자자가 공동으로 투자하여 중국에 설립한 외상투자회사를 말하는 것이므로 한국의 '合资'회사와 정확히 구별할 필요가 있다.

gōng sī fǎ rén rén gé fǒu dìng 公司法人人格否定 공사법인인격부정	법인격부인

일반적으로 회사는 합법적으로 설립되면 회사의 재산은 주주의 개인재산과 구별되며 주주가 자본금을 전부 납입하였다면 채권자는 회사의 재산에 한하여 회사에 채무변제를 청구할 수 있을 뿐이고, 주주의 개인재산에 대해서는 그 책임을 물을 수 없다. 단, 이러한 법률상의 유한책임제도를 남용하여 기타 주주와 회사에 손해를 초래하는 경우가 있는데 이를 방지하기 위한 제도가 바로 公司法人人格否定(gōng sī fǎ rén rén gé fǒu dìng)제도이다. 회사의 주주가 주주의 권리를 남용하여 회사와 기타 주주에게 손실을 초래한 경우 법에 따라 배상책임을 진다. 주주가 회사법인의 독립지위 및 주주의 유한책임제도를 남용하여 채무를 도피하거나, 회사와 채권자의 이익에 엄중한 손해를 초래한 경우 회사채무에 대해 연대책임을 진다(公司法 제20조).

qǐ yè 企 业 기 업	기 업

중국법상 회사제도 외에도 企业(qǐ yè)제도가 별도로 규정되어 있다. 예컨대 '개인독자기업법(个人独资企业法)', '전민소유제공업기업법(全民所有制工业企业法)', '합과기업법(合伙企业法)' 등

법률이 있는데 이러한 기업법은 企业(qǐ yè)이라는 법률주체의 설립·변경·해산 및 조직기관의 운영, 구성원의 권리와 의무 등 대내외 관계에 관한 법률규범이다. 이러한 법률에 근거하여 설립된 企业(qǐ yè)는 법인격을 갖추면 회사로 되는 것이고 법인격이 없으면 비기업법인으로 불린다. 따라서 기업은 회사(公司)보다 큰 개념이라고 할 수 있다.

私营企业(sī yíng qǐ yè) 사영기업	사기업

소유제를 기준으로 하여 분류한 기업제도이다. 즉 전민소유제기업·집체소유제기업·私营企业(sī yíng qǐ yè)로 분류하던 계획경제 시기에 제정된 제도이다. 私营企业(sī yíng qǐ yè)는 개인투자자에 의해 설립되고 8인 이상의 직원을 고용하는 영리성 경제조직이며 구체적 형태로는 독자기업·조합기업·유한책임회사가 있다.

사영기업을 규율하기 위하여 제정된 「中华人民共和国私营企业暂行条例」는 민간경영에 대한 법률이 제정되지 않았던 1988년에 제정되었기 때문에 그 후 「公司法」, 「独资企业法」, 「合伙企业法」 등 법률이 잇달아 제정되면서 구법과 신법 사이의 충돌이 발생하였다. 따라서 동일한 사항에 대해 구법과 신법이 상충될 때 어느 법률규정을 우선 적용할 것인가 하는 문제가 제기되는데 「公司法」, 「独资企业法」, 「合伙企业法」는 법률이고, 「中华人民共和国私营企业暂行条例」는 행정법규이기 때문에 「中华人民共和国立法法」의 규정에 의하면 법률이 행정법규보다 상위법이므로 당연히 법률을 우선적으로 적용해야 한다. 따라서 「中华人民共和国私营企业暂行条例」는 비록 폐지되지는 않았지만 거의 유명무실해졌다고 볼 수 있다.

gè rén dú zī qǐ yè 个人独资企业 개인독자기업	소상인

1인의 자연인이 중국국내에 설립한 기업으로 투자자개인이 기업의 전부 재산을 소유하며 투자자가 그 개인의 재산으로 기업채무에 대하여 무한책임을 지는 경영실체이다. 투자자가 기업 설립시 가정의 공유재산으로 출자를 행한 경우, 가정의 공유재산으로 기업의 채무에 대해 무한책임을 진다. 이러한 무한책임은 个人独资企业(gè rén dú zī qǐ yè)가 해산한 후 5년간 채권자가 개인독자기업의 존속기간 중에 발생한 채무에 대해 변제청구가 없으면 그 책임이 소멸된다. 个人独资企业(gè rén dú zī qǐ yè)의 기업채무에 대하여 설립자가 무한책임을 지기 때문에 최저등록자본금을 규정하지 않았고, 이런 기업에 대해서는 기업소득세를 징수하지 않고 개인소득세만 징수하고 있다.

hé huǒ qǐ yè 合伙企业 합과기업	합명회사 + 합자회사

자연인 · 법인, 기타 조직이 중국 경내에 설립한 일반合伙企业(hé huǒ qǐ yè)와 유한合伙企业(hé huǒ qǐ yè)를 말한다. 일반合伙企业(hé huǒ qǐ yè)는 일반조합원들로 구성되고 조합원은 合伙企业(hé huǒ qǐ yè)의 채무에 대하여 무한연대책임을 진다. 유한合伙企业(hé huǒ qǐ yè)는 일반조합원과 유한조합원으로

구성되며 일반조합원은 合伙企业(hé huǒ qǐ yè)채무에 대하여 무한연대책임을 지고 유한조합원은 출자금액의 한도 내에서 合伙企业(hé huǒ qǐ yè)의 채무에 대하여 유한책임을 지는 것이다. 일반合伙企业(hé huǒ qǐ yè)에는 '특수일반合伙企业(hé huǒ qǐ yè)'도 포함되는데 전문적인 지식이나 전문적인 기능으로 서비스를 제공하는 기업을 말하며 이러한 기업의 특징은 조합원이 合伙企业(hé huǒ qǐ yè)의 업무집행 과정에서 고의 혹은 중대한 과실로 合伙企业(hé huǒ qǐ yè)에 채무를 초래할 경우 기타 조합원은 合伙企业(hé huó qǐ yè)에 출자한 재산으로 유한책임을 진다는 것이다. 合伙企业(hé huǒ qǐ yè)는 법인격이 없는 것을 제외하면 그 제도적 취지는 한국의 합명회사・합자회사・변호사제도 중의 법무법인・법무법인(유한)과 많은 부분에서 일치한다. 즉 일반合伙企业(hé huǒ qǐ yè)는 한국의 합명회사와 비슷하고, 유한合伙企业(hé huǒ qǐ yè)는 한국의 합자회사와 비슷하며 '특수일반合伙企业(hé huǒ qǐ yè)'는 한국의 법무법인・법무법인(유한) 제도와 비슷하다.

隐名合伙(yǐn míng hé huǒ) 은명합과	익명조합

익명조합원이 영업자를 위하여 출자를 해주고, 자신은 조합의 경영에 참가하지 않고 이익을 분배할 것만 약속하는 것을 말한다. 隐名合伙(yǐn míng hé huǒ)기업은 중국의 「合伙企业法」에서 인정되고 있지 않기 때문에 충분한 법적인 보호를 받을 수 없다. 다만, 隐名合伙(yǐn míng hé huǒ)계약을 체결한 당사자 사이에서는 신의성실의 원칙에 입각하여 채권채무관계가 발생하고, 이에 따른 상호간의 책임이 부과된다.

jū mín qǐ yè
居民企业
거민기업

법에 따라 중국 경내에 설립된 기업 또는 외국 법률에 근거하여 설립되었으나 실제 관리기관이 중국 경내에 있는 기업을 말한다(企业所得税法 제2조). 居民企业(jū mín qǐ yè)는 중국 경내, 경외에서 온 소득에 대해 전부 기업소득세를 납부해야 한다. 居民企业(jū mín qǐ yè)와 비기민기업(非居民企业(fēi jū mín qǐ yè))는 중국의 「企业所得税法」상 기업에 대한 분류이며 분류의 목적은 기업소득세를 확정하기 위함에 있다.

fēi jū mín qǐ yè
非居民企业
비거민기업

외국 법률에 근거하여 설립되었고 실제 관리기관도 중국 경내에 없지만 중국 경내에 기구·장소가 설립되어 있거나 중국 경내에 기구·장소가 설립되어 있지 않으나 중국 경내에 원천소득이 있는 기업을 말한다(企业所得税法 제2조). 非居民企业(fēi jū mín qǐ yè)가 중국 경내에서 기구·장소를 설립한 경우, 그 설립한 기구·장소의 중국 경내 원천 소득 및 중국 경외에서 발생하였지만 그 설립한 기구·장소와 실제적인 관계가 있는 소득에 대하여 기업소득세를 납부해야 한다.

非居民企业(fēi jū mín qǐ yè)가 중국 경내에 기구·장소를 설립하지 않았거나 비록 기구·장소를 설립하였으나 취득한 소득이 그 설립한 기구·장소와 실제적인 관계가 없는 경우 중국 경내의 원천 소득에 한하여 기업소득세를 납부해야 한다.

qǐ yè fǎ rén 企业法人 기업법인

「公司法」의 규율을 받는 기업유형으로서 유한책임회사와 주식유한회사가 이에 포함된다. 기업법인은 실질적인 회사를 가리키는 말이며 법인격이 없는 기업과 구별하기 위하여 기업법인이란 특별한 용어가 생겨난 것이다.

fēi qǐ yè fǎ rén 非企业法人 비기업법인

영리를 목적으로 하지 않는 법인을 말하며 국가기관법인·사업단위법인·사회단체법인이 있다. 그 중 독립적인 자금이 있는 기관은 성립일로부터 법인격이 있다. 사업단위법인과 사회단체법인은 2가지 경우로 나누어지는데 하나는 법인조건을 구비하면 등기하지 않아도 성립일로부터 법인격을 취득하는 경우이고 다른 하나는 법인조건을 구비한 후 등기를 하여야만 법인자격을 구비하는 것이다.

yǒu xiàn zé rèn gōng sī 有限责任公司 유한책임공사 — 유한회사

有限责任公司(yǒu xiàn zé rèn gōng sī)는 50인 이하의 주주(중국법상 유한회사의 사원과 주식회사의 주주를 구분하지 않고 전부 주주라고 한다. 따라서 본 책에서도 사원과 주주를 구분하지 않도록 한다)로 구성되고 주주는 그 출자액을 한도로 회사채무에 대하여 책임을 지며 회사는 재산 전부로 회사채무에 대하여 책임을 지는 기업법인이다

(公司法 제3조, 제50조). 有限责任公司(yǒu xiàn zé rèn gōng sī)는 자본금에 대한 요구가 낮고 설립절차가 주식회사보다 간단하기 때문에 중국의 대다수 회사는 有限责任公司(yǒu xiàn zé rèn gōng sī)이다. 이는 회사 중 90% 이상이 주식회사인 한국과 정반대이다.

rèn jiǎo chū zī é 认缴出资额 인교출자액	사원의 출자좌수

유한회사의 주주가 정관에서 납입하기로 한 출자액을 말한다(公司法 제3조). 한국은 유한회사에 대하여 출자1좌의 금액은 5천원 이상으로 균일하게 해야 한다고 규정하고 있으나 중국은 출자금액의 균일에 관한 강행규정이 없기 때문에 실무상 출자액만 표기한다. 예컨대 정관에 "10만 위안을 인교(认缴(rèn jiǎo))하는데 동의한다"고 표기하는 것이다. 중국의 유한회사의 주주는 인교(认缴(rèn jiǎo))한 출자액으로 회사에 대하여 책임을 지게 된다. 즉 认缴出资额(rèn jiǎo chū zī é)를 전부 납입하지 않았다면 출자를 추가 납입할 의무가 있고, 채권자도 주주가 출자를 납입하지 않은 부분에 대하여 주주에게 채무변제를 청구할 권리가 있다.

rèn gòu gǔ fèn 认购股份 인구고분	주식의 인수

발기인을 포함한 주식회사의 주주가 주식을 인수하는 것을 말한다. 주식회사의 발기인이 인수한 주식의 주금을 납부하지 않은 경우, 발기인 협의에 따라 기타 발기인에게 위약책임을 지며, 주식회사 성립 후 발기인이 회사정관의 규정에 따라 출

자금을 완납하지 않았을 경우 보충 납입하여야 하며, 기타 발기인은 연대책임을 진다. 주식회사 성립 후, 회사 설립시 출자한 현물의 실제 가액이 회사정관에 책정된 가격에 현저히 미달됨을 발견할 경우, 해당 재산을 출자한 발기인은 그 차액을 보충 납입하여야 하며, 기타 발기인은 연대책임을 진다.

gǔ dōng 股 东 고 동	사 원 주 주

중국법상 유한회사와 주식회사의 출자자를 구분하지 않고 모두 주주라고 부른다. 즉 한국법상 유한회사의 출자자를 사원이라고 하고, 주식회사의 출자자를 주주라고 하는 것과는 구별된다. 따라서 중국의 학술논문이나 법조항을 읽을 때 股东(gǔ dōng)이라는 용어를 보면 전부 주식회사의 주주로 이해할 것이 아니라 전체 문맥을 보아가면서 이해해야 한다.

gǔ dōngmíng cè 股东名册 고동명책	주주명부

股东名册(gǔ dōngmíng cè)는 유한회사와 주식회사가 중국회사법의 규정에 의하여 주주 및 출자액(주식)에 관한 사항을 기재하여 회사에 비치해두는 서류를 말한다. 유한회사의 股东名册(gǔ dōngmíng cè)에는 ① 주주의 성명 또는 명칭 · 주소, ② 주주의 출자액, ③ 출자증명서 번호를 기재해야 하며 주주는 股东名册(gǔ dōngmíng cè)에 근거하여 주주의 권리를 행사할 수 있다(公司法 제33조). 주식회사에 있어서 기명주권을 발행할 경우, 股东名册(gǔ dōngmíng cè)에 ① 주주의 성명 또는 명칭 ·

주소, ② 각 주주가 소지한 주식의 수, ③ 각 주주가 소지한 주권의 번호, ④ 각 주주가 그 주식을 취득한 일자를 기재해야 하고, 무기명주권을 발행할 경우 회사는 그 주권의 수, 번호와 발행 일자를 기재하여야 한다(公司法 제131조).

주식회사에 있어서 주식이 유통됨에 따라 주주가 항상 변동되므로 주주권을 행사할 자(의결권을 행사하거나 배당금을 받기 위하여)를 일정한 시점에서 특정할 필요가 있는데 이럴 경우에 적용되는 제도가 股东名册(gǔ dōngmíng cè)의 폐쇄이다. 중국회사법상의 규정을 보면 주식회사는 주주총회 소집 전 20일 내 또는 회사의 주식배당금 배당 결정 기준일 전 5일 내에 전항에 규정한 股东名册(gǔ dōngmíng cè)의 변경등기를 할 수 없다(公司法 제140조 제2항).

营业执照(yíng yè zhí zhào) 영업집조	사업자등록증 영업허가서

중국에서 영업을 하려면 등록관리기관에서 营业执照(yíng yè zhí zhào)를 발급받아야 한다. 회사인 경우 관할지역의 공상행정관리기관에 营业执照(yíng yè zhí zhào)를 신청해야 하며 营业执照(yíng yè zhí zhào)의 발급일자가 바로 회사의 성립일자이다. 회사의 营业执照(yíng yè zhí zhào)에는 반드시 회사의 명칭·주소·등록자본·실제납입자본·경영범위·법정대표의 성명 등 사항이 명시되어야 한다. 기재사항이 변경될 경우 회사는 반드시 법에 따라 변경등기를 하여야 하며, 공상행정관리기관으로부터 새로운 营业执照(yíng yè zhí zhào)를 발급받아야 한다(公司法 제7조). 회사가 소송을 할 때 합법적으로 설립된 법인이며 소송주체자격이 있음을 증명하는 서류로 营业执照(yíng yè zhí zhào)를 법원에 제출해

야 한다.

营业执照(yíng yè zhí zhào)는 정본과 부본을 발행하는데 동등한 법률효력이 있으며 정본은 회사주소지의 눈에 뜨이는 곳에 비치해야 한다(公司登记管理条例 제63조).

gōng sī míngchēng 公司名称 공사명칭	회사명칭

행정구역 · 상호 · 사업의 종류 · 조직형태의 순서로 구성되며 회사의 법정등기사항이다(企业名称登记管理规定 제6조). 여기서 행정구역은 회사등록기관의 행정관할 등급과 행정관할 범위를 말한다. 예컨대 국가공상행정관리총국에 등록할 경우, ‘중국’ · ‘중화’ · ‘국제’ 등 문자를 명기해야 하고, 성(省)공상행정관리국에 등록할 경우 ‘xx성’이라고 할 수 있으며 이렇게 유추하여 적용한다. 회사 명칭은 한자를 사용해야 한다. 민족자치지방의 회사 명칭은 동시에 본 민족자치지방에 통용되는 민족문자를 사용할 수 있다. 중국과 외국이 합작하여 투자 설립한 회사는 중문명칭을 사용할 수도 있고 동시에 외국문자 명칭을 사용할 수도 있다. 단 회사 명칭이 국가의 명칭이나 약칭과 같을 경우 음역은 할 수 있으나 의역은 할 수 없다. 公司名称(gōng sī míngchēng)의 조직형태는 ‘주식회사’인지 ‘유한회사’인지를 표기해주면 된다. 또한 자연인이 설립한 1인유한회사일 경우 회사명칭 뒤에 ‘자연인독자(自然人独资)’라는 문구를 표기해주어야 한다.

shāng hào 商 号 상 호	상 호

회사의 특유명칭이며 기타 회사와 구별되는 가장 뚜렷한 표징이다. 중국에서 商号(shāng hào)는 일반적으로 두 개 혹은 두 개 이상의 한자 혹은 소수민족 문자로 구성된다. 예컨대 '봉황(凤凰)', '홍탑산(红塔山)' 등이다. 이것은 회사명칭 중에서의 핵심적인 내용이며, 회사명칭 중에서 당사자가 유일하게 자주적으로 선택할 수 있는 부분이다.

商号(shāng hào)는 아래 내용과 문자를 포함해서는 아니 된다. 국가·사회의 공공이익에 손해를 초래하는 것, 공중을 기만하거나 오해를 초래하는 것, 외국 국가의 명칭·국가조직의 명칭·교회당의 명칭·당정기관의 명칭·군중조직의 명칭·부대번호(단 정부기관이 직접 설립한 내부 초대소·음식점·오락장소는 기관명칭을 사용할 수 있다)·한어병음자모(외국문자 명칭 중에 사용하는 것은 제외)와 숫자, 기타 법률·행정법규에 사용을 금지한 것 등을 포함해서는 아니 된다. 일부 내용과 문자는 명칭 중에 함부로 사용할 수 없으며 일정한 조건에 부합되어야 사용할 수 있다. 예컨대, 국무원이 설립을 비준한 회사 외의 기타 신설회사는 일률로 상호에 '중국'·'중화'·'전국'·'국제' 등 문자를 사용하여서는 아니 된다.

zì hào 字 号 자 호	상 호

일부 법률조항이나 교과서에서 상호와 같은 개념으로 쓰이

는 용어이다.

行业 (háng yè) 항 업	사업의 종류

회사가 종사하는 업무영역을 말한다. 예컨대, '방직', '컴퓨터' 등으로 구분하는 것이다. 중국의 회사 명칭에는 반드시 회사의 行业(háng yè)를 표기해야 하는데 이렇게 함으로써 공중으로 하여금 회사의 업무범위를 알 수 있게 하여 업무의 전개에 유리하며 나아가 몇 개 회사의 특유명칭이 같은 경우를 구분할 수 있다.

名称预先核准 (míngchēng yù xiān hé zhǔn) 명칭예선핵준	상호의 가등기

회사를 설립하기 전에 사용하고자 하는 회사 명칭을 미리 정하여 등록기관에 신청하여 명칭사용예비허가를 받는 것을 말한다. 중국법상 회사를 설립하려면 名称预先核准(míngchēng yù xiān hé zhǔn)을 신청해야 한다. 법률·행정법규에 회사설립을 하고자 할 경우 반드시 허가를 받아야 한다고 규정하거나 회사경영범위 중에 법률·행정법규의 규정에 따르면 반드시 허가를 받아야 할 항목에 대하여 당해 기관의 허가를 받기 전에 名称预先核准(míngchēng yù xiān hé zhǔn) 허가를 받고, 회사등록기관이 허가한 회사 명칭으로 당해 허가를 받아야 한다. 유한회사일 경우 전체 주주가 지정한 대표 혹은 공동으로 위임한 대리인이 회사등록기관에 名称预先核准(míngchēng yù xiān hé zhǔn)을 신청하고, 주식회사일 경우에는 전체 발기인이 지정한 대표 혹

은 공동으로 위임한 대리인이 회사등록기관에 名称预先核准 míngchēng yù xiān hé zhǔn 을 신청한다.

名称预先核准 míngchēng yù xiān hé zhǔn 의 보유기간은 6개월이며 이 기간 동안 경영활동을 하거나 명칭을 양도해서는 아니 된다(公司登记管理条例 제19조).

gōng sī zhù suǒ 公司住所 공사주소	회사주소 영업소

회사의 주소를 말하는데 公司住所 gōng sī zhù suǒ 의 확정에 있어서의 입법례를 보면 관리중심주의, 영업중심주의, 회사정관에 의한 확정주의 등 방법이 있다. 중국의 회사는 주요 업무기구 소재지를 그 주소로 한다(公司法 제10조). 주요 업무기구 소재지는 회사업무를 결정하고 처리하는 소재지이며 회사의 전부 조직을 관할하는 중추기구이다. 일반적으로 반대증명이 없는 경우에 회사의 '주요업무기구'와 '부차적 업무기구'의 구별은 회사등록기관에 등록한 주소를 기준으로 하게 된다. 즉 등록시에 명기한 주요업무기구를 표준으로 한다.

gōng sī xìng zhì biàn gēng 公司性质变更 공사성질변경	회사의 조직변경

회사가 그 법인격의 동일성을 유지하면서 다른 종류의 회사로 그 법률상의 조직을 변경하는 것을 말한다. 유한회사를 주식회사로 변경할 경우에 중국 회사법에 규정된 주식회사의 조건에 부합되어야 하고, 주식회사를 유한회사로 변경할 경우

에도 마찬가지이다. 유한회사가 주식회사로 변경되거나 주식회사가 유한회사로 변경되는 경우를 물론하고 회사 변경 전의 채권·채무는 변경 후의 회사가 승계한다(公司法 제9조).

zhāng chéng 章 程 장 정	정 관

회사를 설립하는 주주가 제정하고 회사·주주·회사경영관리자에 대하여 모두 구속력이 있는 회사 내부조직관계와 경영행위를 규율하는 자치규칙이다. 즉, 실질적으로는 '회사의 조직과 활동에 관하여 규정한 근본규칙'을 말하고, 형식적으로는 '이러한 근본규칙을 기재한 서면'을 말한다.

유한회사의 정관에 기재할 사항은 다음과 같다. ① 회사명칭과 주소, ② 회사경영범위, ③ 회사등록자본, ④ 주주의 성명과 명칭, ⑤ 주주의 출자방식·출자액과 출자시간, ⑥ 회사의 기관 및 선출방법·권한·의사규칙, ⑦ 회사법인대표, ⑧ 사원총회에서 필요하다고 인정하는 기타 사항이다(公司法 제25조). 그 중 ①~⑦항은 절대적 기재사항이고 제8항은 임의적 기재사항이라고 볼 수 있다. 유한회사를 설립할 경우, 주주는 공동으로 제정한 회사정관을 회사등록기관에 제출해야 한다. '공동제정'은 회사정관은 모든 발기인의 의지를 반영하며 전체 발기인의 공동의지를 표현한 것으로 이해해야 하며 모든 발기인이 전부 정관의 제정에 참여할 것을 요구하는 것이 아니다. 정관에 서명 혹은 날인하는 것만으로도 의사를 표명한 행위가 되며 회사정관의 제정에 참여하고 서명날인한 정관의 내용에 동의한 것이라고 간주해야 한다.

회사정관을 변경할 수 있는 권리는 회사권력기관에 전속된다. 유한회사의 정관의 변경은 사원총회의 권한범위에 속한다. 사원총회는 정기총회와 임시총회로 나누어지는데 양자 모두 법정절차에 따라 회사정관을 변경할 권리가 있다(公司法 제38조). 회사정관의 변경은 특별결의 사항으로서 회사정관의 변경은 3분의 2 이상의 의결권을 가진 주주의 동의로 통과된다(公司法 제44조). 이 외에 회사정관의 변경은 상응한 변경등록을 거쳐야만 제3자에 대한 대항력이 발생한다. 제3자에 대한 대항력은 대외적 효력이고, 정관변경의 대내적 효력으로부터 보면, 회사·주주·이사·감사·고급관리인원에 있어서 정관의 변경이 조건부거나 기한부인 경우를 제외하고는 정관의 변경은 사원총회 혹은 주주총회의 결의를 거친 후 즉시 효력을 발생한다.

주식회사의 경우 발기인이 회사정관을 작성해야 하며 회사의 발기인이 제정하고 발기인 전체의 동의를 거쳐 서명·날인해야 한다. 이 정관은 회사 설립 후의 주주 간의 관계 및 회사의 대외관계와 관련된다(公司法 제77조). 주식회사의 정관은 ① 회사의 명칭과 주소, ② 회사의 경영범위, ③ 회사의 설립방식, ④ 회사의 주식 총수·1주의 금액 및 등록자본금, ⑤ 발기인의 성명 또는 명칭·인수하는 주식의 수, 출자방식 및 출자기일, ⑥ 이사회의 구성·직권 및 의사규칙, ⑦ 회사의 법정대표자, ⑧ 감사회의 구성·직권 및 의사규칙, ⑨ 회사의 이윤배당 방법, ⑩ 회사의 해산사유 및 청산방법, ⑪ 회사의 통지·공고

방법, ⑫ 주주총회가 규정할 필요가 있다고 인정하는 기타 사항 등 12개 사항을 기재해야 하며 이 외에도 기타 일부 상대적 필요기재사항과 임의기재사항을 기재할 수 있다.

발기설립과 모집설립에 있어서 회사정관은 현저한 차이가 있다. 발기설립은 전체 발기인이 일치 협상하여 공동으로 작성하고 전체 발기인이 서명하면 된다. 모집설립절차에서의 회사정관은 발기인조합이 일치 협상한 기초상에 주식회사의 기본구조를 공동으로 작성한 것이며 회사성립 전의 정관이다. 따라서 모집설립차에서의 정관은 회사의 창립총회에서 의결권의 과반수로 통과되어야 전체 주주에 대하여 효력이 있다.

分公司 (fēn gōng sī) 분공사	지 사

한국의 지사에 해당되는 개념이다. 分公司(fēn gōng sī) 설립시 회사등록기관에 등록을 신청하고 영업집조를 받아야 한다. 分公司(fēn gōng sī)는 법인자격이 없으며 그 민사책임은 본회사가 부담한다.

分公司(fēn gōng sī)와 본회사의 관계는 자회사와 모회사의 관계와 유사한 점이 있지만 법률지위에서는 완전히 다르다. 전자는 독립적 법인지위 및 자격이 없으며 자기의 독립적인 상호를 가질 수 없다. 예컨대 본회사의 명칭 뒤에 '판사처(办公室)', '분행(分行)', '분공사(分公司)' 등의 명칭만 사용할 수 있다. 따라서 자기의 독립재산이 없으며 실제적으로 점유하고 사용하는 재산은 본회사의 재산이며 본회사의 재무제표에 기입되며 동시에 본회사는 이러한 전부재산을 分公司(fēn gōng sī)의 활동으로 발생한 채무에 대해 책임을 부담한다. 한 마디로 分公司(fēn gōng sī)의 업무·자금·인사관리는 전부 본회사의 통일적인 관할과 배치를 받는다. 分公司(fēn gōng sī)의 이러한 종속적인 지위로 인하여 分公司(fēn gōng sī)의 설립은 일반 회사의 설립처럼 복잡한 법률절차를 필요로 하지 않고 단지 간단한 등록절차를 밟으면 된다.

工商登记(gōngshāngdēng jì) 공상등기	상업등기

공상등록기관에 회사(기업)의 등록절차를 밟는 것을 말한다. 회사는 工商登记(gōngshāngdēng jì)를 해야만 법적으로 설립된 것이며 공상등기관에서 발급한 영업집조를 근거로 영업을 할 수 있다. 工商登记(gōngshāngdēng jì)를 하지 않으면 회사의 명의로 영업할 수 없으며 이를 위반할 경우에는「公司法」및 기타 관련 법률에 규정에 따른 상응한 법률책임을 지게 된다.

工商登记表(gōngshāngdēng jì biǎo) 공상등기표	상업등기부

공상행정기관에 회사의 등록내역을 비치한 등기표이다. 여기에는 회사의 영업집조에 포함된 내용 외에도 주주의 명칭·이사의 명칭·주요재산 등이 포함되기 때문에 회사의 상세한 내용을 알아볼 수 있다. 공상등기의 변경은 工商登记表(gōngshāngdēng jì biǎo)에 등기된 내용이 변경될 경우 공상행정관리기관에 변경신청을 하여 그 내용을 변경해야 한다. 그러지 아니하면 제3자에 대한 대항적 효력이 발생하지 않는다.

转投资 (zhuǎn tóu zī) 전투자	재투자

한 회사가 다른 회사에 자본을 투자하는 것을 말한다. 법률에 별도의 규정이 없는 한, 회사는 투자대상 기업의 채무에 대해 연대책임을 지는 출자자가 될 수 없다(公司法 제15조). 회사가 다른 회사에 재투자할 경우 회사정관에 따라 이사회, 사원총회 또는 주주총회의 결의를 거쳐야 한다. 회사정관에 투자총액에 관한 제한이나 개별 투자에 관한 제한규정이 있을 경우 해당 제한을 초과할 수 없다(公司法 제16조).

注册资本 (zhù cè zī běn) 주책자본	등록자본금

유한회사의 注册资本(zhù cè zī běn)은 회사등록기관에 등기한, 전체 주주가 인수한 출자금액이다. 회사의 전체주주가 최초로 출자하는 금액이 注册资本(zhù cè zī běn)의 20%에 미달하거나 법정 注册资本(zhù cè zī běn) 최저액에 미달해서는 아니 되고, 잔액은 주주가 회사설립일로부터 2년 이내에 납입하여야 하며 지주회사의 경우 5년 이내에 납입할 수 있다. 유한회사 注册资本(zhù cè zī běn)의 최저한도는 인민폐 3만 위안이다. 법률·행정법규에 의해 유한회사 등록자본금의 최저한도 규정이 별도로 있는 경우, 이에 따라야 한다(公司法 제26조).

주식회사의 注册资本(zhù cè zī běn)의 최저한도는 5백만 위안이다. 법률·행정법규가 주식회사의 注册资本(zhù cè zī běn)의 최저한도에 대하여 비교적 높은 규정이 있는 경우에는 별도의 규정에 따른다(公司法 제81조 제3항). 일부 단행법률·법규 중에는 특수 업종의 회사에 대하여 부동한 注册资本(zhù cè zī běn)을 규정하였다. 예컨대 '商业银行法'에는 "상업은행을 설립할 시 注册资本(zhù cè zī běn)의 최저한도는 10억 위안이다. 도시합작상업은행(城市合作商业银行)의 注册资本(zhù cè zī běn)의 최저한도는 1억 위안이다. 농촌합작상업은행(农村合作商业银行)의 注册资本(zhù cè zī běn)의 최저한도는 5000만 위안이다."고 규정하였다. 2005년에 개정된 '증권법'은 증권회사업무 내용이 다름에 따라 최저등록자본을 5000만 위안, 1억 위안, 5억 위안 등으로 구별하여 규정하였다.

投资总额(tóu zī zǒng é)
투자총액

중국법상 특유한 개념이라고 할 수 있는데 주로 외상투자기업에 적용되는 제도이다. 합자경영기업의 투자총액(차관을 포함)은 계약·정관에 규정한 생산규모에 따라 투입할 기본건설자금과 생산유동자금의 총합이다(中外合资经营企业法实施条例 제20조). 합자경영기업의 등록자본금은 등록관리기관에 등록한 자본총액이며 합영 각 측이 인수해야 할 출자총액의 합이다(中外合资经营企业法实施条例 제21조). 따라서 투자총액과 등록자본금은 관련성이 있으면서도 서로 다른 개념이다.

최초에, 외상투자기업의 투자총액과 등록자본금은 일치하였는데 후에 이 두 가지 개념을 구별하여 사용하였으며 기업의 투자총액과 등록자본금 사이의 비례관계에 대한 규정과 제한을 두었다. 중외합자경영기업의 투자총액이 300만 달러 이하(300만 달러 포함)인 경우 그 등록자본금은 적어도 투자총액의 7/10을 차지해야 하며, 투자총액이 300만 달러 이상 1000만 달러 이하(1000만 달러를 포함)일 경우 등록자본금은 적어도 투자총액의 1/2을 차지해야 하며, 그 중 투자총액이 420만 달러 이하인 경우 등록자본금은 210만 달러보다 적어서는 아니 된다. 투자총액이 1000만 달러 이상 3000만 달러 이하(3000만 달러 포함)일 경우 등록자본금은 적어도 투자총액의 2/5를 초과해서는 아니 되며 그 중 투자총액이 1250만 달러 이하일 경우 등록자본금은 500만 달러보다 적어서는 아니 된다. 투자총액이 3000만 달러 이상일 경우 등록자본금은 적어도 투자총액의 1/3을 차지해야 하며 그 중 투자총액이 3600만 달러 이하일 경우 등록자본금은 1200만 달러보다 적어서는 아니 된다(关于中外合资经营企业注册资本与投资总额比例的暂行规定 제3조).

huò bì chū zī 货币出资 화폐출자	금전출자

주주가 화폐(금전)로 회사의 자본금을 인수하거나 주식을 인수하는 것을 말한다. 货币出资(huò bì chū zī)는 법률관계가 가장 명확하고 당사자 간에 분쟁이 가장 적게 발생하는 출자형식이다. 당사자가 약정한 시간과 금액에 따라 회사의 설립계좌에 입금하면 출자의무를 이행하는 것으로 되기 때문이다. 货币出资(huò bì chū zī)는 가장 전형적이고 효율적인 출자형식이기 때문에 중국 「公司法」은 전체 주주가 화폐로 출자하는 금액은 유한책임회사 등록자본금의 30%에 미달해서는 아니 된다고 규정하여 현물출자 등 기타 출자형식이 과대평가되어 채권자의 이익에 손해를 초래하는 것

을 방지하는 제도적 장치를 마련하였다(公司法 제27조).

shí wù chū zī 实物出资 실물출자	현물출자

부동산·차량·설비·원자재제품 혹은 반제품 등 현물로 회사의 출자액을 인수하거나 주식을 인수하는 것을 말한다. 출자에 사용되는 현물은 재산가치가 있어야만 출자액과 자본액을 확정할 수 있다. 그 다음 출자하는 현물은 회사경영에 필요한 것일 수도 있고 회사의 경영과 무관한 것일 수도 있다. 왜냐하면 주주가 현물로 출자하는 것을 허가하는 것은 이러한 현물에 대하여 현금으로 바꾸어 그 재산 가치를 실현할 수 있기 때문이다. 현물로 출자할 경우 출자자는 반드시 당해 현물의 소유권을 회사에 양도해야 한다.

zhī shī chǎnquán chū zī 知识产权出资 지식산권출자	지재권에 의한 현물출자

지적재산권으로 회사의 출자액을 인수하거나 주식을 인수하는 것을 말한다. 知识产权出资(zhī shī chánquán chū zī)에는 공업재산권출자와 저작권출자가 포함된다. 공업재산권에는 협의와 광의의 두 가지 해석이 있다. 협의의 공업재산권은 상표권과 특허권을 말하고 광의의 공업재산권의 범위는 비교적 넓은바 '공업재산권 보호를 위한 파리협약' 제1조의 규정에 의하면 공업재산권의 보호대상에는 적어도 특허권·실용신안·의장·상표·서비스표기·사업자명칭·화물원천표기·원산지 명칭 등이 포함된다. 일반적으

로 말하는 공업재산권은 상표권과 특허권 출자이다.

공업재산권의 출자에 대하여 일반적으로 공업재산권의 조건에 부합되면 주주의 출자로 볼 수 있다. 하지만 특수한 상황에서 법률은 이에 대하여 특별한 요구 혹은 제한이 있다. 예를 들어 외상투자유한회사에 대하여 외국투자자가 출자한 공업재산권 혹은 전문기술은 ① 현유의 제품의 성능·품질을 현저히 개선하고 생산효율성을 높일 수 있는 것, ② 원자재·연료·동력을 현저히 절약할 수 있는 것이어야 한다(合资经营企业法实施细则 제25조).

tǔ dì shǐ yòng quán chū zī 土地使用权出资 토지사용권출자

토지사용권으로 회사의 출자액을 인수하거나 주식을 인수하는 것을 말한다. 토지는 불가재생적인 재산으로서 여러 가지 재산 중에서 가장 중요한 재산이라고 할 수 있다. 사회주의 국가인 중국은 토지의 공유제도를 실시하기 때문에 토지의 소유권에 관해서는 처분권이 없지만 토지의 효율적인 이용을 위하여 설정한 토지사용권·토지도급권 등에 대해서는 권리주체가 법에 정한 절차에 따라 양도 또는 처분할 수 있다. 특히 토지개발 혹은 부동산 경영에 종사하는 회사에 있어서 토지는 불가결 혹은 불가대체적인 경영조건이다.

중국의 국유기업의 재산 중에서 가장 가치가 있는 재산이 바로 토지이다. 20세기 80년대부터 외국자본을 유치하기 위하여 설립한 중외합작기업 중에서 토지사용권은 중국 투자자가 출자의 형식으로 사용한 가장 일반적인 투자형식이었다. 중외합작기업에 있어서 중국측이 토지사용권을 합작조건으로 투자하고 외국측이 자금투입을 합작조건으로 투자하는 것은 중외합작 기업의 중요한 법률 특징으로 되었다. 즉 외국투자자와 중국측의 합자 혹은 합작은 현저한 자원 상호보완의 성격을 띠고 있으며 외국투자자가 주목하는 것은 바로 중국측이 공개시장보다 뛰어난 토지조건 혹은 개발가치가 있는 토지를 제공하는 것이다. 하지만, 중국의 토지공유제의 성격상 기타 국가의 토지출자와 다른 특징이 있으며 주로 아래와 같다.

(1) 토지의 출자는 사용권의 출자이지 소유권의 출자가 아니다. 중국에서 토지는 일종 특수한 재산으로서 그 소유권은 국가소유와 집체소유로 나누어지며 국가와 집체만이 토지소유권의 주체가 된다. 따라서 어떠한 회사든지 물론하고 토지에 대한 점유는 소유자로서의 점유가 아니라 사용권자로서의 점유이며 회사가 토지에 대하여 지닌 권리는 사용권이지 소유권이 아니다. 회사가 토지로 출자할 때 출자한 목적물은 토지사용권이지 토지소유권이 아니다. 사용권이기 때문에 출자한 토지는 영구적인 것이 아니며 사용기간이 정해져 있는 것이다.

(2) 토지사용권 출자는 국유토지의 사용권이지 집체소유의 사용권이어서는 아니 된다. 토지사용권의 출자는 실제상에서 사용권이 출자자로부터 회사로의 양도이며 현행 법률에 의해 재산권으로 양도할 수 있는 것은 오직 국유토지사용권일 수밖에 없다. 따라서 집체가 집체소유의 토지로 대외적으로 투자를 하려면 국가가 집체토지를 징수하는 방법으로 집체토지를 국유

토지로 변경한 후 국가에서 출양(出让)의 방법으로 국유토지사용권을 취득하여야만 유효한 투자를 할 수 있다.

(3) 출자대상인 토지사용권은 출양토지의 사용권이지 획발(划拨)토지의 사용권이어서는 아니 된다. 중국에서 국유토지의 사용권을 획발토지사용권과 출양토지사용권으로 나누는데 전자는 각종 사회조직이 특정된 사회기능에 기하여 국가로부터 무상으로 취득하는 것이고 후자는 국가에 토지출양금을 납부하는 형식을 통하여 유상으로 취득하는 것이다. 토지사용권으로 출자하는 것은 토지사용자의 이윤을 추구하는 투자행위이기 때문에 유상으로 취득한 출양토지사용권만 출자의 목적으로 사용할 수 있다. 획발토지사용권은 원래의 사용권자가 사용하며 대외적으로 투자를 할 수는 없다.

(4) 토지사용권 출자는 권리부담을 설정하지 않은 토지사용권이어야 한다. 사용자의 경영행위로 인해 토지사용권은 흔히 저당권설정 등 권리부담이 있을 수 있다. 이러한 토지사용권은 권리의 행사와 처리 면에서 법률과 저당권자 등 기타 권리인의 제한을 받기 때문에 기타 권리인의 청구권에 의해 재산가치가 낮게 평가될 수도 있고 심지어 투자가치를 완전히 상실할 수도 있다. 이러한 권리하자가 있는 토지사용권이 출자에 사용된다면, 투자자 혹은 주주의 출자가 부실하게 되며 회사법에 규정한 자본확정의 원칙에 어긋나며 내부적으로 기타 투자자 및 회사의 이익을 해치며 대외적으로 회사채권자의 이익을 해친다. 따라서 출자한 토지사용권은 이러한 권리부담이 있어서는 아니 되며 출자자는 토지상의 부담을 제거할 의무가 있다.

其他出资方式 (qí tā chū zī fāng shì)
기타출자방식

중국회사법에 명시적으로 열거된 4개 종류의 전형적인 출자형식, 즉 화폐출자·실물출자·지식산권출자·토지사용권출자 외의 출자방식을 말한다. 其他出资方式(qí tā chū zī fāng shì)는 화폐로 계산이 가능하고 합법적으로 양도 가능한 비화폐재산이어야 한다. 즉 화폐로 계산이 가능하고, 양도가 가능한 자산이면 출자요건에 부합되기 때문에 합법적인 출자형식으로 인정될 수 있다는 것이다. 실무상 기타 출자형식 중에서 비교적 일반적인 것으로는 주주권리·채권·비특허기술과 기업의 전체재산출자 등이 있다.

非货币出资 (fēi huò bì chū zī)
비화폐출자

출자방식 중 화폐출자가 아닌 기타 출자방식을 비화폐출자라고 부른다. 유한회사를 설립한 후, 출자목적인 非货币出资(fēi huò bì chū zī)의 실제 가액이 회사정관에 규정된 가액보다 현저히 적은 것을 발견한 경우, 그 출자주주는 차액을 추가 납입해야 하며, 회사설립시의 기타 주주는 이에 대하여 연대책임을 진다(公司法 제31조). 주식회사 설립 후, 회사설립시 출자된 非货币出资(fēi huò bì chū zī)의 실제가액이 회사정관에 책정된 가격에 현저하게 미달된 것을 발견한 경우, 해당 재산을 출자한 발기인은 그 차액을 보충하여 납입하여야 하며, 기타 발기인은 연대책임을 진다(公司法 제94조).

반면에 한국의 경우 출자의 형식으로는 금전출자(화폐출자)와 현물출자를 규정하고 있는데 금전출자를 원칙으로 한다. 또한 현물출자에는 대차대조표의 자산에 기재할 수 있는 것이면 무엇이든지 가능하다고 본다. 예컨대 동산·부동산·유가증권·무형재산권·영업의 전부 또는 일부·영업상의 비밀·컴퓨터의 소프트웨어 등 재산적 가치가 있는 것이면 무엇이든지 현물출자의 목적물이 될 수 있다는 것이다. 따라서 한국의 상법상 출자의 형식이 중국의 규정보다 포괄적임을 알 수 있다.

yàn zī zhèngmíng
验资证明
험자증명

법정기관이 법에 따라 회사의 주주의 출자상황에 대하여 심사하고 상응한 증명을 하는 행위이다. 유한회사의 주주는 출자한 후 반드시 합법적으로 설립한 출자험자(验资)기관의 验资证明(yàn zī zhèngmíng)을 거쳐 증명을 제출해야 한다(公司法 제29조). 주식회사가 발행한 주식의 주금이 전부 납입된 후 반드시 합법적으로 설립한 출자험자기관의 验资证明(yàn zī zhèngmíng)를 거쳐 증명을 제출해야 한다(公司法 제90조).

법정验资证明(yàn zī zhèngmíng)기관은 일반적으로 조건에 부합되는 공인회계사들로 구성되며 중국 「工业企业财务制度」의 규정에 근거하면 기업이 자본을 모집하려면 반드시 중국공인회계사를 초빙하여 출자험자를 받고 출자험자보고를 제출해야 하고 기업은 이를 기초로 투자자에게 출자증명서를 발급해야 한다.

자산평가·험자 또는 험증 책임을 진 기관이 허위 자료를 제공하였을 경우, 회사등기기관은 위법소득을 몰수하고 위법소득의 1배 이상 5배 이하의 벌금을 과하며, 해당 주관부서가 법에 따라 당해 기관에 업무중지를 명하고 직접책임자의 자격 증서를 몰수하며 영업 허가서를 말소할 수 있다. 자산평가 · 험자 또는 험증 책임을 진 기관이 과실로 인하여 중대한 오류가 있는 보고서를 제공한 경우, 회사등기기관은 시정을 명하며 상황이 엄중한 경우에는 위법소득을 몰수하고 위법소득의 1배 이상 5배 이하의 벌금을 과하며, 해당 주관부서가 법에 따라 당해 기관의 업무중지를 명하고 직접책임자의 자격 증서를 몰수하며 영업 허가서를 말소할 수 있다. 자산평가 · 험자 또는 험증 책임을 진 기관이 제공한 가치평가 · 출자검증 또는 검증증명이 사실과 부합되지 않아 채권자에게 손실을 초래한 경우, 자신의 무과실을 증명할 수 있는 경우를 제외하고는 그 평가 또는 증명이 부합되지 않은 금액 범위 내에서 배상책임을 진다(公司法 제208조).

chū zī bù shí 出资不实 출자부실	출자부실

비화폐재산의 실제 가액이 회사정관에 규정된 가액보다 현저히 적은 경우를 출자부실이라고 한다.

zhī qíng quán 知情权 지정권	회사장부 등 열람 · 복사 청구권

회사정관, 주주총회(사원총회) 회의록, 이사회 결의, 감사회 결의 및 재무회계보고를 열람 · 복사할 수 있는 주주의 권리를 말한다.

주주는 회사의 회계장부 열람을 청구할 수 있다. 주주가 회사의 회계장부 열람을 청구할 경우, 서면으로 청구하고 그 목적을 설명하여야 한다. 회사는 주주의 회계장부 열람 목적이 정당하지 않다고 판단할 만한 합리적인 근거가 있는 경우 열람 청구를 거절할 수 있으며 주주가 서면으로 청구한 날부터 15일 내에 당해 주주에게 서면으로 거절 이유를 설명해야 한다. 회사가 주주의 열람청구를 거절할 경우 주주는 법원에 열람의 제공을 청구하는 소를 제기할 수 있다(公司法 제34조).

gǔ dōng tí yì quán 股东提议权 고동제의권	주주의 총회소집권

주주가 사원총회나 주주총회의 소집을 제의하는 것을 말한다. 사원총회의 정기회의는 회사정관의 규정에 따라 정기적으로 소집해야 한다. 10분의 1 이상의 표결권을 대표하는 주주는 임시회의의 소집을 제의할 수 있다(公司法 제40조).

주주총회는 매년 1차례 정기적으로 소집해야 한다. 단독 혹은 합산하여 주식회사의 10% 이상의 주식을 소지한 주주의 청구가 있을 경우에는 임시총회를 소집해야 한다(公司法 제101조).

gǔ dōng tí àn quán 股东提案权 고동제안권	주주제안권 의안제안권

일정한 요건을 갖춘 소수주주가 일정한 사항을 주주총회의 목적사항으로 할 것을 제안할 수 있는 권리를 말한다. 소수주주권을 보호하기 위하여 단독 또는 합산하여 회사의 3% 이상

의 주식을 소지한 주주는 주주총회 소집 10일 전에 임시제안을 서면으로 이사회에 제출할 수 있으며, 이사회는 제안을 수령한 후 2일 내에 기타 주주에게 통지하고 해당 임시제안을 주주총회에 제출하여 심사를 받도록 한다. 임시제안의 내용은 주주총회의 권한범위에 속하여야 하며 명확한 의제와 구체적인 결의사항이 있어야 한다(公司法 제103조).

lěi jī tóu piào zhì 累积投票制 누적투표제	집중투표제

회사의 주주총회가 이사 또는 감사를 선출할 때 의결권이 있는 매 주식은 선출할 이사 또는 감사의 수와 동등한 의결권을 가지고 주주는 소지하고 있는 의결권을 집중하여 사용할 수 있는 것을 말한다. 주주의 의결권 중 중소주주의 이익을 보호하기 위하여 주식회사에 누적투표제(집중투표제라고도 함)를 도입하였으며 이는 전통적인 투표규칙을 개변한 것이다. 주주총회에서 이사·감사를 선출할 경우 회사정관의 규정 또는 주주총회의 결의에 의하여 누적투표제를 실행할 수 있다(公司法 제106조).

fēn qǔ hóng lì · gǔ lì fēn pèi 分取红利 · 股利分配 분취홍리 · 고리분배	이익배당

分取红利(fēn qǔ hóng lì)는 유한회사의 주주가 출자비례에 근거하여 이윤을 분배받는 것을 말하고 股利分配(gǔ lì fēn pèi)는 주식회사의 주주가 소지한 주식에 근거하여 이윤을 분배받는 것을 말한다. 단, 주식회

사 정관에 주식비율에 따라 배정하지 않도록 규정한 경우는 예외로 한다. 회사는 당해 연도의 세후 이윤을 배당할 때 법정준비금을 인출한 후 나머지 이윤을 주주에게 분배하게 된다. 사원총회, 주주총회 또는 이사회가 전항의 규정을 위반하여, 회사의 결손을 보전하고 법정준비금을 인출하기 전에 주주에게 이윤을 배당한 경우, 주주는 규정을 위반하여 배당받은 이윤을 반드시 회사에 반환하여야 한다(公司法 제167조).

股票股利分配 (gù piào gǔ lì fēn pèi) 고표고리분배	주식배당

회사가 이익배당을 현금이 아니고 신규 발행하는 주식으로써 하는 것을 말한다. 중국회사법상 이윤 분배방식에는 股票股利分配(gǔ piào gǔ lì fēn pèi)에 관한 직접적인 규정은 없지만 상장회사에서 실무상 사용되고 있다.

优先认股权 (yōu xiān rèn gǔ quán) 우선인고권	신주인수권

주주가 기존의 출자비례에 따라 우선적으로 신주의 배정을 받을 수 있는 권리를 말한다. 유한회사의 주주는 회사가 증자하는 경우 출자비율에 따라 우선적으로 출자를 인수할 수 있다. 단, 전체 주주의 약정에 의하여 출자비율에 따라 이익금을 배정하지 않거나 출자비율에 따라 우선적으로 출자하지 않도록 정한 경우는 예외로 한다(公司法 제35조).

주식회사의 주주의 优先认股权(yōu xiān rèn gǔ quán)에 대하여 「公司法」에는

명확한 규정이 없고 회사가 신주를 발행할 경우 주주총회에서 기존 주주에게 발행할 신주의 종류와 수량을 결의해야 한다고 규정하였다(公司法 제134조). 이러한 규정은 한국 상법상 주식회사의 주주가 법률의 규정에 따라 당연히 신주인수권을 가지는 것과 구별된다.

股东会 (gǔ dōng huì) 고동회	사원총회

한국의 사원총회에 해당되는 개념이다. 유한회사의 股东会(gǔ dōng huì)는 전체 주주들로 구성되며 회사의 권력기관으로서 「公司法」의 규정에 따라 권한을 행사한다(公司法 제37조).

유한회사에 이사회가 설치된 경우, 股东会(gǔ dōng huì)는 이사회가 소집하고 이사장이 주최한다. 이사장이 직무를 수행할 수 없거나 수행하지 않는 경우에는 부이사장이 주최한다. 부이사장이 직무를 수행할 수 없거나 수행하지 않는 경우에는 과반수의 이사가 공동으로 선정한 한 명의 이사가 주최한다. 유한회사에 이사회가 설치되지 않은 경우, 股东会(gǔ dōng huì) 회의는 집행이사가 소집·주최한다. 이사회 또는 집행이사가 소집 권한을 수행할 수 없거나 수행하지 않는 경우, 감사회 또는 감사회가 설립되지 않은 회사의 감사가 회의를 소집 주최한다. 감사회 또는 감사가 회의를 소집 및 주최하지 않을 경우, 10분의 1 이상의 의결권을 가진 주주는 스스로 회의를 소집하여 주최할 수 있다(公司法 제41조). 股东会(gǔ dōng huì) 회의를 소집할 때는 회의를 소집하기 15일 전에 전체 주주에게 통지하여야 한다. 단, 회사정관에 별도의 규정이 있거나 전체 주주의 별도 약정이 있을 경우는 예외로 한다(公司法 제42조).

股东会(gǔ dōng huì)의 권한은 아래와 같다. ① 회사의 경영방침과 투자계획을 결정한다. ② 직원대표가 아닌 이사·감사를 선임 및 해임하며, 이사·감사의 보수를 결정한다. ③ 이사회의 보고를 심사하고 비준한다. ④ 감사회 또는 감사의 보고를 심사하고 비준한다. ⑤ 회사의 연도재무예산방안·결산방안을 심사하고 비준한다. ⑥ 회사의 이윤분배방안과 결손보완방안을 심사하고 비준한다. ⑦ 회사의 등록자본금의 증가 또는 감소에 관한 결의를 한다. ⑧ 회사의 사채(债券)의 발행에 대해 결의한다. ⑨ 회사의 합병·분할·회사조직의 변경·해산과 청산 등 사항에 대해 결의한다. ⑩ 회사의 정관을 개정한다. ⑪ 회사의 정관에서 규정한 기타 권한을 행사한다(公司法 제38조).

股东大会(gǔ dōng dà huì) 고동대회	주주총회

한국의 주주총회에 해당된다. 주식회사 股东大会(gǔ dōng dà huì)는 전체 주주로 구성되며 회사의 권력기관으로서 「公司法」에 따라 권한을 행사하며 그 권한은 股东会(gǔ dōng huì)의 그것과 같다(公司法 제99조). 股东大会(gǔ dōng dà huì)는 이사회가 소집하고 이사장이 주최한다. 이사장이 권한을 수행할 수 없거나 수행하지 않을 경우 부이사장이 주최한다. 부이사장이 직무를 수행할 수 없거나 수행하지 않을 경우 과반수의 이사가 공동으로 선출한 한 명의 이사가 주최한다.

이사회가 股东大会(gǔ dōng dà huì)를 소집하는 권한을 수행할 수 없거나 수행하지 않을 경우, 감사회가 적시에 소집 주최하여야 한다. 감사회가 소집 주최하지 않을 경우, 연속 90일 이상 단독 또는 합계로 회사의 100분의 10 이상의 주식을 보유한 주주는 스스로 회의를 소집 및 주최할 수 있다(公司法 제102조).

股东大会(gǔ dōng dà huì)를 소집할 때에는 회의 소집 장소, 시간 및 심의사항을 회의소집 20일 전에 각 주주들에게 통지하여야 한다. 임시股东大会(gǔ dōng dà huì)는 회의소집 15일 전에 각 주주들에게 통지되어야 한다. 무기명 주권을 발행하는 경우, 회의소집 30일 전에 회의 장소, 시간 및 심의사항을 공고하여야 한다. 단독 또는 합계로 회사의 100분의 3 이상의 주식을 보유한 주주는 股东大会(gǔ dōng dà huì) 소집 10일 전에 임시제안을 제출하여 서면으로 이사회에 교부할 수 있다. 이사회는 제안 수령 후 2일 이내에 기타 주주에게 통지하고, 해당 임시제안을 股东大会(gǔ dōng dà huì)에 제출하여 심의토록 한다. 임시제안의 내용은 股东大会(gǔ dōng dà huì)의 권한 범위에 포함되어야 하며, 명확한 의제와 구체적인 결의사항이어야 한다. 股东大会(gǔ dōng dà huì)는 상술한 통지에 명시하지 않은 사항에 대해서는 결의할 수 없다. 무기명주권 소지자가 股东大会(gǔ dōng dà huì)에 출석할 때는 회의를 소집하기 5일 전부터 股东大会(gǔ dōng dà huì)가 폐회될 때까지 주권을 회사에 공탁하여야 한다(公司法 제103조).

定期会议(dìng qī huì yì) 정기회의 | 정기총회

법의 규정 혹은 정관의 규정에 따라 정기적으로 소집되는 사원총회 또는 주주총회를 말한다. 중국의 유한회사 定期会议(dìng qī huì yì)

는 회사 정관의 규정에 따라 제때에 소집되어야 하고(公司法 제40조) 주식회사 정기총회는 매년 1차례 회의를 소집해야 한다(公司法 제101조).

lín shí huì yì 临时会议 임시회의	임시총회

법적인 사유가 발생하거나 정관에 규정된 사유가 발생한 경우에 임시적으로 소집되는 사원총회 또는 주주총회를 말한다. 유한회사 10분의 1 이상의 의결권을 대표하는 주주, 3분의 1 이상의 이사, 감사회 또는 감사회가 설치되지 않은 회사의 감사는 临时会议 lín shí huì yì의 소집을 제의할 수 있으며 이런 경우에는 临时会议 lín shí huì yì를 소집해야 한다(公司法 제40조).

주식회사는 다음 각호의 하나에 해당하는 상황이 발생한 경우에는 2개월 내에 临时会议 lín shí huì yì를 소집하여야 한다. ① 이사의 수가 본 법이 규정한 인원수보다 적거나 회사정관이 규정한 인원수의 3분의 2가 안 될 경우, ② 회사가 보전하지 못한 결손액이 실제 수령한 주식자본총액의 3분의 1에 달할 경우, ③ 단독 또는 합계로 회사주식을 10% 이상 소지하고 있는 주주가 소집을 청구할 경우, ④ 이사회가 필요하다고 인정할 경우, ⑤ 감사회가 소집할 것을 제의할 경우, ⑥ 회사정관에서 규정한 기타 상황이 발생한 경우(公司法 제101조).

한국법상 임시총회는 필요 있는 경우에 이사회가 수시로 소집할 수 있도록 규정되어 있는 것과 비교하여 보면 중국 '公司法'상 임시총회의 소집에 관한 규정은 보다 구체적이라고 할 수 있다.

biǎo jué quán 表决权 표결권	의결권

주주가 사원총회 또는 주주총회에 출석하여 결의에 참가하는 권리를 말한다. 주주가 의결권을 행사하는 원칙에는 주주권 평등원칙, 다수결원칙이 일반적이나 회사법에 별도의 규정을 두거나 주주의 의결권을 제한하는 경우도 있다.

유한회사의 주주는 출자비율에 따라 表决权(biǎo jué quán)을 행사한다. 단, 회사정관에 별도의 규정이 있는 경우는 예외로 한다(公司法 제43조). 주식회사의 주주는 1주에 1개의 表决权(biǎo jué quán)을 갖는다. 단, 회사가 보유한 자기주식은 表决权(biǎo jué quán)이 없다(公司法 제104조). 회사의 주주총회에서 이사·감사를 선출할 경우 회사정관의 규정 또는 주주총회의 결의에 의하여 누적투표제를 실행할 수 있다(公司法 제106조).

회사가 주주 또는 실제지배자에게 담보를 제공할 경우 반드시 사원총회 또는 주주총회의 결의를 거쳐야 하며 이 경우 해당 주주 또는 실제지배자의 지배를 받는 주주는 이러한 사항의 의결에 참가할 수 없다(公司法 제16조).

dǒng shì huì 董事会 동사회	이사회

이사 전원으로 구성된 회사의 상설기관이며 법의 규정 또는 정관의 규정에 따라 회사를 관리하는 권한을 행사한다. 유

한회사의 董事会(dǒng shì huì)는 이사 3명 내지 13명으로 구성된다. 두 개 이상의 국유기업 또는 두 개 이상의 국유투자 주체가 투자하여 설립한 유한회사의 董事会(dǒng shì huì) 구성원 중에는 반드시 회사의 직원대표가 있어야 한다. 기타 유한회사 董事会(dǒng shì hui) 구성원 중에도 직원대표를 둘 수 있다. 직원대표는 직원대표회의, 직원회의 또는 기타 형식을 통해 회사직원들의 민주선거로 선출되어야 한다(公司法 제45조). 주식회사의 董事会(dǒng shì huì)는 이사 5명 내지 19명으로 구성되며 구성원 중에는 회사의 직원대표를 둘 수 있다. 직원대표는 직원대표회의, 직원회의 또는 기타 형식을 통해 회사직원에 의해 민주적으로 선출되어야 한다(公司法 재109조).

董事会(dǒng shì hui)는 다음과 같은 권한을 행사한다. ① 사원총회(주주총회)의 소집을 책임지고 사원총회(주주총회)에 사업보고를 한다. ② 사원총회(주주총회)의 결의를 집행한다. ③ 회사의 경영계획과 투자방법을 결정한다. ④ 회사의 연도재무예산방법과 결산방법을 제정한다. ⑤ 회사의 이윤분배방법과 결손보완방법을 제정한다. ⑥ 회사의 등록자본금 증가 또는 감소 및 사채의 발행에 관한 방법을 제정한다. ⑦ 회사의 합병·분립·회사형식의 변경·해산방법을 제정한다. ⑧ 회사 내부의 관리기구의 설치를 결정한다. ⑨ 회사의 경리(총경리)에 대한 임면 및 보수를 결정하고 경리의 추천으로 회사의 부경리, 재무책임자를 임면하고 보수를 결정한다. ⑩ 회사의 기본관리제도를 제정한다. ⑪ 회사정관이 규정한 기타 권한 등이 있다(公司法 제47조).

董事 dǒng shì 동사 | 이 사

한국의 이사에 해당되며 업무집행기관인 이사회의 구성원을 말한다. 董事(dǒng shì)는 사원총회(주주총회)에서 선임·해임되며 임기는 회사정관에 규정할 수 있으나 3년을 초과해서는 아니 된다(公司法 제46조).

董事(dǒng shì)는 일반적으로 자연인이면 가능하지만 중국 회사법상 그 결격사유로 다음의 하나에 해당될 경우에는 董事(dǒng shì)로 될 수 없다. ① 민사행위무능력자 또는 민사행위제한능력자(限制民事行为能力人), ② 횡령·뇌물·불법점유·재산전용 또는 사회주의 시장경제질서를 파괴하는 범죄에 해당하고 복형 후 5년 미만인 자 또는 정치권을 박탈당한 범죄에 해당하고 복형 후 5년 미만인 자, ③ 파산회사·기업의 董事(dǒng shì) 또는 공장장·경리를 임하였고 해당 회사·기업의 파산에 개인책임이 있는 자, 해당 회사·기업의 파산청산이 종료일로부터 3년 미만인 자, ④ 위법행위로 인하여 영업집조가 말소되고 폐업한 회사·기업의 법정대표인이었고, 개인책임이 있는 자는 해당 회사·기업의 영업집조 말소일로부터 3년 미만인 경우, ⑤ 개인이 부담한 비교적 큰 채무를 변제만기일에 변제하지 못한 자. 회사가 전항의 규정을 위반하여 董事(dǒng shì)를 선임한 경우 해당 선임은 무효이며, 董事(dǒng shì)의 임기 중에 상술한 요건에 해당하는 사항이 발생한 경우 회사는 董事(dǒng shì)의 자격을 해임해야 한다(公司法 제147조).

董事长(dǒng shì zhǎng) 동사장 — 대표이사

한국법상의 대표이사에 해당되며 대외적으로 회사를 대표하는 이사를 말한다. 유한회사의 이사회는 董事长(dǒng shì zhǎng) 1명을 두고, 부董事长(dǒng shì zhǎng)을 둘 수 있으며 선출방법은 회사정관으로 정한다(公司法 제45조). 주식회사의 이사회는 董事长(dǒng shì zhǎng) 1명을 두고, 부董事长(dǒng shì zhǎng)을 둘 수 있으며 이사회 전체 이사의 과반수로 선출한다. 董事长(dǒng shì zhǎng)은 이사회 회의를 소집, 주최하고 이사회 결의의 시행상황을 검사한다. 부董事长(dǒng shì zhǎng)은 董事长(dǒng shì zhǎng)의 업무를 협조하고, 董事长(dǒng shì zhǎng)이 권한을 수행할 수 없거나 수행하지 않을 경우 그 권한을 수행한다. 부董事长(dǒng shì zhǎng)이 권한을 수행할 수 없거나 수행하지 않을 경우, 과반수의 이사가 공동으로 선출한 한 명의 이사가 권한을 수행한다(公司法 제110조).

执行董事(zhí xíng dǒng shì) 집행동사

유한회사 중 주주의 수가 비교적 적고 규모가 작은 유한회사는 执行董事(zhí xíng dǒng shì) 1명을 두고 이사회를 설치하지 않을 수 있으며 그 권한은 회사정관의 규정에 따른다(公司法 제51조). 즉 유한회사에 있어서 이사회는 상설기관이지만 규모가 비교적 작은 유한회사는 이사회라는 기관을 설치하지 않고 执行董事(zhí xíng dǒng shì) 1인을 설치하여 이사회의 기능을 수행하도록 하는 제도이다. 따라서 执行董事(zhí xíng dǒng shì)는 이사회의 기능과 이사장의 기능을 동시에 수행하게 된다.

jiān shì huì 监事会 감사회	監査위원회

법에 의해 구성되며 이사와 경리의 경영관리행위 및 회사의 재무에 대해 감독하는 상설기관이다. 监事会(jiān shì huì)는 전체 주주를 대표하여 회사의 경영관리에 대해 감독권을 행사하는 회사의 감독기관이며 사원총회(주주총회) 산하에 설치된 이사회와 평등한 법적 지위를 지니는 감독기관이다.

유한회사가 监事会(jiān shì huì)를 설치하는 경우 그 구성원은 3명 이상이어야 한다. 주주의 수가 비교적 적고 규모가 비교적 작은 유한회사는 1~2명의 감사만을 두고 监事会(jiān shì huì)를 설치하지 않을 수 있다. 监事会(jiān shì huì)는 주주대표와 적당한 비율의 회사직원대표가 반드시 포함되어야 하고, 그 중 직원대표의 비율은 전체 감사의 수의 3분의 1보다 적어서는 아니 되며, 구체적 비율은 회사정관으로 정한다. 직원대표는 직원대표회의, 직원회의 또는 기타 형식을 통해 직원들의 민주선거에 의하여 선출되어야 한다. 监事会(jiān shì huì)는 주석 1인을 두며, 주석은 전체 감사의 과반수로 선출되며 감사회 회의를 소집·주최한다. 주석이 권한을 수행할 수 없거나 수행하지 않을 경우 과반수의 감사가 공동으로 선출한 한 명의 감사가 监事会(jiān shì huì) 회의를 소집·주최한다(公司法 제52조).

주식회사는 监事会(jiān shì huì)를 설치해야 하며 그 구성원은 3명 이상이어야 한다. 주식회사의 监事会(jiān shì huì)는 주주대표와 적당한 비율의 회사직원대표가 포함되어야 하고, 그중 직원대표의 비율은 전체 감사의 수의 3분의 1보다 적어서는 아니 되며, 구체적

비율은 회사정관으로 규정한다. 직원대표는 직원대표회의, 직원회의 또는 기타 형식을 통해 직원들의 민주선거에 의하여 선출되어야 한다. 주식회사 监事会(jiān shì huì)는 주석 1명을 두며 부주석을 둘 수 있다. 监事会(jiān shì huì) 주석과 부주석은 전체 감사의 과반수로 선출되며, 주석이 감사회 회의를 소집·주최한다. 감사회 주석이 권한을 수행할 수 없거나 수행하지 않을 경우 부주석이 감사회 회의를 소집 주최한다. 부주석이 권한을 수행할 수 없거나 수행하지 않을 경우, 과반수의 감사가 공동으로 선출한 한 명의 감사가 감사회 회의를 소집·주최한다(公司法 제118조).

유한회사의 监事会(jiān shì huì)는 매년마다 적어도 1차례 소집되어야 하며 주식회사의 监事会(jiān shì huì)는 적어도 6개월에 1차례 소집되어야 한다. 의사방식과 의결절차는 「公司法」에 규정이 있는 경우를 제외하고는 회사정관에 따른다. 监事会(jiān shì huì) 결의는 과반수 감사의 의결로 통과되며 의사결정에 대해서는 회의록을 작성하여 회의에 출석한 감사들이 서명해야 한다(公司法 제56조, 제120조).

监事会(jiān shì huì)의 권한으로는 아래와 같은 것이 있다. ① 회사의 재무를 검사(檢査)한다. ② 이사·고급관리인원이 회사의 권한을 집행하는 행위에 대해 감독하고 법률·법규를 위반하거나 회사정관 또는 사원총회의 결의를 위반하는 이사·고급관리인원에 대해 파면건의를 제출한다. ③ 이사와 고급관리인원의 행위가 회사의 이익에 손해를 초래한 경우 이사와 고급관리인원에 시정할 것을 요구한다. ④ 임시사원총회 회의의 소집을 제안하고 이사회가 본법의 규정에 의한 사원총회 회의의 소집과 주최권한을 이행하지 아니할 경우 사원총회 회의를 소집하고 주최한다. ⑤ 사원총회에 제안을 제출한다. ⑥「公司法」제152조의 규정에 의해 이사·고급관리인원에 대해 소를 제기한다. ⑦ 监事会(jiān shì huì) 또는 监事会(jiān shì huì)를 설치하지 아니한 회사의 감사는 회사경영상황의 이상한 점을 발견한 경우 조사할 수 있고 필요시 회계사사무소 등에 의뢰하여 그 업무를 협조하게 할 수 있으며 비용은 회사가 부담한다. ⑨ 회사의 정관에서 규정한 기타 권한 등이 있다(公司法 제54조, 제55조).

监事 (jiān shì) 감 사	감 사

감사회의 구성원으로서 감사권한을 행사하는 자를 말한다. 监事(jiān shì)는 사원총회(주주총회)에서 선임·해임되며 임기는 3년이다(公司法 제53조). 监事(jiān shì)의 자격요건은 이사의 그것과 같으며 이사, 고급관리인원은 监事(jiān shì)를 겸임할 수 없다(公司法 제52조).

经理 (jīng lǐ) 경 리	지배인

이사회에서 임명되고 회사의 일상경영관리활동에 대한 조직을 책임지는 상설업무집행기관이다. 사원총회·이사회·감사회와 달리, 经理(jīng lǐ)는 회의형식의 기관이 아니기 때문에 그 행위는 회의를 통해 다수원칙에 의하여 의지와 결의를 형성할 필요가 없고 经理(jīng lǐ) 개인의 최종의지를 그 기준으로 한다. 经理(jīng lǐ)는 회사의 일상경영에 대한 실제적인 관리자이고 회사의 고급관리

인원이며 결격사유는 이사 · 감사의 자격요건과 일치한다.

经理(jīng lǐ)는 회사의 일상적인 거래활동에서 대외적으로 회사를 대표하며 다음의 권한을 행사한다. ① 회사의 생산경영관리업무를 주관하며 이사회의 결의를 집행한다. ② 회사의 연도경영계획과 투자방안을 조직하고 실시한다. ③ 회사내부관리기관의 설치방안의 초안을 작성한다. ④ 회사의 기본관리제도 초안을 작성한다. ⑤ 회사의 구체적인 규칙을 제정한다. ⑥ 회사의 부경리 · 재무책임자를 임면할 것을 요청한다. ⑦ 이사회에서 임명 또는 해임하는 자 이외의 책임관리인원의 임명 또는 해임을 결정한다. ⑧ 이사회가 수여한 기타 권한이 있다. 经理(jīng lǐ)는 이사회 회의에 열석(列席)할 권리가 있다. 그 외에 회사정관은 经理(jīng lǐ)의 권한에 대해 기타 규정을 둘 수 있다(公司法 제50조).

一人有限责任公司 (yì rén yǒu xiàn zé rèn gōng sī) 1인유한책임공사	1인회사

독자회사라고도 하는데 주주(자연인 혹은 법인)가 1인뿐이고 당 주주가 회사의 출자 전부를 소유하는 유한회사를 말한다(公司法 제58조). 중국법상 1인 유한회사만이 인정되며 1인 주식회사는 인정되지 않는다.

一人有限责任公司(yì rén yǒu xiàn zé rèn gōng sī)는 일반적인 유한회사보다 엄격한 기준이 적용된다. 최저등록자본금은 인민폐 10만 위안이며 주주는 1차적으로 회사정관에 규정한 출자액을 납입해야 한다. 이는 최저등록자본금이 3만 위안이면 회사를 설립할 수 있고, 출자액을 분납할 수 있는 기타 일반 유한회사보다 엄격한 기준이다. 또한 1인의 자연인은 1개의 一人有限责任公司(yì rén yǒu xiàn zé rèn gōng sī)만 설립할 수 있고, 당해 一人有限责任公司(yì rén yǒu xiàn zé rèn gōng sī)는 새로운 一人有限责任公司(yì rén yǒu xiàn zé rèn gōng sī)를 설립할 수 없다는 설립제한이 가해진다(公司法 제59조). 회사등록시에는 자연인독자 혹은 법인독자인지를 구별하여 명시해야 하며 회사 사업자등록증에도 이를 기재해야 한다(公司法 제60조). 一人有限责任公司(yì rén yǒu xiàn zé rèn gōng sī)의 주주는 회사재산이 자신의 개인재산과 독립된다는 것을 증명하지 못한다면 회사채무에 대하여 연대책임을 져야 한다(公司法 제64조).

国有独资公司(guó yǒu dú zī gōng sī)
국유독자공사

국가가 단독으로 투자하고 국무원 혹은 지방인민정부가 수권한 본 급 인민정부 국유자산감독관리기관에서 출자자의 권한을 이행하는 유한회사이다(公司法 제65조). 여기서 지방인민정부는 주로 성급인민정부를 가리킨다. 国有独资公司(guó yǒu dú zī gōng sī)는 중국회사법이 각국의 통상적인 회사제도를 참조하여 중국의 실정에 맞추어 중국의 국유기업제도개혁을 촉진하기 위하여 전문적으로 창조한 특수한 유한회사이다.

国有独资公司(guó yǒu dú zī gōng sī) 정관은 국유자산감독관리기관이 제정하거나, 이사회가 제정하여 국유자산감독관리기관의 비준을 받는다(公司法 제66조). 国有独资公司(guó yǒu dú zī gōng sī)는 사원총회를 설치하지 않고 국유자산감독관리기관이 사원총회의 권한을 행사한다(公司法 제67조). 국유자산감독관리기관은 회사의 이사회가 사원총회의 일부 권한을 행사하여 중요한 사항을 결정할 수 있도록 위탁할 수 있다. 단, 회사의 합병·분할·해산·등록자본의 증자 또는 감자 및 사채의 발행 사항은 반드시 국유자산감독관리기관의 결정에 따라야 한다. 그 중, 중요한 国有独资公司(guó yǒu dú zī gōng sī)의 합병·분할·해산·파산 신청시에는 국유자산감독관리기관이 심사한 후, 해당지역 인민정부에 보고하여 비준을 받아야 한다. 전 항의 중요한 国有独资公司(guó yǒu dú zī gōng sī)는 국무원의 규정에 따라 확정한다(公司法 제67조).

国有独资公司(guó yǒu dú zī gōng sī)의 이사회 구성원 중에는 반드시 회사 직원대표가 포함되어야 한다. 이사회 구성원은 국유자산감독관리기관이 위탁 파견한다. 단, 이사회 구성원 중의 직원대표는 회사 직원대표회의의 선거로 선출한다. 이사회는 이사장 1명을 두며, 부이사장을 둘 수 있다. 이사장·부이사장은 국유자산감독관리기관이 이사 중에서 지정한다(公司法 제68조). 이사장·부이사장·이사·고급관리직원은 국유자산감독관리기관의 동의를 거치지 않고는 다른 유한회사, 주식회사 및 기타 경제조직에 겸직해서는 아니 된다(公司法 제70조). 国有独资公司(guó yǒu dú zī gōng sī)의 감사회 구성원은 5인보다 적어서는 아니 되고, 그 중 직원대표 비율이 3분의 1보다 적어서는 아니 되며, 구체적 비율은 회사정관에서 규정한다(公司法 제71조).

jìng yè jìn zhǐ yì wù 竞业禁止义务 경업금지의무	경업피지의무 경업금지의무

이론상 충실의무에 속하며 이사·감사·경리(주로는 이사·

경리)가 자기 또는 제3자의 계산으로 임직회사와 경쟁되는 업무를 경영해서는 아니 되는 의무를 말한다. 사원총회 또는 주주총회의 동의를 거치지 않으면 이사·고급관리인원은 임직회사와 동 종류의 업무를 경영하거나 타인을 위하여 경영해서는 아니 된다. 여기서 타인을 위한 경영이라 함은, 사원총회 또는 주주총회의 허가를 취득하지 아니하고 임직회사와 경쟁업무가 있는 회사·기업의 이사·고급관리인원·감사 등 직무를 담당하는 것을 말한다(公司法 제149조). 바꾸어 말하여 竞业禁止义务(jìng yè jìn zhǐ yì wù)는 절대적인 경업금지가 아니라 사원총회나 주주총회의 동의를 얻으면 타 업체에서의 근무가 가능하다.

股权转让(gǔ quánzhuǎn ràng) 고권전양 | 지분양도

유한회사의 주주가 자신의 지분을 기타 주주 혹은 제3자에게 양도하는 것을 말한다. 여기에는 회사 내부에서 발생하는 股权转让(gǔ quánzhuǎn ràng)과 회사 외부에 대한 股权转让(gǔ quánzhuǎn ràng)이 있다.

회사 정관에 股权转让(gǔ quánzhuǎn ràng)에 대하여 별도의 규정이 있는 경우를 제외하고 회사 내부에서의 양도는 자유롭게 이루어진다. 즉 주주가 회사의 기타 주주에게 전부 또는 일부 지분을 양도할 경우 법률에 별도의 규정이 있는 경우를 제외하고 양도인과 양수인이 일치 협상하면 양도는 곧 성립된다.

하지만, 주주가 주주 이외의 자에게 지분을 양도하려면 반드시 기타 주주 과반수의 동의를 얻어야 한다. 주주는 股权转让(gǔ quánzhuǎn ràng) 사항을 서면으로 기타 주주에게 통보하여 동의를 얻어야 하며, 기타 주주가 서면통지를 접수한 날로부터 만 30일 내에 회답하지 않은 경우 양도에 동의한 것으로 간주한다. 기타 주주의 과반수가 양도에 동의하지 않는 경우, 동의하지 않은 주주는 양도지분을 인수해야 한다. 인수하지 않는 경우에는 제3자에 양도하는 데 동의한 것으로 간주한다. 주주의 동의를 거쳐 지분을 양도할 경우 동일한 조건하에서 기타 주주는 우선인수권을 가진다. 2인 이상의 주주가 동시에 우선인수권을 행사하고자 할 경우, 협상을 통해 각자의 구매 비율을 정한다. 협상결렬시 각자의 출자비율에 따라 우선인수권을 행사한다. 회사정관에 股权转让(gǔ quánzhuǎn ràng)에 관한 별도의 규정이 있는 경우 정관의 규정에 따라 처리한다(公司法 제72조).

법률상 규정된 강제집행절차에 의하여 股权转让(gǔ quánzhuǎn ràng)할 경우, 회사 및 전체 주주에 통지하여야 하고 기타 주주는 동등한 조건하에서 우선인수권이 있다. 기타 주주가 법원의 통지일로부터 20일이 경과되어도 우선인수권을 행사하지 않을 경우 우선인수권을 포기한 것으로 본다(公司法 제73조).

股权回购请求权 (gǔ quán huí gòu qǐng qiú quán) 고권회구청구권	지분 매수청구권

사원총회의 결의가 주주의 이해관계에 실질적인 영향을 미칠 경우 해당 결의에 이의가 있는 주주가 회사에 공평한 가격으로 그들의 지분을 회수할 것을 요구하여 해당 회사에서 탈퇴하는 것을 말한다. 사원총회가 소수의 지배주주에 의하여 지배될 경우 많은 중소주주는 실제적으로 자기의 의지를 반영할 기

회가 없게 된다. 따라서 회사의 각 방면의 이익의 평형을 이루고 중소주주의 이익을 보호하기 위하여, 중소주주에게 특정한 상황에서 회사에 대하여 그의 지분을 매수할 것을 요구하여 회사에서 탈퇴하는 것을 허용할 필요가 있다.

아래 상황의 하나에 해당될 경우, 사원총회 결의에 반대한 주주는 회사에 합리적인 가격으로 자신이 소유한 지분의 매수를 청구할 수 있다. ① 회사가 연속 5년간 주주에게 이윤을 분배하지 않았고, 회사가 이 기간 중 연속하여 이윤이 발생하였으며 동시에 「公司法」 규정의 이윤 분배 조건에 부합되는 경우, ② 회사가 합병·분할하거나 주요 재산을 양도한 경우, ③ 회사정관의 영업기간이 만료되었거나 정관이 규정한 해산사유가 발생하였는데 사원총회 회의에서 정관을 변경하여 회사가 계속 존속하도록 결의한 경우이다. 사원총회 결의일로부터 60일 내에 주주와 회사가 股权回购(gǔ quán huí gòu)에 대하여 협의를 달성하지 못할 경우, 주주는 사원총회 결의일로부터 90일 내에 법원에 소송을 제기할 수 있다(公司法 제75조).

股份(gǔ fèn) 고분 | 주식

주식회사의 주주가 소지한, 회사자본의 기본구성단위이며 주주권의 기초가 되는 기본구성단위이며 한국법상의 주식과 같은 개념이다. 股份(gǔ fèn)은 ① 회사의 자본구성의 최소단위이며 불가분성이 있고, ② 금액이 균일하며, ③ 유가증권으로서 자유롭게 양도할 수 있는 등 특징이 있다.

股票 (gǔ piào) 고표	주 권

한국법상의 주권과 같은 개념이며 股票(gǔ piào)는 회사가 발행한 주주가 소지한 주식에 대한 증빙이다(公司法 제126조).

面额股 (miàn é gǔ) 면액고	액면주식

주권에 일정한 금액이 표시되어 있는 주식을 말하며 한국의 액면주식에 해당된다.

无面额股 (wú miàn é gǔ) 무면액고	무액면주식

주권에 일정한 금액이 표시되어 있지 않은 주식을 말하며 한국의 무액면주식에 해당된다. 중국의 주식회사는 无面额股(wú miàn é gǔ)를 발행할 수 없다.

记名股 (jì míng gǔ) 기명고	기명주식

주권과 주주명부에 주주의 성명이 기재되어 있는 주권을 말하며 한국의 기명주식에 해당된다. 회사가 발기인·법인에 대하여 발행한 주권은 记名股(jì míng gǔ)여야 하고 해당 발기인, 법인의 명칭 또는 성명을 기재하여야 하며 별도의 명의로 설정하거나 대표인 성명으로 기명하여서는 아니 된다(公司法 제130조).

bù jì míng gǔ 不记名股 불기명고	무기명주식

주주의 명칭이 주권에 기재되어 있지 않은 주권을 말하며 한국의 무기명주식에 해당된다. 중국의 주식회사는 사회공중에 주식을 발행할 경우에 不记名股(bù jì míng gǔ)를 발행할 수 있다.

xīn gǔ 新 股 신 고	신 주

회사 성립 후 신주를 발행하는 것을 말한다. 新股(xīn gǔ)의 발행에는 증자발행과 비증자발행이 있는데 중국회사법이 실행하는 것은 법정자본제이기 때문에 新股(xīn gǔ)발행은 전부 증자발행이다.

pǔ tōng gǔ 普通股 보통고	보통주

어떤 종류의 주식이 이익배당, 건설이자의 배당, 잔여재산의 분배에 있어서 다른 종류의 주식의 표준이 되는 주식을 말한다.

tè bié gǔ 特别股 특별고	종류주

特别股(tè bié gǔ)는 보통주에 대응되는 개념이다. 중국법상 인정되는 特别股(tè bié gǔ)로는 우선주밖에 없다. 즉 이익, 이자 또는 잔여재산의 분배에 관하여 특히 우선적 지위가 인정되고 의결권은 인정되지 않는 주식만 발행 가능하다.

guó jiā gǔ 国家股 국가고	국가주식

국가를 대표하여 투자할 권리가 있는 부문이나 기관이 국유재산으로 투자하여 취득한 주식을 가리키며 이에는 회사가 보유하고 있는 국유재산을 주식으로 전환한 것도 포함된다.

guó jiā fǎ rén gǔ 国家法人股 국가법인고	국유법인주식

법인자격을 가진 국유기업·사업단위 및 기타 국유업체가 법인자산을 회사에 출자하거나 기타 법정절차에 의하여 취득한 주식을 말한다. 중국의 대부분 상장기업은 국유기업이 구조조정을 거쳐 상장한 것으로서 상장기업의 주식총수 중 国家法人股(guó jiā fǎ rén gǔ)가 차지하는 비중은 상당히 크다.

fǎ rén gǔ 法人股 법인고	법인주식

기업법인 또는 법인자격을 갖는 사회단체·사업기관 등이 법률에 따라 그 경영자산으로써 투자한 기업의 비상장유통주식이다.

gǔ A 股 A 고	

A股(gǔ)의 공식명칭은 인민폐보통주식이며 중국에서 발행하고 국내기관·단체 혹은 개인이 인민폐로 매입 및 매각할 수 있는

보통주 주식을 가리킨다. 이와 더불어 외국인투자자적격자격(QFII)자격을 취득한 외국 금융사들도 A股 시장에 투자할 수 있다.

B 股
B 고

B股의 공식명칭은 인민폐 특종주식이며 이는 액면가격을 인민폐로 표시하고 있지만 외화로 거래되는 것으로 중국내 증권거래소에서 상장 거래된다. B股발행의 본래 취지는 중국정부가 외환의 부족을 해소하기 위하여 외국자본을 끌어들이기 위한 것이었다. 중국의 경제발전과 더불어 국민들 수중의 외환보유량이 날로 증가되는데 이와 반대로 국내 B股의 구매를 제한하였기 때문에 자금이 있는 중국 투자자들이 해외에 투자하는 경향이 많았다. 이러한 것은 중국의 경제발전을 가로막았기 때문에 2001년부터 내국인에게도 B股시장을 개방하여 외환을 소지하고 있는 중국 국민도 자유롭게 거래를 하도록 하였다.

H 股
H 고

H股라 함은 회사등록은 중국본토에, 상장은 홍콩시장에서 이루어진 외자주식을 말한다. 홍콩의 영문명칭이 HONG KONG이므로 그 첫 영문자를 따서 H股라고 하는 것이다. 주식의 액면가는 위안으로 표시되나 거래는 홍콩달러로 하는 외자 주식이다. 홍콩에 상장된 주식 중에 레드칩(RED CHIPS)이

라는 주식이 있는데 H股(gǔ)와 다른 점은 레드칩은 다수 주주가 일반적으로 30% 이상의 주식을 중국본토 회사가 소지하고 있고 홍콩에서 등록한 회사가 경외에 상장하는 것을 말한다. H股(gǔ)의 경우 전통적인 산업들이 상장되어 있는 반면, 레드칩에는 첨단산업의 기업들이 많이 상장되어 있다.

gǔ N 股 N 고	

중국에 회사를 등록하였으나 미국 뉴욕의 NASDAQ에 상장된 외자주를 의미한다. 역시 NASDAQ의 첫 영문글자를 따서 N股(gǔ)라고 한다.

gǔ S 股 S 고	

중국에 등록하였으나 싱가포르 거래소에 상장된 외자주를 말한다. 역시 Singapore의 첫 자모를 따서 S股(gǔ)라고 부르는 것이다.

zhèngquàn jiāo yì suǒ 证券交易所 증권교역소	증권거래소

증권의 집중과 조직적인 거래를 위하여 장소·시설을 제공하며 국가의 관련 법률·법규·규장·정책의 규정을 이행하며 자율성 관리를 하는 비영리법인이다(证券交易所管理法 제3조). 证券交易所(zhèngquàn jiāo yì suǒ)는 회원제를 실시하고 있으며 회원총회·이사회·

총경리 · 감찰위원회 · 전문위원회 등 기관을 설치하고 있으며 상해证券交易所와 심천证券交易所가 있다.
zhèngquàn jiāo yì suǒ zhèngquàn jiāo yì suǒ

zhèngquàngōng sī 证券公司 증권공사 — 증권회사

「公司法」와 「证券法」에 의하여 설립된 증권업무에 종사하는 유한회사 혹은 주식유한회사이다(证券法 제123조). 证券公司에는 중개证券公司와 종합证券公司가 있다.
zhèngquàngōng sī zhèngquàngōng sī zhèngquàngōng sī
전자는 고객의 위탁을 받고 자신의 명의로 증권의 매매를 행하며 일정한 수수료를 받는 회사이고, 후자는 중개업무에 종사할 수 있을 뿐만 아니라 자영업무와 증권위탁발매 및 기타 업무를 할 수 있는 종합성회사를 말한다.

zhèngquàndēng jì jié suàn jī gòu 证券登记结算机构 증권등기결산기구

증권감독관리기관의 비준을 받고 증권거래를 위한 집중등기 · 보존관리와 결산서비스를 제공하는 비영리 법인이다(证券法 제155조). 证券登记结算机构의 주요기능은 ① 증권계좌 ·
zhèngquàndēng jì jié suàn jī gòu
결제계좌의 개설, ② 증권의 예탁과 명의개서, ③ 증권보유자 명부의 등록, ④ 증권거래소에 상장된 증권 거래 시 (대체)결제 및 (증권과 자금의) 수수, ⑤ 발행인의 위탁을 받아 증권에 관한 권리와 수익의 지급 대행, ⑥ 위 각 업무와 관련된 조회의 처리, ⑦ 기타 국무원증권감독관리기관이 인정한 업무 등이 있다.

证券服务机构 (zhèngquàn fú wù jī gòu) 증권복무기구

증권감독관리기관의 비준을 받고 증권서비스업무, 즉 투자자문·증권발행의 기획 및 기타 부대서비스, 증권신용평가, 증권집중보관, 결제서비스, 명의변경 등에 종사하는 기구를 말한다. 证券服务机构(zhèngquàn fú wù jī gòu)에는 주로 투자자문기구, 변호사사무소, 회계사사무소와 자산평기기관 등이 있다(证券法 제169조).

证券投资基金 (zhèngquàn tóu zī jī jīn) 증권투자기금 | 펀 드

일종 공동으로 이익을 향유하고 공동으로 위험을 부담하는 집합증권투자방식이다. 즉 기금의 발행을 통하여 투자자의 자금을 모집하고 기금관리인이 그 자금을 관리 및 경영하여 주식·채권 등 금융기구에 투자하는 것이다. 1992년 11월에 중국에서 처음으로 치박기금(淄博基金)이란 证券投资基金(zhèngquàn tóu zī jī jīn)이 중국인민은행의 승인을 받아 기금발전의 서막을 열었다. 证券投资基金(zhèngquàn tóu zī jī jīn)에는 폐쇄식기금과 개방식기금이 있다. 전자는 기금규모가 발행 전에 이미 확정되고 발행 후 규정된 기간 내에는 기금규모가 고정불변이므로 기금소지자는 시장에서 매각은 가능하지만 만기 이전에는 중도환매를 요구할 수 없는 형태의 기금이다. 후자는 기금총액이 고정된 것이 아니고 수익증권 소지자는 언제라도 기금계약에 약정한 시간과 장소에서 환매를 청구할 수 있는 기금이다(证券投资基金法, 제5조).

폐쇄식기금은 ① 기금의 모집이 「证券投资基金法」에 부합되고, ② 기금계약기한이 5년 이상이고, ③ 기금모집금액이 2억 위안보다 적지 않고, ④ 기금소지자가 1천명을 넘는 조건하에서 상장 거래되지만(证券投资基金 제48조), 개방식기금은 지정된 영업장소에서만 판매되고 환매되기 때문에 상장 거래되지 않는다.

gǔ fèn huí gòu qǐng qiú quán 股份回购请求权 고분회구청구권	주식매수청구권

주식회사의 주주가 회사의 합병·분할 결의에 이의가 있는 경우에 자신 소유의 주식의 매수를 회사에 청구하는 것을 말한다. 주식을 회수한 경우 회사는 주식을 회수한 날로부터 6개월 내에 회수주식을 양도하거나 말소해야 한다(公司法 제143조).

gǔ fèn yǒu xiàn gōng sī 股份有限公司 고분유한공사	주식회사

회사의 전부 자본을 동등한 액수의 주식으로 나누고 주주는 인수한 주식에 한하여 회사에 책임을 지고 회사는 전부 재산으로 회사의 채무에 대하여 책임을 지는 기업법인을 말한다. 股份有限公司(gǔ fèn yǒu xiàn gōng sī)를 설립함에 있어서는 다음 각 호의 요건을 구비해야 한다. ① 발기인의 수가 법 규정에 부합되어야 한다. ② 발기인의 수 및 모집한 주식자본이 법정 최저자본액에 달해야 한다. ③ 주식의 발행·기획 사항이 법 규정에 부합되어야 한다. ④ 발기인이 회사정관을 제정하고, 모집 방식으로 설립된 경우 창립총회에서 통과되어야 한다. ⑤ 회사명칭이 있어야 하고, 주식유한회사 설립요건에 맞는 조직기관을 설치해야 한다.

⑥ 회사주소가 있어야 한다(公司法 제77조).

gǔ běn 股 本 고 본	

주식납입금을 말하는데 발기인이 인수하거나 모집한 股本(gǔ běn)이 법정자본 최저한도에 달해야 주식회사를 설립할 수 있다(公司法 제77조).

fā qǐ rén 发起人 발기인	발기인

발기인은 주식회사의 설립행위자를 말한다. 주식회사의 발기인의 수는 2인 이상 200인 이하이어야 하며 발기인 중에는 반드시 과반수가 중국 경내에 주소가 있어야 한다(公司法 제79조). 발기인은 다음과 같은 의무가 있다. ① 회사정관의 작성을 책임지고 모집설립시에 작성한 정관을 창립총회에 제출하여 통과하도록 한다. ② 회사설립 허가 절차를 책임진다. ③ 회사법의 규정에 따라 주식을 인수한다. ④ 모집설립시에 주식모집 허가절차를 책임지고 주식모집설명서(招股说明书) 및 주식인수확인서(认股书)를 작성하고 기타 주식발행 업무를 준비하고 처리해야 한다. ⑤ 인수한 주금을 전액 납부해야 하며 법률에 규정한 기한내에 각 주식인수인에게 주금의 납부를 촉구해야 한다. ⑥ 회사기관을 선출해야 한다. 발기설립시에 발기인이 이사회 및 감사회를 선출하고, 모집설립시에는 발기인이 법정기한에 따라 창립총회를 소집하고 회사정관을 통하여 회사 이사회 구성원 및 감사

회 구성원을 선출한다. ⑦ 회사법에 규정한 상황 외에 발기인은 주금을 불법 유출하지 못한다(公司法 제84조 내지 제93조).

발기인의 책임에는 다음과 같은 것이 있다. ① 회사가 성립되지 않은 경우, 설립행위로 인하여 발생한 채무와 비용에 대하여 연대책임을 진다. ② 회사가 성립되지 않은 경우, 주식인수자가 이미 납부한 주금에 은행 동기 예금이자를 가산하여 반환할 연대책임을 진다. ③ 회사설립과정에서 발기인의 과실로 회사이익에 손해를 초래한 경우 회사에 대하여 손해배상책임을 진다(公司法 제95조).

rèn gǔ shū 认股书 인고서	주식청약서

법정기재사항을 기재하고 주식을 청약하는 자가 서명·날인한 서류를 말한다. 즉 ① 발기인이 인수하는 주식의 수, ② 1주의 금액 및 발행가격, ③ 무기명 주식의 발행 총수, ④ 모집자금의 용도, ⑤ 주식인수인의 권리 및 의무, ⑥ 낭해 보십의 개시 및 종료일자, 기일 만료 후 모집자금이 부족할 경우 주식인수인이 인수를 철회할 수 있다는 데 대한 설명, 주식인수인의 주소, 인수한 주식의 수와 금액을 기재하고, 서명·날인한 서류를 말한다(公司法 제86조 내지 제87조).

zhāo gǔ shuōmíng shū 招股说明书 초고설명서	

모집설립의 방법으로 주식회사를 설립할 경우 법정사항을

기재하여 사회에 공개하는 주식모집설명서이다. 招股说明书(zhāo gǔ shuōmíng shū)에는 발기인이 제정한 정관이 첨부되어야 하며 ① 발기인이 인수하는 주식의 수, ② 1주의 금액 및 발행가격, ③ 무기명 주식의 발행 총수, ④ 모집자금의 용도, ⑤ 주식인수인의 권리 및 의무, ⑥ 당해 모집의 개시 및 종료일자, 기일 만료에도 모집자금이 부족할 경우 주식인수인이 인수를 철회할 수 있다는 데 대한 설명 등이 포함되어야 한다(公司法 제87조).

股票承销 (gǔ piào chéng xiāo) 고표승소 | 주식발행인수

증권회사가 주식의 공개발행을 책임지는 행위를 말한다. 주식회사는 주식을 공개 발행할 경우 반드시 간접발행의 방법을 취해야 한다. 즉, 주식회사는 주식을 공개 발행함에 있어서 반드시 합법적으로 설립된 증권회사와 위탁발매협의를 체결하여야 한다(公司法 제88조).

虚假出资 (xū jià chū zī) 허가출자 | 가장납입

법정출자의무를 이행하지 않거나 제대로 이행하지 않는 것을 말한다. 자본의 3대원칙 중 하나인 자본확정 원칙에 근거하여 주주는 출자금을 전액 납부할 책임이 있다. 이를 위반하여 출자를 하지 않거나 제때에 출자를 하지 않는 경우에는 허위출자에 해당되며 회사등기기관은 시정을 명하고, 허위출자금액의 5% 이상 15% 이하의 벌금을 부과한다(公司法 제200조).

chuàng lì dà huì 创立大会 창립대회	창립총회

주식회사의 모집설립에 있어서 설립절차의 최종단계로서 개최되는 총회를 말한다. 주금을 전부 모집한 후 발기인은 30일 내에 创立大会(chuàng lì dà huì)를 소집해야 하는데 创立大会(chuàng lì dà huì)는 발기인과 주식인수인으로 구성된다(公司法 제90조). 발기인은 创立大会(chuàng lì dà huì) 소집 15일 전에 회의일자를 각 주식인수인에게 통보하거나 공고해야 한다. 创立大会(chuàng lì dà huì)는 주식총수의 과반수를 대표하는 발기인, 주식인수인이 출석해야 개회할 수 있다(公司法 제91조).

shàng shì gōng sī 上市公司 상시공사	상장회사

주식이 증권거래소에서 상장 거래되는 주식회사를 말한다(公司法 제121조). 주식회사의 상장신청요건으로는 ① 주식이 국무원증권감독관리기관에 의해 공개발행이 승인되었을 것, ② 회사 자본총액이 인민폐 3,000만 위안 이상일 것, ③ 공개발행한 주식이 회사 자본총액의 25% 이상일 것, 회사 자본총액이 인민폐 4억 위안을 초과하는 경우에는 공개발행 주식의 비율이 10% 이상일 것, ④ 회사에 최근 3년간 중대한 위법행위가 없고 재무회계보고에 허위기재가 없어야 하는 등이 있다(公司法 제50조). 증권거래소는 상기 상장요건을 강화할 수 있으며 국무원증권감독관리기관에 보고하여 승인을 받아야 한다.

dú lì dǒng shì 独立董事 독립동사	사외이사

사외이사를 말하는 것으로서 사내이사와 대응되는 개념이다. 独立董事는 회사에서 이사의 기능 외에 기타 어떠한 직무
dú lì dǒng shì
도 담당하지 않으며 대주주와의 관계에서 독립적인 객관판단을 방해하는 일체 관계가 존재하지 않는 특정된 이사를 말한다. 중국이 独立董事제도를 도입한 주요원인은 주권구조가 불합
dǔ lì dǒng shì
리하고 지배주주가 권리를 남용하여 내부자에 의한 지배현상이 심각하고, 감사회가 유명무실한 등 문제를 해결하기 위해서이다.

dǒng shì huì mì shū 董事会秘书 동사회비서	

상장회사에서 주주총회와 이사회의 개회를 준비하고, 서류를 보관하고 회사 주주권의 관리 및 정보 공개 등 업무를 책임지는 기관을 말한다(公司法 제124조).

biàn gēngmíng yì 变更名义 변경명의	명의개서

기명주식을 배서의 방식 또는 법률·행정법규가 규정한 기타 방식으로 양도할 경우 회사가 양수인의 성명(명칭) 및 주소를 회사의 주주명부에 기재하는 것을 말한다(公司法 제140조).

zhèngcháng jià fā xíng 正常价发行 정상가발행	액면발행

액면발행이라고도 하는데 주식의 액면가격 그대로 주식을 발행하는 것을 말한다.

yì jià fā xíng 溢价发行 일가발행	할증발행

주식액면가 이상의 가격으로 주식을 발행하는 것을 말한다. 溢价发行(yì jià fā xíng)은 널리 사용되고 있는 발행방법이며 중국의 거의 모든 상장회사가 발행하는 공모주식은 이러한 발행방법에 속한다고 할 수 있다.

zhé jià fā xíng 折价发行 절가발행	할인발행

주식액면가 이하의 가격으로 주식을 발행하는 것을 말한다. 折价发行(zhé jià fā xíng)은 자본확정원칙과 자본유지원칙에 위배되므로 중국회사법상 허용되지 않는다.

gāo jí guǎn lǐ rén yuán 高级管理人员 고급관리인원	

회사의 업무에 중요한 영향을 미치고 실질적인 권한을 행사하는 피고용인의 총칭이다. 高级管理人员(gāo jí guǎn lǐ rén yuán)에는 일반적으로 회사의 경리 · 부경리 · 재무책임자 · 상장회사 이사회 비서 및 회사정관에서 규정한 기타 직원이 포함된다(公司法 제217조).

公司的归入权 (gōng sī de guī rù quán)
공사적귀입권

이사, 고급관리인원의 아래 행위로 인하여 발생한 수익에 대하여 회사가 소추하여 회사의 소유로 귀속시키는 것을 말한다. 즉 상술한 자의 ① 회사 자금의 남용, ② 회사의 자금으로 개인명의 또는 기타 개인의 명의로 예금통장을 개설하는 행위, ③ 회사정관의 규정을 위반하여 사원총회·주주총회 또는 이사회의 동의 없이 회사 자금을 타인에게 대출하거나 회사 재산을 타인에게 담보 목적물로 제공하는 행위, ④ 회사정관의 규정을 위반하여 사원총회·주주총회의 동의 없이 당해 회사와 계약을 맺거나 거래하는 행위, ⑤ 사원총회 또는 주주총회의 동의 없이, 자기 또는 타인을 위해 직무상 편의를 도모하여 회사의 상업비밀을 이용하여 재직 중인 회사와 동종의 업무를 자영하거나 타인에게 영업케 하는 행위, ⑥ 타인과 회사와의 거래에서 수수료를 받아 사취하는 행위, ⑦ 자의적으로 회사 비밀을 누설하는 행위, ⑧ 회사에 대한 충실 의무를 위반하는 기타 행위로 인한 수입은 회사에 귀속되는 것이다(公司法 제149조).

股东代表诉讼 (gǔ dōng dài biǎo sù sòng)
고동대표소송 | 주주대표소송

소수주주가 회사를 위하여 이사 등의 책임을 추궁하기 위하여 제기하는 소송을 말한다. 이사, 고급관리인원이 회사 직무수행 중에 법률·행정법규 또는 회사정관의 규정을 위반하여 회사에 손실을 초래한 경우 유한회사의 주주 또는 주식회사의 연속 180일 이상 단독 또는 합계로 회사 주식을 1% 이상 보유한 주주는 서면으로 감사회 또는 감사회가 설치되지 않은 유한회사의 감사에게 법원에 소를 제기하도록 청구할 수 있다. 감사회, 감사회가 설치되지 않은 유한회사의 감사, 또는 이사회·집행이사가 전항에서 규정한 주주의 서면청구 접수 후 제소를 거절하거나, 청구를 접수한 날로부터 30일 이내에 소를 제기하지 않거나, 긴급한 상황이 발생하여 즉시 소를 제기하지 않으면 회사의 이익에 돌이킬 수 없는 손실을 초래하게 되는 경우, 전항에 규정한 주주는 회사의 이익을 위해 자기의 명의로 직접 법원에 소를 제기할 수 있다. 타인이 회사의 합법적 권익을 침범하여 회사에 손실을 초래한 경우에도 상술한 주주는 법 규정에 따라 법원에 소를 제기할 수 있다(公司法 제150조, 제152조).

gōng sī zhài quàn 公司债券 공사채권 | 사 채

회사가 법정절차에 따라 발행하고 일정한 기간 내에 원금과 이자를 반환할 것을 약정한 유가증권이다(公司法 제154조). 주식회사와 유한회사는 모두 公司债券(gōng sī zhài quàn)을 발행할 수 있으나 아래의 요건을 갖추어야 한다. ① 주식회사의 순자산이 인민폐 3천만 위안보다 적어서는 아니 되며, 유한회사의 순자산은 인민폐 6천만 위안보다 적어서는 아니 된다. ② 누적된 公司债券(gōng sī zhài quàn) 잔액이 회사 순자산의 40%를 초과해서는 아니 된다. ③ 최근 3년간 평균 분배할 수 있는 이윤이 公司债券(gōng sī zhài quàn)의 1년간의 이자를 지급하기에 충족해야 한다. ④ 조달한 자금은 국가산업정책에 부합되는 것에 투자해야 한다. ⑤ 公司债券(gōng sī zhài quàn)의 이율이 국무원에서 제한한 이자기준을 초과하여서는 아니 된다. ⑥ 국무원에서 규정한 기타 조건에 부합되어야 한다. 공개적으로 公司债券(gōng sī zhài quàn)을 발행하여 조달한 자금은 반드시 허가한 용도에 사용하여야 하며 결손보완과 비생산성 지출에 사용하여서는 아니 된다(证券法 제16조, 제18조).

记名债券 (jì míng zhài quàn) 기명채권	기명사채

사채권자의 성명이 사채권에 기재되어 있는 사채를 말한다.

不记名债券 (bù jì míng zhài quàn) 불기명채권	무기명사채

사채권자의 성명이 사채권에 기재되어 있지 않은 사채를 말하며 중국법상 不记名债券(bù jì míng zhài quàn)도 발행할 수 있다(公司法 제157조).

债券存根簿 (zhài quàn cún gēn bù) 채권존근부	사채원부

사채 및 사채권자에 관한 사항을 명백히 하기 위하여 사채발행회사가 작성하는 장부를 말한다. 기명사채를 발행할 경우 债券存根簿(zhài quàn cǔn gēn bù)에는 ① 사채소지인의 성명·명칭 및 주소, ② 사채소지인이 사채를 취득한 일자 및 채권의 번호, ③ 사채총액·액면금액·이율·원금과 이자 및 지급기한과 방식, ④ 사

채의 발행일자. 무기명사채를 발행할 경우, 사채원부에 사채의 총액·이율·변제기한과 방식·발행일자 및 사채의 번호를 기재해야 한다. 무기명사채를 발행할 경우에는 채권총액·이율·상환기간과 방식, 발행일자 및 채권의 번호를 기재해야 한다(公司法 제158조).

kě zhuǎnhuàngōng sī zhài 可转换公司债 가전환공사채	전환사채

주식으로 전환될 수 있는 권리가 부여된 사채를 말한다. 사채의 전환 결과는 可转换公司债(kě zhuǎnhuàngōng sī zhài)의 발행회사와 소지인 간의 채권·채무관계가 소멸되고 채권소지인은 발행회사의 채권자로부터 발행회사의 주주로 되는 것이다. 당해 채권을 발행한 경우 회사는 그 전환방법에 근거하여 채권(债券)소지인에게 주식을 교체하여 발급해야 한다. 단, 채권소지인은 可转换公司债(kě zhuǎnhuàngōng sī zhài)를 주식으로 전환할지 여부에 대한 선택권이 있다(公司法 제163조).

shěn ji 审计 심계	회계감사

회계사사무소에서 회사의 재무제표가 제대로 작성되었는지를 검사하는 제도를 말한다. 회사는 매 회계연도 종료시에 재무제표를 작성해야 하며 회계사사무소의 审计(shěn ji)를 받아야 한다(公司法 제165조).

cái wù bào biǎo 财务报表 재무보표	재무제표

회사의 생산경영성과와 재무상황을 반영하는 서류이다. 중국의 财务报表(cái wù bào biǎo)에는 일반적으로 대차대조표 · 손익계산서 · 현금흐름표 · 재무상황설명서와 이윤분배표 등이 있다.

zī chǎn fù zhài biǎo 资产负债表 재산부채표	대차대조표

"자산 = 부채 + 주주권익"의 기본평형공식에 근거하여 일정한 분류표준과 절차에 의하여 특정된 일자의 회사 자산, 부채 및 주주권익의 각 항목을 적당히 배열하여 작성한 보고서를 말한다.

sǔn yì biǎo 损益表 손익표	손익계산서

일정한 기간 내의 경영성과 및 그 분배상황을 명백히 보고하기 위하여 그 기간에 속하는 모든 수익과 이에 대응하는 모든 비용을 적정하게 기재하여 손익과 그 발생 원인을 반영하는 보고서이다.

gōng jī jīn 公积金 공적금	준비금

적립금이라고도 하는데 회사가 법률과 정관의 규정에 근거하여 회사의 세후 이윤에서 일정한 비례로 회사에 유보하는 자

금을 말한다. 주로 회사자본의 증가나 예상외의 결손을 방지하는 목적에 사용한다.

fǎ dìnggōng jī jīn 法定公积金 법정공적금	법정준비금

회사법의 규정에 따라 반드시 적립해야 하는 공적금을 말한다. 주로 결손을 전보하거나 생산경영을 확대하고 등록자본을 증가하는 데 사용된다. 회사는 당해 연도의 세후 이윤을 배당할 때 이윤의 10%를 인출하여 法定公积金(fǎ dìnggōng jī jīn)을 적립해야 한다. 회사의 法定公积金(fǎ dìnggōng jī jīn) 누적이 회사 등록자본금의 50% 이상일 경우 더 이상 적립하지 않을 수 있다(公司法 제167조).

zī běn gōng jī jīn 资本公积金 자본공적금	자본준비금

법정준비금의 하나로서 영업활동이 아닌 기타 활동으로 인하여 발생한 수익을 말한다. 이러한 수익에는 주로 액면초과액(주식의 할증발행으로 발생한 수익), 감자차익(회사자산의 처리로 발생한 수익), 자산수증이익(증여를 받아 발생한 이익), 채무면제이익(채무의 면제로 발생한 수익) 등이 있다.

fǎ dìng yíng yú gōng jī jīn 法定盈余公积金 법정영여공적금	이익준비금

법정준비금의 하나로서 영업활동으로 인하여 얻은 세후 이익 중에서 일정한 비례를 적립하는 것을 말한다.

rèn yì gōng jī jīn 任意公积金 임의공적금	임의준비금

회사가 정관의 규정 또는 주주총회의 결의에 의하여 임의로 적립하는 준비금이다. 중국 회사법상 任意公积金(rèn yì gōng jī jīn)의 비례 혹은 용도에 관한 규정은 없으며 완전히 회사의 자율에 맡기고 있다.

gōng sī fēn lì 公司分立 공사분립	회사분할

계약의 체결을 통하여 청산절차를 거치지 않고 1개의 회사가 2개 이상의 회사로 나누어져, 분할 전 회사(피분할회사)의 권리의무가 분할 후 회사에 포괄승계 되는 것을 말한다.

公司分立(gōng sī fēn lì)에는 주로 파생분할과 신설분할 2가지 형식이 존재한다. 파생분할은 존속분할이라고도 하는데 1개의 회사가 2개 이상의 회사로 분할되지만 본 회사가 계속하여 존재하고 1개 이상의 새로운 회사를 설립하는 것을 말한다. 신설분할은 해산분할이라고도 하며 1개 회사가 2개 이상의 회사로 분할되며 본 회사는 해산되고 2개 이상의 새로운 회사를 설립하는 것을 말한다. 公司分立(gōng sī fēn lì)에 관한 결의는 사원총회(주주총회)의 특별결의로 통과되며, 사원총회의 회사분할의 결의는 3분의 2 이상 의결권을 대표하는 주주의 의결로 통과된다. 그중 국유독자회사의 분할은 국유자산감독관리기관이 결정하며 국유독자회사 중 중요한 국유독자회사의 분할은 국유자산감독관리기관이 심사한 후 동급 인민정부의 비준을 얻어야 한다. 주주총회의 公(gōng)

司分立(sī fēn lì)에 대한 결의는 회의에 출석한 주주가 소지한 의결권의 3분의 2 이상으로 통과한다. 公司分立(gōng sī fēn lì)의 경우 대차대조표 및 재산명세서를 작성해야 하며 회사는 분할결의를 한 날부터 10일 내에 채권자에게 통지하여야 하며 또한 30일 내에 신문에 공고해야 한다(公司法 제176조).

gōng sī hé bìng 公司合并 공사합병	회사합병

둘 또는 둘 이상의 회사가 합병협의를 체결하여 회사법의 규정에 의해 청산절차를 거치지 않고 합쳐져 그 중 한 회사가 다른 회사를 흡수하거나(흡수합병) 새로운 회사를 설립함으로써(신설합병) 1개 이상의 회사의 소멸과 권리의무의 포괄적 이전을 발생시키는 법률행위를 말한다. 유한회사의 公司合并(gōng sī hé bìng)은 사원총회의 특별결의로 통과하여야 하며 유한회사의 사원총회는 회사의 합병에 대해 결의를 함에 있어서 반드시 3분의 2 이상 의결권을 대표하는 주주의 결의로 통과되어야 하고 국유독자회사의 합병은 국유자산감독관리기관이 결정하며 그 중 중요한 국유독자회사의 합병에 관하여서는 국유자산감독관리기관이 심사한 후 동급 인민정부의 비준을 받아야 한다(公司法 제44조). 주식회사의 公司合并(gōng sī hé bìng)에 대한 결의는 반드시 주주총회에 출석한 주주가 소지하고 있는 의결권의 3분의 2 이상으로 통과해야 한다(公司法 제104조). 회사가 합병하는 경우, 합병 당사자는 합병계약을 체결하고 대차대조표 및 재산명세서를 작성해야 한다. 회사는 합병 결의를 한 날로부터 10일 이내에 채권자에게

통지하고, 30일 이내에 신문에 공고해야 한다. 채권자는 통지서를 받은 날부터 30일 이내에, 통지서를 받지 못한 경우에는 공고일로부터 45일 이내에, 회사에 채무를 상환하거나 상응한 담보를 제공할 것을 요구할 수 있다(公司法 제174조).

qīng suàn zú 清算组 청산조	청산인

회사가 해산할 경우에 청산업무를 진행하는 기관을 말한다. 회사는 법적인 청산사유 발생일로부터 15일 이내에 清算组(qīng suàn zú)를 구성하여 청산을 개시해야 한다. 清算组(qīng suàn zú)의 권한에는 주로 ① 회사의 재산을 정리하고 대차대조표와 재산명세서 작성, ② 채권자에게 통지하거나 공고, ③ 청산과 관계되는 회사의 미완료업무 처리, ④ 미납세금 및 청산과정에서 발생하는 세금 완납, ⑤ 채권·채무의 정리, ⑥ 채무상환 후의 회사 잔여재산의 처리, ⑦ 회사를 대표하여 민사소송활동에 참여하는 등 권한이 포함된다(公司法 제185조).

gōng sī zhù xiāo 公司注销 공사주소	회사말소

말소등기를 마치고 회사의 법인격을 소멸하는 것을 말한다. 회사의 청산이 끝나면 청산조는 청산보고서를 작성하여 사원총회, 주주총회 또는 법원의 확인을 받아야 하고, 회사등기기관에 보고하여 회사말소등기를 신청하며, 회사의 종결을 공고하여야 한다(公司法 제189조).

shèng yú cái chǎn de fēn pèi 剩余财产的分配 잉여재산적분배	잔여재산의 분배

회사 청산 후 남은 적극적 재산을 주주에게 분배하는 것을 말한다. 剩余财产的分配(shèng yú cái chǎn de fēn pèi) 청구권은 주주의 기본적인 권리이며 정관에 특별한 규정이 없는 한 주주의 출자비례에 따라 분배하게 된다.

yú qī kāi yè 逾期开业 유기개업	

회사 성립 후 정당한 이유 없이 개업을 늦게 하는 것을 말한다. 중국법상 逾期开业(yú qī kāi yè) 6개월 이상일 경우 회사등록기관에서 영업허가서를 말소시킬 수 있다(公司法 제212조).

tíng yè 停 业 정 업	휴면회사

회사 성립 후 개업하였으나 정당한 이유 없이 영업을 하지 않는 경우를 말한다. 중국법상 연속적으로 停业(tíng yè) 6개월 이상일 경우 회사등록기관에서 영업허가서를 말소시킬 수 있다(公司法 제212조).

[형 법 편]

xíng fǎ 刑 法 형 법	형 법

협의의 刑法(xíng fǎ)는 형법전을 말하는데「中华人民共和国刑法」는 1979년 7월 1일에 제5기 전국인민대표대회 제2차 회의에서 통과되었고, 1997년 3월 14일 제8기 전국인민대표대회 제5차 회의에서 전면 개정되었다. 현재 시행되고 있는 형법은 1997년 10월 1일부터 시행된 전면개정 형법이며 1999년 12월 25일에 제1차 개정안을, 2001년 8월 31일에 제2차 개정안을, 2001년 12월 29일에 제3차 개정안을, 2002년 12월 28일에 제4차 개정안을, 2005년 2월 28일에 제5차 개정안을, 2006년 6월 29일에 제6차 개정안을 통과하였다. 광의의 형법에는 형법전을 포함한 단행형법과 부속형법이 포함된다. 단행형법은 국가가 결정·규정·보충규정·조례 등 명칭으로 공포한 한 부류의 범죄 및 그 결과에 대한 규정이다. 예컨대 '최고인민법원의「중화인민공화국 형법」에서 확정된 죄명을 집행할 데 관한 결정(最高人民法院关于执行〈中华人民共和国刑法〉确定罪名的规定)' 등이 있다. 부속형법은 경제법·행정법 등에 규정된 죄형과 관련된 내용이다.

zuì xíng fǎ dìng yuán zé 罪刑法定原则 죄형법정원칙	죄형법정주의

'법률 없으면 범죄 없고 형벌도 없다'는 근대형법의 기본 원리를 중국형법에 규정한 것이다. 법률에 명문으로 범죄행위라고 규정한 것은 법률의 규정에 따라 범죄로 처벌하고, 법률에 명문으로 범죄행위라고 규정하지 않은 것은 범죄로 처벌해서는 아니 된다(刑法 제3조).

píng děng shì yòng xíng fǎ yuán zé 平等适用刑法原则 평등적용형법원칙	평등적용의 원칙

누구든 죄를 범하면 법률의 적용에 있어서 평등하며 누구든지 법률을 초월한 특권이 있어서는 아니 된다는 것이다(刑法 제4조). 이러한 원칙의 구체적 요구로는 ① 형법이 보호하는 합법권익에 대하여 평등한 보호를 해야 하며, ② 범죄를 실시한 자가 누구든지 엄격히 법률에 따라 범죄로 인정해야 하며, ③ 어떠한 범죄자이든지 범죄사실과 법률규정에 따라 양형(量刑)해야 하며, ④ 형벌에 처한 자는 누구든지 반드시 법률에 따라 형벌을 집행해야 한다는 것이다.

zuì xíng xiāng shì yìng yuán zé 罪刑相适应原则 죄형상적응원칙	적정성의 원칙

형벌의 경중은 범죄의 경중과 적정해야 한다는 것을 말한다(刑法 제5조). 이러한 원칙은 법치주의가 형법에 구현된 것으로 형벌권의 남용을 방지하기 위한 것이다.

fàn zuì 犯罪 범 죄 | 범 죄

사회위해성·형사위법성 및 형법 처벌성이 있는 행위를 말한다. 중국 형법상 범죄에 대한 개념은 국가주권·영토의 완정(完整)과 안전·인민민주전정과 사회주의 제도를 뒤엎으려는 행위, 사회질서와 경제 질서를 파괴하고 국유재산 혹은 노동군중집체소유의 재산과 공민개인소유의 재산을 침범하는 행위, 공민의 인신권리·민주권리와 기타 권리를 침범하는 행위 및 기타 사회에 위해성이 있는 행위가 법에 따라 처벌을 받아야 하는 것은 모두 범죄이다. 단 사정이 현저히 경미하고 위해가 크지 않은 경우에는 범죄로 간주하지 않는다(刑法 제13조).

cóng jiù jiān cóng qīng 从旧兼从轻 종구겸종경

중화인민공화국 성립 후 「刑法」가 시행되기 이전의 행위에 대하여 그 당시의 법률이 범죄가 아니라고 규정한 경우에는 당해 법률을 적용하고 그 당시의 법률에 범죄라고 규정한 경우에는 「刑法」의 소추시효기간에 따라 소추한다. 단 「刑法」에서 범죄가 아니라고 규정하였거나 형벌이 비교적 낮은 경우에는 본 「刑法」를 적용한다. 「刑法」 시행 전 그 당시의 법률에 따라 이미 확정판결을 내린 경우 당해 판결은 계속하여 유효하다(刑法 제12조).

fàn zuì kè tǐ 犯罪客体 범죄객체	보호법익 보호객체

형법의 보호를 받는 범죄행위에 의하여 침해된 사회관계 혹은 법익을 말한다. 한국 형법 용어상 범죄객체는 범죄대상과 같은 개념이지만, 중국 형법상의 범죄객체는 보호법익을 의미하는 것으로 범죄대상과는 구별되는 개념이다.

fàn zuì duì xiàng 犯罪对象 범죄대상	범죄객체 범죄대상

범죄행위가 작용하는 대상인데 사회관계의 주체 혹은 물질의 표현이다. 예컨대 고의살인죄에서의 '사람', 절도죄에서의 '재물' 등은 범죄의 대상이다.

fàn zuì kè guān yào jiàn 犯罪客观要件 범죄객관요건	객관적 구성요건

형법에 규정한 행위가 형법이 보호하는 사회관계에 대한 침해를 말하며 범죄의 성립요건으로 반드시 구비해야 하는 객관사실의 특징을 말한다. 이는 모종의 범죄가 어떤 행위를 통하여, 어떤 상황 하에서 형법이 보호하는 사회관계에 대하여 어떠한 결과를 초래하였는지를 설명한다.

fàn zuì zhǔ tǐ 犯罪主体 범죄주체	범죄의 주체

형법이 규정한 범죄를 실시하고 형사책임을 부담하는 자를

말한다. 犯罪主体(fàn zuì zhǔ tǐ)에는 자연인 범죄주체와 단위(单位) 범죄주체가 포함된다. 자연인 범죄주체에 있어서 만 16세 이상의 자가 죄를 범할 경우 형사책임을 져야 한다. 만 14세 이상 16세 미만인 자가 고의살인 · 고의상해치인중상(故意伤害致人重伤) 혹은 사망 · 강간 · 강탈 · 독품판매(贩卖毒品) · 방화 · 투독(投毒) 등 죄를 범할 경우 형사책임을 져야 한다. 만 14세 이상 18세 미만인 자가 죄를 범할 경우 죄를 가볍게 하거나(从轻) 감경해야 한다(刑法 제17조). 단위 범죄주체는 법에 의해 설립한 일정한 재산 혹은 경비가 있고 자신의 명의로 책임을 지는 회사 · 기업 · 사업단위 · 기관 · 단체 등을 말한다.

fàn zuì zhǔ guān yào jiàn 犯罪主观要件 범죄주관요건	주관적 구성요건

형법에 규정한 범죄주체가 그가 실시한 위해행위 및 그 결과에 대한 심리적 태도를 말한다. 犯罪主观要件(fàn zuì zhǔ guān yào jiàn)에는 고의와 과실이 있으며 양자를 통칭하여 죄과(罪过)라고 한다.

gù yì 故 意 고 의	고 의

자기의 행위가 사회에 위해를 초래함을 분명히 인식하고 이러한 결과의 발생을 희망하거나 방임하는 심리적 태도를 말한다(刑法 제14조 제1항). 여기서 '희망'하는 심리적 태도를 직접고의라 하고, '방임'하는 심리적 태도를 간접고의라고 한다.

过失 (guò shī) 과실 | 과 실

자기의 행위가 사회를 위해하는 결과를 초래할 것을 예상해야 했음에도 불구하고 방심하여 예상하지 못했거나 이미 예상했으나 쉽게 피할 수 있다고 믿는 심리적 태도를 말한다(刑法 제15조 제1항). 여기서 '방심한' 과실은 자신의 행위가 사회에 위해한 결과를 초래함을 인식하지 못한 것을 말한다. 하지만 그 원인은 행위자가 인식할 수 있었음에도 불구하고 '소홀한' 탓에 인식하지 못한 것이다. '쉽게 믿은' 과실은 자신의 행위가 사회를 위해하는 결과를 초래할 것을 예상했음에도 불구하고 쉽게 피할 수 있다고 인식하는 심리적 상태를 말한다.

无罪过事由 (wú zuì guò shì shí) 무죄과사유 | 책임조각사유

행위가 객관적으로 손해결과를 초래하였지만 고의 혹은 과실에 의한 것이 아니고 불가항력 혹은 예측 불가능한 원인으로 초래된 것일 경우에는 범죄가 아니라는 것이다(刑法 제16조). '방심한' 과실과 비교하여 볼 때 전자는 당시의 실제상황에서 완전히 예측 가능하였으나 행위자의 방심으로 예측하지 못한 것이고, 후자는 당시의 실제상황에서 행위자가 위해결과의 발생에 대해 전혀 예견할 수 없었다는 점에서 구별된다.

pái chú fàn zuì shì yóu 排除犯罪事由 배제범죄사유	위법성조각사유

행위가 비록 객관적으로 일정한 손해결과를 초래하여 형식상의 범죄의 객관요건에 부합되지만 실질상에는 범죄의 사회위해성이 없고 범죄구성요건에 부합되지 않기 때문에 법에 따라 범죄가 성립되지 않는 사유를 말한다. 정당방위·긴급피난 등이 排除犯罪事由(pái chú fàn zuì shì yóu)에 속한다.

zhèng dāng fáng wèi 正当防卫 정당방위	정당방위

국가·공공이익·본인 혹은 타인의 인신·재산과 기타 권리에 대한 현재의 불법침해를 받는 것을 면하기 위하여 당해 불법행위를 제지하는 행위로 인하여 불법침해자에게 손해를 초래한 경우에 형사책임을 지지 않는 것을 말한다(刑法 제20조 제1항).

bì yào xiàn dù 必要限度 필요한도	상당성

정당방위 혹은 긴급피난을 함에 있어서 사회관례에 비추어 도를 넘지 않고 당연시되는 것을 말한다. 必要限度(bì yào xiàn dù)를 초과하면 과잉방위로 인정되어 상응한 형벌을 받게 된다. 즉 必要限度(bì yào xiàn dù)는 범죄조각사유에 대한 판단 기준이 되는 것이다.

fáng wèi guò dàng 防卫过当 방위과당	과잉방위

정당방위가 필요한도를 초과하여 피해자에게 중대한 손해를 초래한 경우를 말하며 이런 경우에 행위자는 상응한 형사책임을 부담해야 한다. 단, 防卫过当(fáng wèi guò dàng)의 경우에는 처벌을 경감하거나 면제한다(刑法 제20조 제2항). 진행 중에 있는 폭행・살인・강도・강간・납치 및 기타 인신안전에 엄중한 위험을 초래하는 폭력범죄에 대하여 방위하여 불법침해자가 사상할 경우 防卫过当(fáng wèi guò dàng)에 해당되지 않으며 형사책임을 지지 않는다(刑法 제20조 제3항).

jǐn jí bì xiǎn 紧急避险 긴급피험	긴급피난

국가・공공이익・본인 혹은 타인의 인신・재산과 기타 권리에 대한 현재의 위험을 면하기 위하여 부득이 취한 행위로 인하여 초래한 손실에 대하에 형사책임을 지지 않는 것을 말한다(刑法 제21조 제1항). 본인의 피난에 있어서 직무상・업무상 특정책임이 있는 자한테는 紧急避险(jǐn jí bì xiǎn)이 적용되지 않는다(刑法 제21조 제3항).

bì xiǎn guò dàng 避险过当 피험과당	과잉피난

긴급피난이 필요한도를 초과하여 불필요한 중대한 손해를 초래한 경우를 말하며 이런 경우에 행위자는 형사책임을 부담

해야 한다. 단, 避险过当일 경우에는 처벌을 경감하거나 면제
bì xiǎn guò dàng
해야 한다(刑法 제21조 제2항).

yù bèi fàn 预备犯 예비범	예비범

범죄를 위하여 공구를 준비하고 조건을 마련하는 자를 말한다. 预备犯에 대해서는 기수범을 참조하여 형을 가볍게 하
yù bèi fàn
거나(从轻) 경감하거나 면제할 수 있다(刑法 제22조).

wèi suí fàn 未遂犯 미수범	미수범

범죄의 실행에 착수하였으나 범죄자의 의지 이외의 원인으로 목적을 이루지 못한 자를 말한다. 未遂犯에 대해서는 기수
wèi suí fàn
범을 참조하여 형을 가볍게 하거나(从轻) 감경할 수 있다(刑法 제23조).

zhōng zhǐ fàn 中止犯 중지범	중지범

범죄 과정 중에 스스로 범죄를 포기하거나 범죄결과의 발생을 스스로 유효하게 방지하는 자를 말한다. 즉 하나는 범죄의 예비단계 혹은 범죄의 실행에 착수한 후 행위가 종료되기 전에 스스로 범죄를 포기하는 것이고, 다른 하나는 행위가 종료된 후 범죄결과의 발생을 스스로 효과적으로 방지하는 것을 말한다. 中止犯에 대해서는 손해가 발생되지 않은 경우에는
zhōng zhǐ fàn

형을 면제하고 손해를 초래한 경우에는 형을 감경한다(刑法 제23조).

共同犯罪 gòng tóng fàn zuì 공동범죄	공동범죄

2인 이상이 공동·고의적으로 죄를 범한 것을 말한다. 2인 이상의 공동된 과실로 인한 범죄는 공동범죄로 처벌하지 않으며 형사책임을 져야 할 경우에는 각자 범한 죄에 따라 처벌한다(刑法 제25조). 共同犯罪(gòng tóng fàn zuì)에는 일반共同犯罪(gòng tóng fàn zuì)와 특수共同犯罪(gòng tóng fàn zuì)가 있다. 전자는 조직이 없는 共同犯罪(gòng tóng fàn zuì)를 말하고 후자는 3인 이상이 조직적으로 실행한 共同犯罪(gòng tóng fàn zuì)를 말한다.

犯罪集团 fàn zuì jí tuán 범죄집단	범죄단체

공동으로 범죄를 실행하기 위하여 구성된 3인 이상의 고정적인 범죄조직을 말한다(刑法 제26조 제2항). 犯罪集团(fàn zuì jí tuán)의 범죄에 있어서는 각자의 역할에 따라 상응한 처벌을 받게 된다.

主 犯 zhǔ fàn 주 범	정 범

범죄집단을 조직·영도하여 범죄활동을 진행하거나 공동범죄 중에서 주요한 역할을 하는 자를 말한다(刑法 제26조 제1항). 主犯(zhǔ fàn)은 두 개 부류로 나눈다. 하나는 범죄집단을 조직·영도하여 범죄활동을 진행하는 자를 말하는데 수요분자(首要分

子)라고 한다. 여기서 '조직한다'는 것은 우두머리가 되어 타인을 모집하여 범죄집단을 구성하는 것을 말하고, '영도한다'는 것은 범죄집단의 범죄활동에 대하여 기획하고 지휘하는 것을 말한다. 다른 하나는 공동범죄 중에서 수요분자 이외의 주요한 역할을 하는 범죄자를 말한다. 수요분자에 대해서는 범죄집단이 범한 전부 죄행에 대해 처벌한다. 즉 자신이 직접 실행한 구체범죄에 대하여 형사책임을 져야 할 뿐만 아니라 범죄집단 구성원이 당해 집단의 범죄계획에 따라 범한 전부의 죄행에 대하여 형사책임을 진다. 수요분자 이외의 기타 主犯(zhǔ fàn)은 자신이 직접 참여하거나 조직·지휘한 전부의 죄행에 대하여 처벌한다(刑法 제26조 제3항, 제4항).

从犯 (cóng fàn) 종 범	종 범

공동범죄에서 부차적 혹은 보조적 역할을 하는 자를 말한다. '부차적'이라는 것은 주범의 역할에 비하여 한 단계 낮은 역할을 한 자를 말하고, '보조적'이라는 것은 공동범죄에 유리한 조건을 제공한 자를 말하며 일반적으로 방조범이라고도 한다. 从犯(cóng fàn)에 대해서는 형을 가볍게 하거나(从轻) 감경하거나 면제한다(刑法 제27조).

胁从犯 (xié cóng fàn) 협종범	

협박에 의하여 범죄를 실행한 자를 말하며 경우에 따라 형

을 감경하거나 면제한다(刑法 제28조). 胁从犯(xié cóng fàn)은 협박에 의한 경우만을 말하며 유혹에 의해 범죄를 실행한 자는 포함하지 않는다. 또한 범죄에 착수할 때에는 협박에 의한 것이지만 사후에 자의에 의해 범죄를 실행한 것이라면 胁从犯(xié cóng fàn)에 속하지 않는다.

教唆犯 (jiào suō fàn) 교사범	교사범

지시·권유·유혹·종용 혹은 기타 방법으로 고의적으로 타인을 교사하여 범죄를 실행케 하는 자를 말한다. 教唆犯(jiào suō fàn)에 대해서는 그가 공동범죄 중에서의 역할에 따라 처벌한다. 만 18세 미만의 자를 교사할 경우 가중 처벌한다. 만약 피교사자가 교사된 죄를 범하지 않을 경우 教唆犯(jiào suō fàn)에 대한 형을 가볍게 하거나(从轻) 경감할 수 있다(刑法 제29조).

刑罚 (xíng fá) 형 벌	형 벌

국가가 범죄에 대한 법률상의 효과로서 범죄자에 대하여 그의 책임을 전제로 하여 과하는 법익을 박탈하는 것을 말한다. 刑罚(xíng fá)에는 범죄의 재발을 방지하기 위한 목적도 있다. 중국의 刑罚(xíng fá)는 주형과 부가형으로 나누어지는데, 주형에는 관제(管制)·구역(拘役)·유기도형(有期徒刑)·무기도형(无期徒刑)·사형(死刑)이 포함되고 부가형에는 벌금(罚金)·정치권리박탈(剥夺政治权利)·재산몰수(没收财产)·강제출국(驱逐出境) 등이 포함된다. 부가형은 주형과 함께 적용될 수도 있고, 독립적으로 적

용될 수도 있다.

管制 (guǎn zhì) 관 제

수형자를 구치하지 않고 일정한 자유를 제한하고 공안기관이 집행하며 군중이 감독·개조하는 형벌을 말한다. 管制(guǎn zhì)의 형기는 3개월 이상 2년 이하이며 수죄를 병합 처벌할 경우에도 3년을 초과해서는 아니 된다(刑法 제38조). 형기는 판결 집행일로부터 계산하며 판결 집행 전에 구속된 경우에는 구속 1일을 형기 2일로 상계한다(刑法 제41조). 管制(guǎn zhì)판결을 받은 수형자는 형의 집행기간에 아래와 같은 의무와 권리가 있다. 즉 ① 법률·행정법규를 준수하고 감독에 복종해야 한다. ② 집행기관의 비준을 받지 아니하고 언론·출판·집회·결사·유행(游行)·시위의 권리를 행사하지 못한다. ③ 집행기관의 규정에 따라 자신의 활동상황을 보고해야 한다. ④ 집행기관의 접견규정을 준수해야 한다. ⑤ 거주하고 있는 시·현을 떠나거나 이사할 경우 집행기관의 허가를 받아야 한다. ⑥ 근로할 경우 동일근로·동일보수의 권리가 있다.

拘役 (jū yì) 구 역 — 단기 자유형

단기간 수형자의 자유를 박탈하는 것을 말한다. 拘役(jū yì)의 형기는 1개월 이상 6개월 이하이며 수죄를 병합 처벌할 경우에도 1년을 초과해서는 아니 된다(刑法 제42조). 이 형은 공안기관이 가까운 곳에서 집행하며 집행기간에 수형자는 매달 1일 내지 2일 집에 돌아갈 수 있다. 노동에 참가할 경우 적당한 보수를 발급한다(刑法 제43조). 형기는 판결 집행일로부터 계산하며 판결 집행 전에 구속된 경우에는 구속 1일을 형기 1일로 상계한다(刑法 제44조).

yǒu qī tú xíng 有期徒刑 유기도형	유기징역

수형자의 일정한 기간의 자유를 박탈하고 강제노동개조를 실행하는 형벌이다. 有期徒刑(yǒu qī tú xíng)의 형기는 일반적으로 6개월 이상 15년 이하이며 수죄를 병합 처벌할 경우에는 20년을 초과해서는 아니 된다(刑法 제45조). 형기는 판결 집행일로부터 계산하며 집행 전에 구속된 경우에는 구속 1일 형기 1일을 상계한다(刑法 제47조).

wú qī tú xíng 无期徒刑 무기도형	무기징역

수형자의 종신자유를 박탈하는 것을 말하며 자유형 중에서 가장 가혹한 형벌이다. 无期徒刑(wú qī tú xíng)선고를 받은 자에 대해서는 부가적으로 정치 권리를 일생동안 박탈해야 한다(刑法 제57조).

sǐ xíng 死 刑 사 형	사 형

수형자의 생명을 박탈하는 형벌이며 죄행이 극히 엄중한

경우에만 적용되기 때문에 극형이라고도 한다. 死刑(sǐ xíng)에는 즉시 집행과 '유예 2년 집행' 두 가지 경우가 있는데 사형선고를 받은 수형자에 대하여 반드시 死刑(sǐ xíng)을 즉시 집행해야 하는 경우가 아니라면 사형선고를 하는 동시에 '유예 2년 집행'을 선고할 수 있다(刑法 제48조 제1항). 유예 집행기간에 고의적으로 죄를 범하지 않은 경우 2년의 형기가 만기되면 死刑(sǐ xíng)을 무기징역으로 감형한다. 중대한 공을 세우면 유예 집행기간 2년의 형기가 만기되면 15년 이상 20년 이하의 유기징역으로 감형한다. 만약 유예 집행기간에 고의적으로 죄를 범한 것이 밝혀지면 최고인민법원의 허가를 받아 사형을 집행한다(刑法 제50조).

死刑(sǐ xíng)은 최고인민법원이 법에 따라 판결한 사건 외에는 모두 최고인민법원의 허가를 받아야 한다. 死刑(sǐ xíng) 유예 집행은 고급인민법원에서 판결하거나 허가할 수 있다(刑法 제48조 제2항). 이 형벌은 죄를 범할 때 만 18세 미만이거나 심판할 때 임신한 부녀에 대하여 적용되지 않는다(刑法 제49조). 집행방법은 집행기관이 임의로 정하는 것이 아니라 총살·주사 등 법에 정한 범위 내에서 선택해야 한다(刑事诉讼法 제212조).

罚金(fá jīn) 벌금 | 벌 금

범죄인에 대하여 국가에 일정한 금액을 납부하게 하는 형벌이다. 罚金(fá jīn)은 판결서에 따라 일시납부 혹은 분납할 수 있다. 만기가 되어도 납부하지 않는 경우 법원은 강제 집행할 수 있으며 전부의 벌금을 납부하지 않은 경우 법원은 언제든지 피집행자한테 집행 가능한 재산이 있음을 발견하면 수시로 추가 집행할 수 있다. 만약 불가항력적인 화재로 납부가 확실히 어려운 경우에는 경우에 따라 감소하거나 면제할 수 있다(刑法 제53조).

mò shōu cái chǎn 没收财产 몰수재산	몰 수

범죄인의 일부 혹은 전부 개인재산을 강제로 몰수하여 국가소유로 하는 형벌이다. 전부 재산을 몰수할 경우 범죄인 및 그 부양가족의 필요한 생활비는 남겨야 한다(刑法 제59조). 没收财产(mò shōu cái chǎn) 전에 범죄인이 부담하고 있던 정당한 채무에 대해서는 채권자의 청구에 따라 변제해야 한다(刑法 제60조).

bō duó zhèng zhì quán lì 剥夺政治权利 박탈정치권리	자격상실 자격정지

범죄인이 국가 관리와 정치활동에 참여하는 권리를 박탈하는 형벌을 말한다. 剥夺政治权利(bō duó zhèng zhì quán lì)에는 ① 선거권과 피선거권의 박탈, ② 언론·출판·집회·결사·유행(游行)·시위자유의 권리의 박탈, ③ 국가기관 공직자 임직의 박탈, ④ 국유회사·기업·사업단위와 인민단체 영도자 직위의 박탈 등이 있다(刑法 제54조). 剥夺政治权利(bō duó zhèng zhì quán lì)의 기간은 일반적으로 1년 이상 5년 이하이지만 사형·무기징역을 선고 받은 범죄인에 대해서는 일생동안 정치 권리를 박탈해야 한다(刑法 제55조, 제56조).

qū zhú chū jìng 驱逐出境 구축출경

죄를 범한 외국인(무국적인 포함)에 대하여 강제출국 처벌을 내리는 형벌이다. 驱逐出境(qū zhú chū jìng)은 부가형에 속하며 독립적으로 적용될 수도 있고 주형에 부가하여 적용될 수도 있다. 주의할 점은 '外国人入境处境管理办法'의 규정에도 驱逐出境(qū zhú chū jìng)이 있는데 이 경우에는 행정기관인 공안기관이 내리는 행정처벌이며 형사처벌이 아니라는 것이다. 한국에는 형벌로서 驱逐出境(qū zhú chū jìng)과 같은 형은 없고, 다만 행정처분으로 강제출국을 명할 수 있다.

liàng xíng 量 刑 양 형 — 양 형

법관이 구체적 사건에 있어서 범죄자에게 정당한 형벌을 선고하는 것을 말한다. 범죄자에 대하여 형벌을 선고함에 있어서 법관은 범죄사실·범죄성격·범죄사정과 사회에 대한 위해정도에 근거하여 형법의 관련 규정에 따라 선고해야 한다(刑法 제61조). 量刑(liàng xíng)에는 법정양형과 작량양형이 포함된다.

cóng qīng 从 轻 종 경 — 형의 감경

양형에 있어서 법정형의 한도 내에서 가볍게 처벌하는 것을 말한다(刑法 제62조). 예컨대 국가배반죄의 법정형은 무기징역 혹은 10년 이상 유기징역인데 从轻(cóng qīng)의 경우 가장 적은 형인 유기징역 10년의 방향으로 양형하는 것을 말한다.

cóng zhòng 从 重 종 중	형의 가중

양형에 있어서 법정형의 한도 내에서 가중 처벌하는 것을 말한다(刑法 제62조). 예컨대 국가배반죄의 법정형은 무기징역 혹은 10년 이상 유기징역인데 从重(cóngzhòng)의 경우 가장 중한 형인 무기징역의 방향으로 양형하는 것을 말한다.

jiǎn qīng 减 轻 감 경	감 경

법정형 이하로 형을 선고하는 것을 말한다(刑法 제62조). 예컨대 국가배반죄의 법정형은 무기징역 혹은 10년 이상 유기징역인데 减轻(jiǎn qīng)의 경우 유기징역 10년 이하로 처벌하는 것을 말한다.

lěi fàn 累 犯 누 범	누 범

유기징역 이상의 형벌을 받은 범죄자가 형의 집행이 종료되었거나 사면 받은 후 5년 이내에 유기징역 이상의 형벌을 받을 죄를 범한 자를 말한다. 累犯(lěi fàn)에 대해서는 가중 처벌해야 하나 과실범죄는 그러지 아니하다. 가석방을 받은 자는 가석방 만기일로부터 계산한다(刑法 제65조). 국가안전을 위해하는 범죄자는 형의 집행이 종료되었거나 사면 받은 후 임의의 시간 내에 국가안전을 위해하는 죄를 범할 경우 기간에 관계없이 累犯(lěi fàn)으로 처벌한다(刑法 제66조). 이러한 累犯(lěi fàn)을 특수累犯(lěi fàn)이라

고 한다.

自首 (zì shǒu) 자 수	자 수 자 백

범죄 후 스스로 자신의 범죄사실을 신고하고 자신의 죄행을 사실대로 인정하는 것을 말한다. 강제조치를 받은 피의자, 피고인 및 복역 기간에 있는 범죄인이 사법기관이 알지 못한 범죄를 사실대로 인정할 경우에도 自首(zì shǒu)로 간주한다. 이론상 전자를 일반自首(zì shǒu)라 하고, 후자를 특수自首(zì shǒu)라고 한다. 自首(zì shǒu)한 범죄인에 대해서는 형을 가볍게 하거나 감경할 수 있다. 그 중 범죄가 비교적 경미한 경우에는 형을 면제할 수 있다(刑法 제67조).

缓刑 (huǎn xíng) 환 형	집행유예

구역 또는 3년 이하 유기징역을 선고받은 범죄인에 대하여 범죄인의 범죄사정과 죄의 회개정도에 따라 사회에 위해를 초래하지 않는다고 간주할 경우에 일정한 기간 동안 형의 집행을 유예하고 그 유예기간 동안 법정요건을 만족한 경우에는 기존의 형을 집행하지 않는 제도를 말한다(刑法 제72조). 缓刑(huǎn xíng)에 있어서 구역의 유예기간은 기존 형의 형기 이상 1년 이하이며 2개월보다 적어서는 아니 된다. 유기징역의 유예기간은 기존 형의 형기 이상 5년 이하이며 1년보다 적어서는 아니 된다. 缓刑(huǎn xíng)의 기간은 판결확정일로부터 계산한다(刑法 제73조). 누범에 대해서는 缓刑(huǎn xíng)이 적용되지 않는다(刑法 제72조).

减刑 (jiǎn xíng) 감형 | 형의 감형

관제·구역·유기징역·무기징역 선고를 받은 범죄인이 형의 집행기간에 감옥규칙을 열심히 준수하고 교육개조를 받고, 회개의 뜻이 있는 경우 또는 공로가 있는 경우에 형을 감형해주는 것을 말한다. 减刑(jiǎn xíng)에는 减刑(jiǎn xíng)할 수 있는 경우와 응당 减刑(jiǎn xíng)해야 하는 두 가지 경우가 있다. 전자는 '감옥규칙을 열심히 준수하고 교육개조를 받고, 회개의 뜻이 있는 경우' 또는 '공로가 있는 경우'를 말하고, 후자는 ① 타인의 중대한 범죄활동을 저지한 경우, ② 감옥 내외의 중대한 범죄활동을 고발하고 조사에 의하여 사실로 밝혀진 경우, ③ 발명창조 혹은 기타 중대한 기술혁신이 있는 경우, ④ 일상생산·생활 중에서 헌신적으로 타인을 구한 경우, ⑤ 자연재해의 방지 혹은 중대사고의 배제에서 특출한 표현이 있는 경우, ⑥ 국가와 사회에 기타 중대한 공헌이 있는 경우를 말한다. 减刑(jiǎn xíng) 후 실제 집행하는 형기는 관제·구역·유기징역을 선고받은 경우에는 기존 형기의 2분의 1보다 적어서는 아니 되며 무기징역을 선고받은 경우에는 10년보다 적어서는 아니 된다(刑法 제78조).

假释 (jiǎ shì) 가석 | 가석방

유기징역을 선고받은 경우 원 판결의 2분의 1 이상의 형을 집행하고 무기징역에 있어서는 10년 이상 형을 집행한 범죄인이 감옥규칙을 열심히 준수하고 교육개조를 받고, 회개의 뜻이 있으며 假释(jiǎ shì) 후 사회에 다시 위해를 초래하지 않을 경우 일정한 조건하에 사전에 석방하는 것을 말한다. 특수한 상황이 있다면 상술한 형기의 제한을 받지 않는다. 누범 및 살인·폭발·강탈·강간·납치 등 폭력성 죄를 범하여 10년 이상 유기징역·무기징역을 받은 범죄인에 대하여 假释(jiǎ shì)는 적용되지 않는다(刑法 제78조).

유기징역을 선고받은 경우 假释(jiǎ shì)의 보호관찰기간은 잔여형기이고, 무기징역에 있어서 假释(jiǎ shì)의 보호관찰기간은 10년이며 보호관찰기간은 假释(jiǎ shì)일로부터 계산한다(刑法 제83조). 보호관찰은 공안기관이 책임지며 보호관찰기간에 假释(jiǎ shì)의 취소사유가 발생하지 않고 그 기간이 종료된다면 원 형벌은 집행종료된 것으로 간주하여 공개적으로 선고한다(刑法 제85조). 보호관찰기간에 범죄인이 법률·행정법규 혹은 국무원의 假释(jiǎ shì)에 관한 감독관리 규정을 위반하였으나 범죄에 해당되지 않는다면 假释(jiǎ shì)를 취소하고 잔여 형기를 집행해야 한다. 보호관찰기간에 새로운 죄를 범할 경우 혹은 보호관찰기관 내에 假释(jiǎ shì)를 받은 범죄인이 판결 선고 전에 기타 죄를 범했으나 판결을 하지 않았음을 발견한 경우에는 형법에 규정된 수죄의 규정에 따라 처벌한다(刑法 제86조).

[형사소송편]

xíng shì sù sòng fǎ 刑事诉讼法 형사소송법	형사소송법

협의의 刑事诉讼法(xíng shì sù sòng fǎ)는 형사소송법전을 말하는데 「中华人民共和国刑事诉讼法」는 1979년 7월 1일에 제5기 전국인민대표대회 제2차 회의에서 통과되었고, 1996년 3월 17일 제8기 전국인민대표대회 제4차 회의에서 개정되었다. 광의의 형사소송법은 형사소송법전을 포함한 형사소송과 관련된 모든 법률규범을 말한다. 여기에는 결정 · 규정 · 보충규정 · 조례 · 해석 등 명칭으로 공포한 규범들이 포함된다. 예컨대 '최고인민법원의 「중화인민공화국형사소송법」을 집행할 약간의 문제에 관한 해석(最高人民法院关于执行〈中华人民共和国刑事诉讼法〉若干问题的解释)' 등이 있다.

lì àn guǎn xiá 立案管辖 입안관할	

법원 · 검찰기관 · 공안기관 사이에서 형사사건을 수리하는 권한의 구분을 말한다. 법률에 별도의 규정이 없는 한 형사사

건은 공안기관이 수사한다. 탐오횡령 범죄, 국가기관 공직자의 직무유기 범죄, 국가기관 공직자가 직권을 이용하여 실행한 불법감금·가혹행위·복수모함·불법수사 등 공민의 인신권리를 침해한 범죄 및 기타 공민의 민주권리를 침해한 범죄는 인민검찰원이 입안·수사한다. 국가기관 공직자가 직권을 이용하여 실행한 기타 중대한 범죄사건은 인민검찰원이 직접 수리할 것이 필요한 경우에는 성급 이상 인민검찰원의 결정에 의하여 인민검찰원이 입안·수사할 수 있다. 자소(自诉)사건은 법원이 직접 수리한다(刑事诉讼法 제18조).

zì sù àn jiàn 自诉案件 자소안건	

법원이 직접 수리하는 사건을 말한다. 여기에는 고소하여야만 수리하는 사건, 검찰원이 공소를 제기하지 않았지만 피해자한테 상당한 증거가 있는 경미한 형사사건, 피해자한테 피고인이 자신의 인신·재산 권리를 침해한 행위가 있다는 것을 증명할 증거가 있어 법에 따라 형사책임을 추궁해야 하지만 공안기관 혹은 검찰기관에서 추궁하지 않는다는(不予追究) 서면결정을 내린 사건이 포함된다(最高人民法院关于执行〈中华人民共和国刑事诉讼法〉若干问题的解释 제1조).

jí bié guǎn xiá 级别管辖 급별관할	사물관할

기층인민법원·중급인민법원·고급인민법원·최고인민법

원 사이에서 제1심 형사사건의 관할의 분배를 말한다. 중국 형사소송법에서 级别管辖(jí bié guǎn xiá)는 사건의 성격, 죄행의 경중, 사건의 영향력, 각급 법원의 권한과 조직 등에 따라 판단하게 된다.

基层法院管辖(jī céng fǎ yuàn guǎn xiá)
기층법원관할

기층인민법원이 관할하는 제1심 형사사건을 말한다. 「刑事诉讼法」에 별도의 규정이 없는 한 형사사건은 최하층 법원인 기층인민법원이 관할하는 것이 원칙이다(刑事诉讼法 제19조).

中级法院管辖(zhōng jí fǎ yuàn guǎn xiá)
중급법원관할

중급인민법원이 관할하는 제1심 형사사건을 말한다. 여기에는 ① 국가안전을 위해하는 사건, ② 무기징역·사형 선고를 받을 가능성이 있는 일반적인 형사사건, ③ 외국인 범죄의 형사사건이 포함된다(刑事诉讼法 제20조).

高级法院管辖(gāo jí fǎ yuàn guǎn xiá)
고급법원관할

고급인민법원이 관할하는 제1심 형사사건을 말한다. 전성·자치구·직할시의 범위에서의 중대한 형사사건은 고급인민법원이 제1심 관할법원이 된다(刑事诉讼法 제21조).

zuì gāo fǎ yuàn guǎn xiá 最高法院管辖 최고법원관할	

최고인민법원이 관할하는 제1심 사건을 말한다. 최고인민법원은 전국적인 범위에서의 중대한 제1심 형사사건을 관할한다(刑事诉讼法 제22조).

dì yù guǎn xiá 地域管辖 지역관할	토지관할

동급 법원 사이에서 제1심 형사사건 관할권에 대한 분배이다. 형사사건은 범죄지의 법원이 관할하는 것이 원칙이며 피고인의 주소지의 법원이 심판하는 것이 보다 적절할 경우 피고인 주소지의 법원이 관할할 수 있다(刑事诉讼法 제24조).

zhuān shǔ guǎn xiá 专属管辖 전속관할	전속관할

군사법원의 관할과 철로운수법원의 관할을 말한다. 전자는 현역군인과 군사구역 내의 정식 직원이 범한 형사사건을 관할하고, 후자는 철로 공안기관이 수사한 형사사건을 관할한다.

yōu xiān guǎn xiá 优先管辖 우선관할	

수개의 법원이 모두 관할권이 있는 경우, 즉 관할경합의 경우에 관할법원을 정하는 방법을 말한다. 이런 경우에는 먼저 사건을 수리한 법원이 갖게 되는 것이 원칙이다. 하지만 필요

한 경우에는 주요 범죄지의 법원이 심판할 수도 있다. 후자의 경우를 이송관할이라고 한다(刑事诉讼法 제25조).

指定管辖 (zhǐ dìng guǎn xiá) 지정관할	지정관할

법정관할에 대응하는 관할을 말한다. 실무상 관할권이 불분명한 형사사건이 있을 수도 있고 공소제기를 받은 법원이 관할권을 행사하기 불편한 경우도 있다. 이런 경우에 상급법원은 하급법원에 관할권이 불분명한 사건의 심리를 지정할 수도 있고 하급법원에 사건을 기타 법원에 이송하도록 지정할 수 있다(刑事诉讼法 제26조).

回避 (huí bì) 회피	회피 기피

심판인원·검찰인원·수사인원·서기원·통역·감정인이 법성사유가 있는 경우에는 자발적으로 직무집행에서 탈퇴하거나 당사자의 요구에 의하여 직무집행에서 탈퇴하는 것을 말한다. 回避(huí bì)의 사유로는 상기 인원이 ① 본 사건의 당사자 혹은 당사자의 가까운 친족일 경우, ② 본인 혹은 가까운 친족이 본 사건과 이해관계가 있을 경우, ③ 본 사건의 증인·감정인·변호인·소송대리인을 임한 적이 있는 경우, ④ 본 사건의 당사자와 기타 관계가 있어 사건의 공정한 처리에 영향을 미칠 경우 등이 있다(刑事诉讼法 제28조). 심판인원·검찰인원·수사인원의 回避(huí bì)는 법원 원장·검사장·공안기관의 책임자가 결정하

고, 원장의 回避(huí bì)는 당해 법원의 심판위원회에서 결정한다. 검찰장과 공안기관의 책임자의 回避(huí bì)는 동급 검찰원 검찰위원회에서 결정한다(刑事诉讼法 제30조). 서기원·통역·감정인의 回避(huí bì)는 법원 원장이 결정한다.

gōng sù rén 公诉人 공소인	

공소를 제기하고 이를 수행하는 검찰기관의 대표자를 말한다. 검찰원이 공소를 제기할 경우 검사장 혹은 검사가 국가 공소인의 신분으로 법정에 출두하여 공소를 지지하고 심판활동을 감독한다. 즉 公诉人(gōng sù rén)의 책임은 공소를 제기하는 것뿐만 아니라 법률감독기관으로서 법원의 심판활동에 대하여 감독하는 것도 포함한다.

fàn zuì xián yí rén 犯罪嫌疑人 범죄혐의인	피의자

수사기관에 입건되어 수사를 받는 대상을 말한다. 수사를 거쳐 犯罪嫌疑人(fàn zuì xián yí rén)이 법원에 기소된 경우에는 피고인이라고 한다.

biàn hù rén 辩护人 변호인	변호인

피의자 혹은 피고인의 합법권익을 보호하고 공정한 판결을 받도록 피고인에게 도움을 주는 자를 말하며 사선변호인과 지정변호인으로 나누어진다. 피의자 혹은 피고인은 직접 자신을

위해 변호할 수 있으며 1인 내지 2인에 한하여 변호인을 선임할 수 있다. 사선변호인이 될 수 있는 자는 ① 변호사, ② 인민단체 혹은 피의자·피고인 소재지의 소속기관이 추천한 자, ③ 피의자·피고인의 후견인 혹은 친우(亲友) 등이 있다. 하지만 법에 의해 인신자유를 박탈당하거나 제한당한 자는 변호인이 될 수 없다(刑事诉讼法 제32조).

zhǐ dìng biàn hù rén 指定辩护人 지정변호인	국선변호인

일정한 요건 하에서 법원으로부터 피고인의 변호를 지정받은 법률구조의무가 있는 변호사를 말한다.

공소인이 공소를 제기한 사건에서 피고인이 경제적인 어려움이 있거나 기타 원인으로 변호인을 선임하지 못한 경우 법원은 법률구조 의무가 있는 변호사를 지정하여 그 변호를 맡게 할 수 있다. 피고인이 농아자 혹은 맹인이거나 미성년이고 변호인을 선임하지 않은 경우, 혹은 사형선고를 받을 가능성이 있는 자가 변호인을 선임하지 않은 경우 법원은 법률구조 의무가 있는 변호사를 지정하여 그 변호를 맡게 할 수 있다(刑事诉讼法 제34조).

jū chuán 拘 传 구 전	구 인

소환을 받은 피의자 혹은 피고인이 정당한 이유 없이 출석하지 않을 경우 사법기관이 피고인을 강제로 법원 또는 일정

한 장소에 인치하는 것을 말한다. 긴급한 상황에서는 소환 없이 직접 拘传(jū chuán)할 수 있다.

qǔ bǎo hóu shěn 取保候审 취보후심	보 석

피의자 혹은 피고인이 일정한 보증금을 납부하거나 보증인을 세워 구속에서 석방하거나 구류 혹은 체포하지 않는 것을 말한다. 피의자 혹은 피고인 본인 및 그 법정대리인·가까운 친족과 대리변호사는 ① 관제(管制)·구역(拘役) 혹은 부가형을 독립 적용할 가능성이 있는 경우, ② 유기징역 이상의 형을 받을 수 있으나 取保候审(qǔ bǎo hóu shěn)을 하여도 사회에 위험을 초래하지 않을 경우에 한하여 取保候审(qǔ bǎo hóu shěn)을 신청할 수 있다(刑事诉讼法 제51조, 제52조). 取保候审(qǔ bǎo hóu shěn)의 최장기간은 12개월이다(刑事诉讼法 제58조).

jiān shì jū zhù 监视居住 감시거주	주거제한

사법기관이 피의자 혹은 피고인에 고정된 주소(고정된 주소가 없는 경우에는 지정한 거소에서)를 함부로 떠나지 못하게 명하고 그에 대하여 감시하는 강제조치이다. 监视居住(jiān shì jū zhù)의 적용대상과 조건은 취보후심(取保候审)과 기본적으로 같다. 일반적으로 피의자 혹은 피고인이 보증인을 세울 수 있거나 보증금을 납부할 수 있는 경우에는 취보후심을 적용하고 그러지 못할 경우에는 监视居住(jiān shì jū zhù)를 적용한다. 监视居住(jiān shì jū zhù)의 기간은 최장 6개월이며(刑事诉讼法 제58조) 이 기간에 피의자 혹은 피고인은 아래의

의무를 이행해야 한다. ① 집행기관의 허가 없이 주소(주소가 없는 경우에는 지정된 거소)를 떠나서는 아니 된다. ② 집행기관의 허가 없이 타인을 면회하지 못한다. ③ 소환할 때 제때에 출석해야 한다. ④ 어떠한 형식으로든 증인의 진술에 간섭해서는 아니 된다. ⑤ 증거를 인멸하거나 위조하거나 천공(串供)해서는 아니 된다. 상술한 의무를 위반하고 사정이 엄중할 경우 체포한다(刑事诉讼法 제57조).

串供 (chuàn gòng) 천공

피의자 혹은 피고인 사이 및 그들과 증인 사이에 형을 피하기 위하여 사전에 짜고 들어 수사기관과 심판기관에서 허위 진술을 하는 것을 말한다.

拘留 (jū liú) 구류 | 구금

공안기관 혹은 검찰원이 직접 입건한 사건에 있어서 수사과정에서 법에 규정한 긴급 상황이 발생하여 현행범 혹은 중대한 피의자에 대하여 임시적으로 인신자유를 박탈하는 강제조치이다. 拘留(jū liú)의 경우에는 拘留(jū liú)증을 제시해야 하지만 아래의 경우에는 拘留(jū liú)증 없이 拘留(jū liú)할 수 있다. ① 범죄를 준비하거나 범죄를 실행하거나 범죄를 종료한 후 즉시 발견될 경우, ② 피해자 혹은 현장목격자가 지목한 자, ③ 신변 혹은 주소에서 범죄증거를 발견한 경우, ④ 범죄 후 자살·도망을 시도하거나 도망 중에 있는 경우, ⑤ 증거를 인멸하거나 위조하거나 천공(串供)할 가능성이 있는 경우, ⑥ 진실한 성명·주소를 말하지 않거나 신원이 불명확한 경우, ⑦ 범죄지가 여러 곳이거나 여러 차례 범죄를 실행하거나 무리를 지어 범죄를 실행한 중대한 혐의가 있는 등 경우이다(刑事诉讼法 제61조). 拘留(jū liú) 후 수사에 방해되거나 통지할 수 없는 경우를 제외하고 집행기관은 拘留(jū liú)의 원인과 장소를 24시간 내에 피拘留(jū liú)인의 가족 혹은 그가 소속된 기관에 통지해야 한다(刑事诉讼法 제64조). 집행기관은 拘留(jū liú) 후 피拘留(jū liú)인에 대하여 24시간 내에 신문해야 하며 拘留(jū liú)할 필요가 없음을 발견한 경우에는 즉시 석방하고 석방증명서를 발급해야 한다. 체포할 필요가 있으나 증거가 부족한 경우에는 취보후심(取保候审)이나 감시거주(监视居住)로 강제조치를 변경할 수 있다(刑事诉讼法 제65조).

逮捕(dài bǔ) 체포 | 체 포

공안기관·검찰기관·법원이 피의자 혹은 피고인의 형사소송절차에 대한 방해를 방지하고, 수사·기소·심판의 순조로운 진행을 보장하기 위하여 피의자 혹은 피고인의 인신자유를 단기간 동안 박탈하는 강제조치이다. 범죄사실을 증명할 수 있는 증거가 있고, 유기징역 이상의 형을 받을 가능성이 있는 피의자 혹은 피고인에 대하여 취보후심(取保候审)이나 감시거주(监视居住) 등 방법으로는 사회위험성을 방지하기에 부족한 경우에 逮捕(dài bǔ)할 수 있다(刑事诉讼法 제60조).

逮捕(dài bǔ)를 결정할 수 있는 기관은 검찰원과 법원이다. 검찰원은 공안기관이 체포신청을 한 사건과 자신이 직접 입건한 사건에 대하여 체포를 결정할 권리가 있으며, 법원은 직접 수리한 자소사건에 대하여 체포를 결정할 권리가 있다. 逮捕(dài bǔ)의 집행권은 공안기관에 전속되며 검찰원과 법원이 체포를 결정한 사건은 모두 공안기관에 맡겨야 한다.

搜查 (sōu chá) 수사	수색

수사인원이 피의자 혹은 범죄자를 은닉하거나 증거물을 은닉한 자의 신체·물건 또는 주거 그 밖의 장소에 대하여 수색하는 것을 말한다. 搜查(sōu chá)는 공안기관과 검찰기관의 수사인원에 한하여 搜查(sōu chá)증을 제시한 후 진행할 수 있으며 전자의 경우 공안기관의 책임자가 搜查(sōu chá)증을 발급하고, 후자의 경우에는 검사장이 搜查(sōu chá)증을 발급한다. 하지만 체포 혹은 구류의 경우 혹은 긴급 상황이 발생한 경우에는 搜查(sōu chá)증 없이 搜查(sōu chá)할 수 있다(刑事诉讼法 제111조). 搜查(sōu chá)과정에는 피搜查(sōu chá)인 혹은 그의 가족, 이웃 혹은 기타 견증인이 현장에 같이 있어야 하며 여자의 신체를 搜查(sōu chá)할 경우에는 여자 수사인원이 진행해야 한다.

通缉 (tōng jī) 통집	지명수배

체포해야 할 피의자가 도망한 경우 공안기관이 通缉(tōng jī)령을 배포하여 기타 공안기관과 협력하여 피의자를 체포하려는 목적

을 이루려는 수사행위이다. 각급 공안기관은 자신의 관할구역 내에서는 직접 通缉(tōng jī)령을 반포할 수 있고, 자기의 관할구역 밖에서는 상급 기관에 신청하여 通缉(tōng jī)령을 반포할 수 있다(刑事诉讼法 제123조).

审判监督 (shěn pàn jiān dū) 심판감독	

검찰기관은 중국의 법률감독기관이다. 따라서 형사소송절차에 있어서 검찰기관은 법원이 법률에 규정한 소송절차를 위반하는지에 관하여 감독할 권리가 있으며 위반할 경우 시정을 요구할 권리가 있다(刑事诉讼法 제169조).

简易程序 (jiǎn yì chéng xù) 간이정서	간이공판절차

비교적 경미한 사건에 대하여 간단한 절차로 신속하게 처리하기 위한 형사소송절차이다. 아래의 사건에 대하여 법원은 简易程序(jiǎn yì chéng xù)를 적용하고 심판원 1인이 단독 심판할 수 있다. ① 3년 이하 유기징역 · 구역(拘役) · 관제(管制) · 벌금단독 형벌을 받을 가능성이 있는 공소사건에 대하여 사실이 명확하고 증거가 충분하거나 검찰원이 简易程序(jiǎn yì chéng xù)를 적용하는 것을 동의한 경우, ② 고소사건, ③ 피해자가 기소한 증거가 있는 경미한 형사사건이다. 简易程序(jiǎn yì chéng xù)를 적용할 경우 검사는 법원의 심판에 출석하지 않을 수 있으며, 법원은 사건 수리 후 20일 내에 결심해야 한다(刑事诉讼法 제175조, 제178조).

shàng sù 上 诉 상 소	상 소

피고인 · 자소인(自诉人)과 그들의 법정대리인이 지방 각급 법원의 제1심 판결 · 재정에 불복할 경우 서면 혹은 구두로 상1급법원에 제기하는 불복신청을 말한다. 피고인의 변호인과 가까운 친족은 피고인의 동의를 얻어 上诉(shàng sù)할 수 있다. 판결에 불복할 경우의 上诉(shàng sù)기간은 10일이고, 재정에 불복할 경우의 上诉(shàng sù)기간은 5일이며 판결서 · 재정서를 송달받은 익일부터 기산한다.

kàng sù 抗 诉 항 소	상 소

지방 각급 검찰원이 본 급 법원의 제1심 판결 · 재정에 확실히 착오가 있다고 간주할 경우 상1급 법원에 불복신청을 하는 것을 말한다. 판결에 불복할 경우의 抗诉(kàng sù)기간은 10일이고, 재정에 불복할 경우의 抗诉(kàng sù)기간은 5일이며 판결서 · 재정서를 송달받은 익일부터 기산한다.

gǎi pàn 改 判 개 판	파기자판

제2심 법원이 제1심 법원에 대한 상소 · 항소사건을 심리한 후 원판결이 사실인정에는 착오가 없지만 법률적용에 착오가 있거나 양형이 부당한 경우가 있음을 발견한 경우 스스로 재판하는 것을 말한다. 원판결의 사실인정이 확실하지 않거나

증거가 부족한 경우에는 사실을 조사한 후 改判(gǎi pàn)할 수 있다(刑事诉讼法 제189조).

发回重审 (fā huí chóng shěn) 발회중심	파기환송

제2심 법원이 제1심 법원에 대한 상소·항소사건을 심리한 후 원판결이 사실인정이 확실하지 않거나 증거가 부족한 경우에는 원심법원에 환송하여 재심판을 명하는 것을 말한다(刑事诉讼法 제189조).

上诉不加刑 (shàng sù bù jiā xíng) 상소불가형	불이익변경금지의 원칙

피고인 혹은 그의 법정대리인·변호인·가까운 친족이 상소한 사건에 대하여 원심판결의 형보다 중한 형을 선고할 수 없다는 것을 말한다. 단 검찰원이 항소하거나 자소인이 상소한 사건은 上诉不加刑(shàng sù bù jiā xíng)을 적용하지 않는다(刑事诉讼法 제190조).

死刑复核 (sǐ xíng fù hé) 사형복핵	

사형판결에 대한 허가절차를 말하는데 그 특징은 ① 법에 따라 사형선고를 받은 형사사건에만 적용되고, ② 사형판결을 내린 법원은 반드시 허가권이 있는 상급법원에 허가신청을 해야 하며, ③ 死刑复核(sǐ xíng fù hé)절차를 거쳐 허가를 받은 사형판결만 집행할 수 있다.

중급인민법원이 사형을 선고한 제1심 사건에 대하여 피고인이 상소하지 않을 경우 고급인민법원이 재검토한 후 최고인민법원에 허가를 신청한다. 고급인민법원이 사형선고에 동의하지 않을 경우 직접 심리하거나 환송하여 재심판하도록 한다. 고급인민법원이 사형선고를 한 제1심 사건에 대하여 피고인이 상소하지 않을 경우, 고급인민법원이 사형선고를 한 제2심 사건은 모두 최고인민법원에 허가신청을 해야 한다(刑事诉讼法 제200조). 다만 사형 유예 2년 집행인 사건에 대해서는 고급인민법원이 비준한다(刑事诉讼法 제201조).

监外执行 (jiān wài zhí xíng)
감외집행

유기징역 또는 관제(管制)의 형을 받은 자가 일정한 요건하에서 감옥 밖에서 형을 집행하는 것을 말한다. 이러한 요건으로는 ① 엄중한 질병으로 인해 보석하여 치료할 필요가 있는 경우, ② 임신하거나 자기의 영아를 포유하는 부녀의 경우이다. 단, 사회위험성을 초래할 가능성이 있는 범죄인 혹은 자해하는 범죄인에 대해서는 보석하여 치료를 받는 监外执行(jiān wài zhí xíng)을 적용하지 않는다. ①의 경우 성급인민정부가 지정한 병원에서 증명서류를 발급해야 하며 법률규정에 따라 허가해야 한다.

이 외에도 유기징역·구역(拘役)형을 선고받은 자가 생활을 자체적으로 돌볼 수 없고 监外执行(jiān wài zhí xíng)을 적용해도 사회에 위험을 초래하지 않을 범죄자에 대해서 监外执行(jiān wài zhí xíng)을 적용할 수 있다(刑事诉讼法 제201조).

[행 정 편]

xíng zhèng 行 政 행 정	행 정

행정기관 및 행정기관의 위임을 받은 조직이 법에 따라 국가와 사회의 사무에 대하여 조직·관리하는 활동을 말한다. 행정주체는 행정기관과 행정기관의 위임을 받은 조직이며 기타 국기기관 예컨대 입법기관·심판기관·검찰기관 등 기관은 그 행위의 목적이 국가의 법을 집행하기 위한 것이라고 할지라도 행정주체가 될 수 없다. 내용면에서 行政(xíng zhèng)은 국가와 사회의 사무에 대한 관리이기 때문에 행정기관이 행한 임대·매매 등 행위는 행정행위에 속하지 않는다. 절차면에서 行政(xíng zhèng)은 반드시 법에 따라 진행해야 하며 위법행정행위는 행정구제절차에 따라 무효로 처리된다.

xíng zhèng lì fǎ 行政立法 행정입법	

국가행정기관이 법률에 규정된 권한과 절차에 따라 법률효력이 있는 규범성 문건을 제정하고 공포하는 것을 말한다. 行(xíng)

政立法(zhèng li fǎ)는 특정된 행정기관의 입법 활동이기 때문에 행정행위와 입법행위라는 두 가지 속성을 모두 지니고 있다. 여기서 주의할 점은 모든 행정기관이 行政立法(xíng zhèng li fǎ)의 주체로 될 수 있는 것이 아니고 중국 「立法法」에 규정된 행정기관만이 그 입법주체로 될 수 있다는 것이다.

xíng zhèng zhǔ tǐ 行政主体 행정주체	행정주체

자신의 명의로 국가행정권을 행사하고 행정상대인의 권리의무에 영향을 미치는 행정행위를 하고, 이에 따른 법률책임을 지며 행정소송에서 피고의 자격으로 응소하는 행정기관 혹은 법률·법규의 위임을 받은 기타 조직을 말한다.

xíng zhèng xiāng duì rén 行政相对人 행정상대인	행정객체

구체적 행정관계에서 행정주체에 대응되는 상대방 당사자를 말한다. 즉 행정주체의 행정행위의 영향을 받는 개인이나 조직을 말한다.

xíng zhèng què rèn 行政确认 행정확인	

행정주체가 행정 상대인의 신청에 의하여 상대인과 관련된 법률지위·법률관계와 법률사실에 대하여 확인한 후 확정·인가·증명 및 선고해주는 행정행위를 말한다. 이러한 行政确认(xíng zhèng què rèn)

은 서면의 형식을 취해야 하며 行政确认(xíng zhèng què rèn)이 내려지면 구속력을 발생한다.

依法行政(yī fǎ xíng zhèng) 의법행정	법률에 의한 행정 법치행정

행정은 반드시 법률의 원칙과 규정에 따라야 하며 일체 행정활동은 기존의 헌법·법률·법규·행정규정에 위반되어서는 아니 됨을 말하는 것이다. 구체적으로 말하여 행정권의 행사는 법률과 저촉되어서는 아니 되고, 법률의 근거가 없다면 국민에게 의무를 부과하거나 국민의 권리를 침해해서는 아니 되고, 특정인의 의무를 면제하거나 특정인을 위하여 권리를 설정해서는 아니 되며 행정권의 재량에 있어서도 그 결정은 법률이 규정한 범위 혹은 한계를 벗어나서는 아니 된다는 것이다.

行政处罚(xíng zhèng chǔ fá) 행정처벌	행정벌

공민·법인 혹은 기타 조직이 행정관리 질서를 위반하여 행정처벌을 해야 할 경우 행정기관이 「行政处罚法」에 규정한 절차에 따라 처벌하는 것을 말한다. 법정근거가 없거나 법정절차를 지키지 않은 행정처벌은 무효이다(行政处罚法 제3조). 行政处罚(xíng zhèng chǔ fá)의 종류에는 ① 경고, ② 벌금, ③ 위법소득 몰수·불법재산 몰수, ④ 생산경영 정지, ⑤ 허가증·집조의 일시 압수 혹은 말소, ⑥ 행정구류(拘留), ⑦ 법률·행정법규에 규정한 기

타 행정처벌 등이 있다. 그 중 인신자유를 제한하는 사항, 즉 제6항 행정구류는 오직 법률로만 규정할 수 있으며 인신자유를 제한하는 사항 외의 처벌에 대해서는 국무원의 행정법규의 형식으로 설정할 수 있다(行政处罚法 제9조, 제10조).

xíngzhèng chǔ fá fǎ
行政处罚法
행정처벌법

행정처벌의 설정과 실시를 규율하고 행정기관이 행정관리 기능을 감독하고 보장하기 위하여 제정한 기본법률을 말한다. 行政处罚法(xíngzhèng chǔ fá fǎ)는 1996년 3월 17일 제8기 전국인민대표대회 제4차 회의에서 통과되었고 같은 해 10월 1일부터 시행되었다.

xíngzhèng jū liú
行政拘留
행정구류

행정처벌 중의 자유벌(自由罚)에 속하는데 행정법령을 위반하여 행정관리질서를 위반한 자에 대하여 공안기관이 일정한 기간 동안 그의 인신자유를 제한하는 처벌형식이다. 行政拘留(xíngzhèng jū liú)는 행정처벌의 일종이며 형벌인 형사구류와는 구별된다.

xíngzhèng péi cháng
行政赔偿
행정배상

행정상 손해배상

행정기관 및 그 공작인원이 권한을 위법 행사하여 공민·법인 혹은 기타 조직의 합법권익에 손해를 초래할 경우 국가가 배상책임을 지는 제도이다.

guó jiā péi cháng fǎ 国家赔偿法 국가배상법	국가배상법

국가기관과 국가기관의 공직자의 위법행위로 공민·법인·기타 조직의 합법권익에 손해를 초래한 행위에 대하여 국가는 배상책임을 져야 하는데 이를 규율하는 법이 国家赔偿法(guó jiā péi cháng fǎ)이다. 国家赔偿法(guó jiā péi cháng fǎ)는 1994년 5월 12일 제8기 전국인민대표대회 제7차 회의에서 통과되었으며 1995년 1월 1일부터 시행되었으며 행정배상·형사배상 등에 관하여 규정하고 있다.

xíng zhèng bǔ cháng 行政补偿 행정보상	행정상 손실보상

행정기관이 행정권한을 이행하는 과정에서 공민·법인 혹은 기타 조직에 초래한 재산상 손실에 대하여 피해자에게 필요한 경제적 보상을 해주는 것을 말한다. 행정배상과 다른 점은 행정배상은 행정기관의 위법행위로 초래된 것이지만 行政补偿(xíng zhèng bǔ cháng)은 정상적인 권한행사로 피해자에게 손실을 초래한 것이며 보상금액은 일반적으로 배상금액보다 적게 책정된다는 것이다.

xíng zhèng chǔ fèn 行政处分 행정처분	징계행정처분

'규율처분'이라고도 하는데 행정기관이 직무에 태만한 공무원에 대하여 가하는 행정제재이다. 즉 공무원이 '公务员法'에 규정한 내용을 위반하여 규율책임을 져야 할 경우에 이 법에 의해 처분을 한다. 규율위반 행위가 경미하고 비평·교육한

후 개정한 경우에는 처분을 면한다(公务员法 제55조).

gōng wù yuán fǎ 公务员法 공무원법	공무원법

공무원에 대한 관리를 규범화하고 공무원의 합법권익을 보호하고 공무원에 대한 감독을 강화하고 높은 소질의 공무원들을 육성할 목적으로 제정된 법률이다. 公务员法(gōng wù yuán fǎ)는 2005년 4월 27일 전국인민대표대회상무위원회 제15차 회의에서 통과되었으며 2006년 1월 1일부터 시행되었다.

xíng zhèng qiáng zhì 行政强制 행정강제	행정상 즉시강제

행정기관 혹은 행정기관의 위임을 받은 기관이 국가행정관리에 장해를 초래하거나 장래에 장해를 초래할 가능성이 있는 사람·행위·물에 대하여 법에 따라 강제조치를 취하는 것을 말한다. 行政强制(xíng zhèng qiáng zhì)는 치안행정강제·경제행정강제·문화행정강제·위생행정강제·기타 행정강제 등이 있다.

xíng zhèng qiáng zhì zhí xíng 行政强制执行 행정강제집행	행정상 강제집행

행정기관이 내린 행정결정을 이행하지 않는 당사자에 대하여 관련 행정기관이 법에 따라 그 당사자에게 행정처리결정을 이행하도록 심리적 압박을 가하고자 취하는 강제수단을 말한다.

chōuxiàng xíng zhèng xíng wéi
抽象行政行为
추상행정행위

행정기관이 불특정인 혹은 사무를 관리대상으로 하여 보편적 구속력이 있는 규범성문건을 제정하고 공포하는 행위를 말한다. 예컨대 행정법규 혹은 행정규장을 제정하는 행위를 말한다. 抽象行政行为(chōuxiàng xíng zhèng xíng wéi)는 특정인에 대한 행정행위가 아니며 행정소송의 대상이 되지 않는다.

jù tí xíng zhèng xíng wéi
具体行政行为
구체행정행위

행정기관 혹은 행정위임을 받은 조직이 법률에 따라 행정관리 활동 중에서 특정인 혹은 특정된 사무에 대하여 구체적 조치를 취하는 일방적인 행정행위이다. 具体行政行为(jù tí xíng zhèng xíng wéi)에는 주로 행정허가 · 행정확인 · 행정징수 · 행정처벌 · 행정감독 · 행정강제 등이 있다. 추상행정행위는 행정소송의 대상이 되지 않는 반면 具体行政行为(jù tí xíng zhèng xíng wéi)은 행정소송의 대상이 된다.

xíng zhèng cuò shī
行政措施
행정조시

행정기관 혹은 행정위임을 받은 기관이 법률에 따라 행정관리 대상에 대하여 실시하는 관리활동을 말한다. 즉 행정주체 자격이 있는 기관이 행한 행위를 말하며 여기에는 추상 行政措施(xíng zhèng cuò shī)와 구체行政措施(xíng zhèng cuò shī)가 포함된다.

xíngzhèng chǔ lǐ 行政处理 행정처리	

행정주체가 구체적인 행정조치를 취하는 행정행위를 말한다. 즉 행정행위에 속하는 것이며 추상행정행위와 구별하기 위하여 고안된 법률용어이다.

xíngzhèng zhǐ dǎo 行政指导 행정지도	행정지도

국가 행정기관이 권한 범위 내에서 그의 행정관리 목표를 실현하기 위하여 건의·권유·정보공포·지도성계획의 하달(下达) 등 직접적인 법률구속력과 국가강제력이 수반되지 않는 수단으로 행정관리 상대인으로 하여금 행정기관이 기대하는 행위를 하도록 인도하는 것을 말한다. 行政指导(xíngzhèng zhǐ dǎo)는 현대 사회에 있어서 중요한 의의가 있으며 합법원칙과 민주원칙에 부합되어야 한다.

xíngzhèng jiě shì 行政解释 행정해석	행정해석

행정해석은 국가행정기관이 행정법령 등의 적용 및 집행과정에서 행해지는 관련 법령 등에 대한 법적 구속력이 있는 해석을 말하며 정부유권해석이라고도 한다. 이러한 行政解释(xíngzhèng jiě shì)의 특징은 두 가지가 있는데 하나는 모든 행정기관이 行政解释(xíngzhèng jiě shì)의 주체가 될 수 있는 것이 아니라 국가입법기관의 위임을 받은 행정기관만이 그 주체가 될 수 있다는 것이고, 다른 하나는 이러한 行政解释(xíngzhèng jiě shì)는 유권해석에 속하며 법률구속력이 있다는 것

이다. 중국의 行政解释(xíngzhèng jiě shì)의 주체 및 해석대상은 아래와 같다.

행정해석의 주체	해 석 대 상
국무원	행정법규: 보충규정이 필요하거나 법조문 자체에 대해 보다 명확한 해석이 필요한 행정법규
각 부	부문규장: 각 부에서 제정한 부문규장에 대해 보충규정이 필요하거나 보다 명확한 해석이 필요한 경우 제정한 기관이 해석 행정법규: 실제적용과정에서 국무원의 해석하는 것을 제외한 행정법규 * 주의할 것은 각 부가 실제적용과정에서 해석이 어렵다고 여기거나 기타 부와의 견해가 상충될 경우 국무원에 해석을 요청할 수 있으며 국무원법제국이 회신의견을 제출하여 국무원의 동의를 얻은 후 직접 질의부서에 회신을 하며 동시에 기타 관련부서에도 회신내용을 송부해야 한다.
지방정부	지방정부규장: 지방정부규장의 규정이 보다 명확한 해석이 필요하거나 새로운 상황에서 명확한 적용규장 의거가 필요할 경우
지방정부 각 부서	지방성법규: 지방 인민대표대회에서 제정한 지방성법규의 구체적용문제에 대한 해석

行政行为(xíngzhèng xíng wéi) 행 정 행 위	행정행위

국가 행정기관이 행정관리를 실시하기 위하여 행한 직·간접적으로 법률효과를 발생하는 행위를 말한다. 行政行为(xíngzhèng xíng wéi)는 국가기관이 행하는 행위이기 때문에 확정력·공정력·구속력·집행력 등 효력이 부여된다.

xíngzhèng sù sòng fǎ 行政诉讼法 행정소송법	행정소송법

협의의 行政诉讼法(xíngzhèng sù sòng fǎ)는 행정소송에 관한 내용을 규정한 법률을 말한다. 중국의 「中华人民共和国行政诉讼法」는 1989년 4월 4일 제7기 전국인민대표대회 제2차 회의에서 통과되었으며 1990년 10월 1일부터 시행되었다.

xíngzhèng sù sòng 行政诉讼 행정소송	행정소송

공민・법인 혹은 기타 조직이 행정기관과 행정기관의 공직자의 구체적 행정행위가 자신의 합법적인 권익을 침해하였다고 간주할 경우에 법에 따라 법원에 제기하는 소송을 말한다(行政诉讼法 제2조). 공민・법인・기타 조직이 행정소송을 제기하는 요건은 행정기관이 실질적으로 자신의 권익을 침해한 것을 요건으로 하는 것이 아니라, 행정기관의 구체적 행정행위가 자신의 이익을 침해하였다고 간주하면 행정소송을 제기할 수 있다는 것이다. 민사소송・형사소송과 비교하여 볼 때 행정소송은 다음과 같은 특징이 있다.

비교대상	내 용
피고	행정소송의 피고는 항정된 것이다. 즉 행정소송의 피고는 필연적으로 행정기관이 되는 것이다. 이와 달리 민사소송의 피고나 형사소송의 피고인은 구체적 사건에 따라 달라진다.
반소	민사소송에서는 심리의 편의와 소송의 효율을 도모하기 위하여 반소가 적용되지만 행정소송에는 반소가 적용되지 않는다.

shòu àn fàn wéi 受案范围 수안범위	소송사항

행정소송을 제기할 수 있는 사건의 범위를 말한다. 중국행정소송은 受案范围(shòu àn fàn wéi)에 대하여 열거주의를 택하고 있다. 즉 법원은 공민·법인 혹은 기타 조직이 아래 구체적 행위에 불복하여 제기한 소송을 수리한다. ① 구류·벌금·허가증말소·영업정지명령·재산몰수 등 행정처벌에 대하여 불복할 경우, ② 인신자유를 제한하거나 재산에 대하여 차압(封印)·압류(扣押)·동결(冻结) 등 행정강제조치에 대하여 불복할 경우, ③ 행정기관이 법률에 규정한 경영자주권을 침해하였다고 간주할 경우, ④ 법정조건에 맞게 행정기관에 허가증과 집조를 신청하였으나 행정기관이 발급을 거절하거나 답변하지 않을 경우, ⑤ 인신권·재산권을 보호할 법정의무를 이행할 것을 행정기관에 신청하였으나 행정기관이 이를 거절하거나 답변하지 않을 경우, ⑥ 행정기관이 법에 따라 무휼금(抚恤金)을 발급하지 않을 경우, ⑦ 행정기관이 위법하게 의무를 이행할 것을 요구할 경우, ⑧ 행정기관이 기타 인신권·재산권을 침해하였다고 간주할 경우이다(行政诉讼法 제11조).

행정기관의 受案范围(shòu àn fàn wéi)에 속하지 않는 것들로는 ① 국방·외교 등 국가행위, ② 행정법규·규장 혹은 기타 행정기관이 제정·공포한 보편적 구속력이 있는 결정·명령, ③ 행정기관이 행정기관 공작인원에 대한 상벌·임면 등 결정, ④ 법률에 행정기관의 최종적 재결할 구체사항이라고 규정한 경우 등이 있다(行政诉讼法 제12조).

xíngzhèng hé tong 行政合同 행정합동	행정계약

행정기관이 행정관리 목표를 실현하기 위하여 권한 범위 내에서 관련기관·기업단위·사업단위·사회단체·개인 등과 쌍방의 권리의무를 확정하기 위하여 체결하는 계약이다. 일반적인 행정행위와의 구별점은 전자는 행정기관의 일방적인 행위인 반면에 후자는 행정기관과 계약 상대방의 의사합의 일치로 효력을 발생한다는 것이다.

xíngzhèng fù yì 行政复议 행정복의	이의신청/불복신청 재심사청구/행정심판

행정기관의 내부에 설치된 전문기관이 신청인의 신청에 의하여 행정기관 혹은 행정기관 공직자의 행정행위가 법률·법규의 규정에 부합되는지를 심사하는 것을 말한다. 공민·법인·기타 조직은 ① 행정기관이 내린 경고·벌금·위법소득 몰수·불법재산 몰수·영업정지명령·허가증 압수 혹은 말소·영업집조 압수 혹은 말소·행정구류 등 행정처벌에 대해 불복할 경우, ② 행정기관이 내린 인신자유를 제한하는 강제조치 혹은 재산에 대한 차압(封印)·압류(扣押)·동결(冻结) 결정에 대해 불복할 경우, ③ 허가증·집조·자질증서·자격증서 등에 대한 행정기관의 변경·중지·취소 결정에 대해 불복할 경우, ④ 토지·광산·하천·삼림·초원·황지·갯벌·해역 등 자연자원의 소유권 혹은 사용권에 대한 행정기관의 확인 결정에 대해 불복할 경우, ⑤ 합법적인 경영자주권이 행정기관의 침해를 받았다

고 간주할 경우, ⑥ 행정기관이 농업도급계약을 변경하거나 폐지한 것이 자신의 합법권익을 침해했다고 간주할 경우, ⑦ 행정기관이 법을 위반하여 자금을 모집하거나 재물을 징수하거나 비용을 할당시키거나 기타 의무를 이행할 것을 요구한다고 간주할 경우, ⑧ 법정조건에 따라 행정기관에 허가증·집조·자질증서·자격증서 등을 발급할 것을 신청하거나 관련사항을 허가·등록해줄 것을 신청하였으나 행정기관이 법에 따라 처리하지 않을 경우, ⑨ 행정기관에 인신권리·재산권리·교육을 받을 권리 등 권리를 보호해줄 것을 신청하였으나 행정기관이 법에 따라 이행하지 않을 경우, ⑩ 행정기관에 무휼금(抚恤金)·사회보험금 혹은 최저생활보장비를 발급할 것을 신청하였으나 행정기관이 법에 따라 발급하지 않을 경우, ⑪ 행정기관의 기타 구체적 행정행위가 자신의 합법권익을 침해했다고 간주할 경우에 법에 따라 行政复议(xíngzhèng fù yì)를 신청할 수 있다(行政复议法 제6조).

이 외에 공민·법인·기타 조직은 구체행정행위의 근거가 되는 추상행정행위가 법에 부합되지 않는다고 간주할 경우 복의기관에 行政复议(xíngzhèng fù yì)를 신청할 경우 당해 규정을 동시에 심사할 것을 신청할 수 있다. 이러한 추상행정행위에는 ① 국무원 부서의 규정, ② 현 급 이상 지방 각급 인민정부 및 그 부서의 규정, ③ 향·진 인민정부의 규정 등이 포함된다(行政复议法 제7조).

복의전치절차에 의하여 반드시 복의를 거쳐야 하는 경우를 제외하고 신청인은 行政复议(xíngzhèng fù yì)과 행정소송 중 택일하여 이용할 수 있다. 行政复议(xíngzhèng fù yì)기관이 이미 수리한 사건에 대하여 법정 복의기간 내에 신청인은 법원에 행정소송을 제기할 수 없고, 복의기관이 복의결정을 내리거나 복의기간을 초과하여 복의결정을 내리지 않을 경우에만 행정소송을 제기할 수 있다. 동시에 신청인은 법원에 행정소송을 제기한 경우 行政复议(xíng zhèng fù yì)기관에 복의를 신청해서는 아니 된다.

行政复议法(xíng zhèng fù yì fǎ) 행정복의법 | 행정심판법

부당한 구체행정행위를 방지하거나 시정하여 공민·법인과 기타 조직의 합법권익을 보호하고 행정기관이 법에 따라 권한을 행사하는 것을 감독하고 보장하기 위하여 제정한 법률이다. 이 법은 1999년 4월 29일 제9기 전국인민대표대회상무위원회 제9차 회의에서 통과되고 1999년 10월 1일부터 시행되었다.

行政复议机关(xíng zhèng fù yì jī guān) 행정복의기관 | 행정심판기관

현 급 이상 각급 정부의 부서가 내린 구체행정행위에 대해 불복할 경우, 신청인은 당해 부서의 본급 정부에 행정복의를 신청할 수도 있고 당해 부서의 상1급 주무부서에 행정복의를 신청할 수도 있다. 세관·금융·국세·외환관리 등 수직영도를 시행하는 행정기관과 국가안전기관의 구체행정행위에 불복할 경우에는 상1급 주무부서에 행정복의를 신청해야 한다(行政复议法 제12조). 지방정부의 구체행정행위에 불복할 경우에는 상1급 지방정부에 행정복의를 신청해야 하고, 성·자치구의 정부가 파견한 기관에 소속되는 현 급 지방 정부의 구체행정행위에 불복할 경우 당해 파견기관에 행정복의를 신청한다(行政复议法 제13조). 국무원 각 부서 혹은 성·자치구·직할시의 정부의 구체행정행위에 불복할 경우 당해 구체행위를 한 국무원 부서 혹은 성·자치구·직할시의 정부에 행정복의를 신청한다. 행정복의 결과에 대해 불복할 경우 법원에 행정소송을 제기할 수도 있고 국무원에 재결(裁决)을 신청할 수도 있으며 후자의 경우 국무원이 법에 따라 최종재결한다.

fù yì qián zhì shì xiàng 复议前置事项 복의전치사항	행정심판전치주의

행정소송을 제기하기 전에 반드시 행정복의(复议)기관의 복의절차를 거쳐야 하는 사항을 말한다. 공민·법인 혹은 기타 조직은 행정기관의 그가 이미 취득한 토지광산·하천·삼림·초원·황지·갯벌·해역 등 자연자원의 소유권 혹은 사용권을 침해하였다고 간주할 경우 행정복의를 먼저 신청해야 한다. 행정복의결정에 대해 불복할 경우 법원에 행정소송을 제기할 수 있다(行政复议法 제30조 제1항).

fù yì zhōng jú cái jué 复议终局裁决 복의종국재결	

复议裁决(fù yì cái jué)가 내려지면 확정판결과 같은 효력을 발생하며 신청인이 법원에 소송을 제기할 수 없는 복의결정을 말한다. 국무원 혹은 성·자치구·직할시의 정부가 행정구역에 대한 확정·조정 혹은 토지징용의 결정에 따라 성·자치구·직할시의

정부가 토지·광산·하천·삼림·초원·황지·갯벌·해역 등 자연자원의 소유권 혹은 사용권의 행정복의에 대한 복의결정은 최종재결이다(行政复议法 제30조 제2항).

xíngzhèng xǔ kě 行政许可 행정허가	허 가

행정기관이 공민·법인 혹은 기타 조직의 신청에 대하여 법에 따라 심사한 후 특정된 활동에 종사할 수 있도록 허가하는 행위를 말한다(行政许可法 제2조).

xíngzhèng xǔ kě fǎ 行政许可法 행정허가법	

행정허가의 설정과 실시를 규범하고 공민·법인과 기타 조직의 합법권익을 보호하고 공공이익과 사회질서를 수호하고 행정기관이 효율적으로 행정관리를 하도록 감독하고 보장하기 위하여 제정한 법률이다. 「行政许可法(xíngzhèng xǔ kě fǎ)」는 2003년 8월 27일에 제10기 전국인민대표대회상무위원회 제4차 회의에서 통과되고 2004년 7월 1일부터 시행되었다. 행정기관이 기타 행정기관 혹은 그가 직접 관리하는 사업단위에 대한 인사·재무·외사 등 사항의 허가는 이 법을 적용하지 않는다.

xíngzhèng xǔ kě zhèng jiàn 行政许可证件 행정허가증건	행정허가증

행정기관에서 허가결정을 내리고, 필요한 경우에 신청인에

게 발급하는 증서를 말한다. 行政许可证件(xíngzhèng xǔ kě zhèng jiàn)에는 ① 허가증·집조 혹은 기타 허가증서, ② 자격증·자질증서 혹은 기타 합격증서, ③ 행정기관의 비준문서 혹은 기타 증명문서, ④ 법률·법규에서 규정한 기타 증서가 있으며 이러한 行政许可证件(xíngzhèng xǔ kě zhèng jiàn)에는 행정기관의 도장을 찍어서 발급해야 한다(行政许可法 제39조).

监察(jiān chá) 감찰 | 감사

감찰기능이 있는 정부의 감찰기관이 법에 따라 국가행정기관·국가공무원과 국가행정기관이 임명한 기타 인원에 대하여 감사하는 것을 말한다.

治安管理处罚(zhì ān guǎn lǐ chǔ fá) 치안관리처벌

공공질서를 교란하고 공공안전을 방해하고 인신권리·재산권리를 침범하고 사회관리를 방해하여 사회위해성이 있으나 「刑法」 규정에 따라 범죄에 해당되지 않아 형사처벌을 할 수 없는 경우에 공안기관이 내리는 처벌을 말한다(治安管理处罚法 제2조). 治安管理处罚(zhì ān guǎn lǐ chǔ fá)에는 ① 경고, ② 벌금, ③ 행정구류, ④ 공안기관이 발급한 허가증의 강제말소 등이 있으며 치안관리를 위반한 외국인에 대해서는 부가적인 처벌로 기한부 출국 혹은 강제출국을 적용한다(治安管理处罚法 제10조).

信访 xìn fǎng 신 방	진 정

공민·법인 혹은 기타 조직이 서신·이메일·팩스·전화·방문 등 방법을 통하여 각급 정부·현 급 이상 정부의 부서에 상황을 반영하고 건의·의견을 제출하거나 청구를 호소하고 관련기관이 법에 따라 처리하는 것을 말한다(信访条例 제2조). 信访(xìn fǎng)은 정부차원에서 국민과 기타 기관 및 당해 기관의 공작인원 사이의 사회적 모순을 해결하기 위하여 마련된 제도이다.

突发公共卫生事件 tū fā gōnggòng wèi shēng shì jiàn 돌발공공위생사건	

돌연적으로 발생하고 사회공중의 건강에 엄중한 손해를 미치거나 미칠 가능성이 있는 중대한 전염병발생·군체성원인불명질병(群体性原因不明疾病)·중대한 식물과 직업중독 및 기타 공중의 건강에 엄중한 영향을 미치는 사건을 말한다(突发公共卫生事件应急条例 제2조).

重大动物疫情 zhòng dà dòng wù yì qíng 중대동물역정	

질병을 일으킬 확률이 높은 조류독감 등 발병률 혹은 사망률이 높은 동물전염병이 돌연히 발생하고 신속하게 퍼져 양식업 생산안전에 엄중한 위협을 주고 공중의 신체건강과 생명안전에 위해를 초래할 수 있는 가능성이 있는 사항을 말한다

(重大动物疫情应急条例 제2조).

zhèng fǔ cǎi gòu 政府采购 정부채구	정부구매

각 급 국가기관 · 사업단위와 단체조직이 재정자금을 사용하여 법에 따라 제정한 집중구매목록상의 혹은 제한금액 이상의 화물 · 공사와 서비스를 구매하는 행위를 말한다. 采购(cǎi gòu)는 계약의 형식을 취하는데 구매 · 임대 · 위탁 · 고용 등이 포함된다(政府采购法 제2조). 政府采购(zhèng fǔ cǎi gòu)는 ① 공개입찰, ② 초청입찰, ③ 경쟁성협상, ④ 단일원천구매, ⑤ 가격문의, ⑥ 국무원 정부구매감독관리부서가 인정하는 기타 구매방식으로 진행하며 그 중 공개입찰이 주요구매방식으로 채택되어야 한다(政府采购法 제26조).

[노 동 편]

láo dòng fǎ 劳动法 노동법	노동법

협의의 劳动法(láo dòng fǎ)는 근로관계 및 이와 관련된 부수적인 관계에 대하여 규정한 법률이다. 「中华人民共和国劳动法」는 1994년 제8기 전국인민대표대회상무위원회 제8차 회의에서 통과되었으며 1995년 1월 1일부터 시행되었다. 광의의 劳动法(láo dòng fǎ)는 '劳动法'이라고 명명된 법전 외에도 근로관계를 규율하는 제 법제인 「劳动合同法」, 「劳动争议调解仲裁法」 등을 포함한다.

láo dòng hé tong fǎ 劳动合同法 노동합동법	근로기준법

「劳动法」는 근로계약관계뿐만 아니라 근로관계와 관련되는 모든 것을 규율하는 종합적인 법률인데 10여 년간의 시행과정에서 근로계약과 관련된 새로운 상황이나 복잡다단한 문제를 전부 해결할 수는 없었다. 따라서 근로계약관계를 조율하는 데 있어서 존재하는 각종 문제점을 해결하고 근로자의 권익을 보호하기 위하여 2007년에 「劳动合同法(láo dòng hé tong fǎ)」를 별도로 제정하였다. 이 법은

2007년 제10기 전국인민대표대회 상무위원회 제28차 회의에서 통과되었으며 2008년 1월 1일부터 시행되었다. 「劳动法」와 「劳动合同法(láo dòng hé tong fǎ)」는 모두 근로관계에 대하여 규정하고 있지만, 신법이 구법에 우선하는 원칙에 따라 동일한 문제에 있어서 양법의 규정이 다른 경우에 「劳动合同法(láo dòng hé tong fǎ)」를 우선적으로 적용한다.

láo dòngzhēng yì tiáo jiě zhòng cái fǎ 劳动争议调解仲裁法 노동쟁의조해중재법	노동조합 및 노동관계조정법

2007년 12월 29일, 제10기 전국인민대표대회 상무위원회 제31차 회의에서 통과되었으며 2008년 5월 1일부터 시행된 법률이다. 「劳动争议调解仲裁法(láo dòngzhēng yì tiáo jiě zhòng cái fǎ)」의 적용을 받는 노동쟁의에는 ① 근로관계의 확인으로 인해 발생하는 쟁의, ② 근로계약의 체결·이행·변경·해제 및 종료로 인해 발생하는 쟁의, ③ 제명·사퇴 및 사직·이직으로 인해 발생하는 쟁의, ④ 노동시간·휴식휴가·사회보험·복지·연수훈련 및 노동보호로 인해 발생하는 쟁의, ⑤ 노동보수·산재의료비·경제보상 또는 배상금 등으로 인해 발생하는 쟁의, ⑥ 법률·법규에 규정된 기타 노동쟁의로 주로 이른바 권리분쟁에 해당하는 것 등이 있다(劳动争议调解仲裁法 제2조).

láo dòng 劳 动 노 동	근 로 노 동

láo dòng zhě 劳动者 노동자	근로자

타인에게 노무를 제공하고 그 대가로 임금을 받는 자를

말한다. 중국법상 劳动者 láo dòng zhě는 일반적으로 만 16세 이상이어야 하며, 문예·체육과 특종 공예에 종사할 경우에는 만 16세 이하의 미성년이어도 가능하나 반드시 국가의 관련규정에 따라 심사비준 절차를 밟고 그들의 교육을 받을 권리를 보장해야 한다(劳动法 제15조).

劳动者 láo dòng zhě는 평등한 조건에서 취업할 수 있는 권리, 직업선택권, 노동의 보수를 받을 수 있는 권리, 휴식 및 휴가의 권리, 근로에 있어 안전 및 위생 보건 면에서 보호를 받을 권리, 직업기능교육을 받을 권리, 사회보험 및 복지의 혜택을 향유할 권리, 노동쟁의의 처리를 청구할 권리 및 법률에 규정되어 있는 기타 근로의 권리를 가진다. 동시에 근로임무를 완성하고 근무능력을 향상시키며 근로안전, 위생보건에 관한 규정을 준수하고 노동규율과 직업도덕을 지켜야 한다(劳动法 제3조).

yòng rén dān wèi 用人单位 용인단위	사용자

근로자와 근로계약을 체결하고 근로자에게 소정의 보수를 지급할 것을 약속하는 자를 말한다. 用人单位 yòng rén dān wèi는 취업규칙을 정비하고 근로자가 근로권리를 향유하고 근로의무를 이행하는 것을 보장할 의무가 있다(劳动法 제4조).

gōng huì 工 会 공 회	노동조합

근로자들이 자발적으로 결합하여 형성한 노동계급의 군중

조직이다. 工会(gōng huì)는 근로자가 사용자와 법에 따라 근로계약을 체결하고 이행하는 것을 도우고 지도해야 하며 사용자와 단체교섭체제를 구축하여 근로자의 합법적인 권익을 보호해야 한다(劳动合同法 제6조).

规章制度(guī zhāng zhì dù) 규장제도	취업규칙

사용자와 근로자 대표대회 또는 전체 근로자가 토론의 방법으로 초안을 작성하고 노동조합 또는 근로자대표대회가 평등협상을 거쳐 전체 근로자에게 적용하는 각종 규칙을 말한다. 规章制度(guī zhāng zhì dù)는 근로관계의 형성과 이행에 관한 규칙으로서 근로자의 각종 권리를 보장할 뿐만 아니라 근로자의 행위에 대한 규범적 역할도 한다. 따라서 근로자는 规章制度(guī zhāng zhì dù)의 보호를 받을 뿐만 아니라 规章制度(guī zhāng zhì dù)상의 의무도 이행해야 한다. 规章制度(guī zhāng zhì dù)의 내용에는 노동보수분배 · 근로시간 · 휴식휴가 · 노동보호 · 보험복지 및 장려처벌 등이 있으며 합법적으로 제정된 规章制度(guī zhāng zhì dù)는 노동분쟁사건을 심리하는 근거가 된다. 规章制度(guī zhāng zhì dù)에 대한 결정의 실시과정에서 노동조합 또는 근로자가 부적당하다고 인정할 경우에는 사용자에게 이의를 제기하고 협의하여 개정 · 보완할 권리를 가진다. 사용자는 근로자의 밀접한 이익과 직접 관련되는 规章制度(guī zhāng zhì dù)에 대한 결정을 공시하거나 근로자에게 고지해야 한다(劳动合同法 제4조). 사용자가 근로자에게 规章制度(guī zhāng zhì dù)를 고지하지 않은 경우에는 规章制度(guī zhāng zhì dù)의 효력이 근로자에게 미치지 않으며 노동쟁의와 관한 소송에 있

어서 사용자는 근로자에게 规章制度(guī zhāng zhì dù)를 고지한 사항을 증명할 책임이 있다.

劳动关系 (láo dòngguān xī) 노동관계	근로관계
三方机制 (sān fāng jī zhì) 삼방기제	

정부·노동조합대표·사측대표로 구성된 근로관계 협조조직을 말한다. 2004년 8월 노동사회보장부(劳动和社会保障部)·중화전국총노동조합(中华全国总工会)·중국기업가협회(中国企业家协会)는 국가차원의 三方机制(sān fāng jī zhì)를 만들었다. 그 후 이러한 동제도는 「劳动法」·「工会法」와 관련한 회의를 성공적으로 개최하면서 큰 역할을 하였고 드디어 「劳动合同法」에서 명문으로 정착되었다. 현재 각 성·자치구·직할시에는 성급의 근로관계 三方机制(sān fāng jī zhì)를 만들었으며 일부 성에서는 현급 차원에까지 확대시키고 있다.

三方机制(sān fāng jī zhì)는 주로 근로관계에 관한 문제에 대하여 대화를 나누는 역할을 하는데 국가적 차원에서의 三方机制(sān fāng jī zhì)의 역할은 다음과 같다. ① 개혁정책과 경제사회발전계획이 근로관계에 대한 영향을 검토하고 근로관계의 상황을 판단하고 근로관계의 발전추세를 예측한다. ② 근로관계의 전반에 관한 중대한 문제에 대하여 검토하고 정책성 의견을 제시한다. ③ 근로관계에 관련된 법령 제정시 의견을 제시하고 시행을 감독한다. ④ 지방에서 3자 협상기제를 갖추는 것을 추진하고 지도한다. ⑤ 단체노동분쟁과 단체성격을 띤 사건에 대하여 검토를 하고 해결 가능성을 제시한다. ⑥ 노동법령을 홍보한다.

láo dòng hé tong 劳动合同 노동합동	근로계약

근로자가 사용자에게 근로를 제공하고 사용자는 이에 대하여 임금을 지급함을 목적으로 체결된 계약을 말하며, 노무사용일부터 성립된다(劳动合同法 제7조). 노무사용일이란 사용자가 실질적으로 근로자의 노동력을 사용하고 근로자가 사용자의 지휘·감독·관리 하에 노무를 제공하기 시작한 날을 말한다. 근로관계가 성립되면 사용자와 근로자는 각자의 권리를 향유하고 의무를 이행하게 되며 근로자의 근로시간도 근로계약의 체결과 관계없이 근로관계의 성립시부터 계산하게 된다. 즉, 劳动合同(láo dòng hé tong)의 체결일과 근로관계의 성립일은 같은 날짜가 아닐 수 있다.

zhí gōngmíng cè 职工名册 직공명책	근로자명부

근로자의 성명·성별·공민신분증번호·호적주소 및 현주소·연락방식·고용형식·고용시작시기·근로계약기간 등 내용이 포함된 명부를 말한다(劳动合同法实施条例 제8조). 职工名册(zhí gōngmíng cè)는 노동행정관리부서가 사용자의 고용실태를 제때에 장악하고 사용자가 근로자에 대한 관리를 제대로 실시하는가를 검사하기 위하여 마련한 제도이다.

固定期限劳动合同 (gù dìng qī xiàn láo dòng hé tong)
고정기한노동합동

일정한 기간제한이 있는 근로계약을 말하며 사용자와 근로자는 반드시 근로계약의 시작시점과 종료시점을 명확히 약정해야 한다(劳动合同法 제13조). 하지만 고정기간에 대한 제한은 없기 때문에 사용자와 근로자는 6개월, 1년, 5년 등 부동한 기간의 固定期限劳动合同(gù dìng qī xiàn láo dòng hé tong)을 체결할 수 있다. 계약기간 만료 후 사용자와 근로자는 다시 재계약을 해야 한다. 하지만, 재계약이 만기된 후 재차 계약을 할 경우(즉 3번째 계약을 체결할 경우)에는 근로자가 이의를 제기하지 않는 한 사용자에게는 무고정기간 근로계약을 체결할 의무가 부과된다(劳动合同法 제14조). 즉 사용자가 같은 근로자와 연속 3번의 고정계약을 체결할 경우에는 무고정기간 근로계약을 체결해야 한다는 것이다.

无固定期限劳动合同 (wú gù dìng qī xiàn láo dòng hé tong)
무고정기한노동합동

사용자와 근로자가 계약종료 시간을 약정하지 않은 근로계약을 말한다. 사용자는 근로자와 합의하여 无固定期限劳动合同(wú gù dìng qī xiàn láo dòng hé tong)을 체결할 수 있다. 또한 고정기간 근로계약은 아래의 하나에 해당되는 경우에 근로자가 근로계약의 재계약을 제의하거나 재계약에 동의할 때 근로자가 고정기간 근로계약을 체결할 것을 제출하지 않는 한 사용자는 근로자와 无固定期限劳动合同(wú gù dìng qī xiàn láo dòng hé tong)을 체결해야 한다. ① 근로자가 이미 당해 사용자에게서 연속 근로한 시간이 만 10년 이상인 경우, ② 사용자가 최초로 근로계약제도를 실시하거나, 국유기업이 구조조정으로 근로계약을 새롭게 체결할 경우, 근로자가 해당 사용자에게서 연속 근로한 기간이 만 10년이 되고 법정퇴직 연령까지 10년 미만일 경우, ③ 고정기간 근로계약을 연속 2회 체결하고 근로자가 「劳动合同法」 제39조와 제40조 제1항, 제2항의 규정에 해당되지 않는 경우, ④ 사용자가 근로자의 노무를 제공한 날부터 만 1년이 되어도 근로자와 서면 근로계약을 체결하지 않을 경우 사용자와 근로자는 无固定期限劳动合同(wú gù dìng qī xiàn láo dòng hé tong)을 체결한 것으로 간주한다.

完成一定工作任务为期限的劳动合同 (wán chéng yí dìng gōng zuò rèn wù wéi qī xiàn de láo dòng hé tong) 완성일정공작임무위기한적노동합동	

사용자와 근로자가 모 종류 업무의 완성을 계약기간으로 약정하는 근로계약을 말한다. 사용자는 근로자와 합의하여 完成一定工作任务为期限的劳动合同(wán chéng yí dìng gōng zuò rèn wù wéi qī xiàn de láo dòng hé tong)을 체결할 수 있다. 근로자가 당해 근로에 착수하는 시점이 근로계약 시작시점으로 되고 근로자가 당해 근로를 완성하는 시점이 근로계약 종료시점이 되는 것이다(劳动合同法 제15조).

劳动合同必要条款 (láo dòng hé tong bì yào tiáo kuǎn) 노동합동필요조항	근로조건

근로계약에 반드시 포함되어야 할 내용을 말하는데 주로 근로자의 권리와 밀접한 관련이 있는 내용이며 아래와 같은 것이 포함된다. ① 사용자의 명칭·주소와 법인대표 또는 주요책임자, ② 근로자의 성명·주소 및 주민신분증 또는 기타 유효

한 신분증명번호, ③ 근로계약 기간, ④ 근로내용 및 근로장소, ⑤ 근로시간 및 휴식 · 휴가, ⑥ 노동보수, ⑦ 사회보험, ⑧ 노동보호 · 근로조건 및 직업위험의 방지 · 보호, ⑨ 법률 · 법규에 따라 근로계약에 포함되어야 하는 기타사항(劳动合同法 제17조) 등이다.

gōng zuò shí jiān 工作时间 공작시간	근로시간
jī zhǔn gōng zuò shí jiān zhì dù 基准工作时间制度 기준공작시간제도	기준근로시간제도

근로시간 제도 중에서 가장 일반적인 제도인데 하루의 기준근로시간 및 일주일의 기준근로시간에 대한 규정이다. 중국은 현재 매일 8시간 근로, 매주 40시간 근로제도를 시행하고 있다. 사용자는 생산경영의 수요에 근거하여 노동조합과 근로자와 협상한 후 근로시간을 연장할 수 있으나 일반적인 경우에 매일 1시간을 초과해서는 아니 된다(劳动法 제41조). 특수한 원인으로 근로시간을 연장할 필요가 있는 경우 근로자의 신체건강을 보장하는 전제하에서 근로시간을 연장할 수 있으나 매일 3시간을 초과해서는 아니 되며 1개월에는 36시간을 초과해서는 아니 된다(劳动法 제42조).

bù dìng shí gōng zuò shí jiān zhì dù 不定时工作时间制度 부정시공작시간제도	탄력적 근로시간제 선택적 근로시간제

근로성격과 직책의 특징으로 인하여 기준근로시간제도를

준수할 수 없는 상황에서 고정적인 시간제한을 받지 않는 근로제도를 말한다. 간단히 말해서 통상 결과를 중시하고 과정이나 시간은 크게 중요시하지 않는 직종이 다수이다. 이러한 직종에는 기업의 고급관리인원 · 외근근로자 · 장거리운전기사 · 택시운전기사, 항구 · 철로 · 창고의 수하근로자 등등이 포함된다. 하지만 不定时工作时间制度(bù dìng shí gōng zuò shí jiān zhì dù)를 실시할 경우 노동행정관리부서에 신청하여 허가를 받아야 한다(劳动法 제39조).

zōng hé jì suàngōng zuò shí jiān zhì dù 综合计算工作时间制度 종합계산공작시간제도	탄력적 근로시간제 선택적 근로시간제

사용자가 기준근로시간을 기초로, 일정한 기간을 주기로 하여 종합적으로 근로시간을 계산하는 제도를 말한다. 단 기준근로시간을 기초로 하기 때문에 평균근로시간은 기준근로시간과 대체적으로 일치해야 한다. 이러한 직종에는 교통 · 철로 · 우편 · 해운 · 항공 · 어업 연속근로를 요구하는 업종과 지질탐사 · 건축 · 제염 · 여행 등 계절과 자연조건의 제한을 받는 일부 근로자 및 기타 综合计算工作时间制度(zōng hé jì suàngōng zuò shí jiān zhì dù) 시행에 적합한 업종이다. 이러한 근로시간제도를 실시하고자 하면 사용자 소재지의 노동행정부서에 신청하여 허가를 받아야 한다(劳动法 제39조).

xiū xī shí jiān 休息时间 휴식시간	휴게시간

근로자의 소모된 몸을 쉬고 피로한 정신을 회복할 수 있

는 시간을 말하는데 사용자는 1일 근로시간에 근로자에게 일정한 휴식시간을 보장해야 한다.

休 日 (xiū rì) 휴 일	휴 일

근로자가 일을 하지 않고 쉬는 날을 말하는데 사용자는 매주 적어도 근로자에게 1일의 휴일을 보장해야 한다(劳动法 제38조).

休 假 (xiū jià) 휴 가	휴 가

주로 법정휴가를 말하는데 이 경우에는 출근을 한 것과 같이 임금을 지급해야 한다. 전 국민 법정휴일이 만약 토요일, 일요일이라면 근로일에 휴가를 보충해주어야 한다. 단, 일부 국민에게 적용되는 법정휴일은 그러지 아니하다. 중국법상 휴일에 관한 규정은 아래와 같다. ① 전체 국민에게 적용되는 법정휴일. 원단 1일(양력 1월 1일), 춘절 3일(음력 1월 1일~3일), 청명절 1일(음력청명당일), 노동절 1일(양력 5월 1일), 단오절 1일(음력 단오당일), 중추절 1일(음력 중추절 당일), 국경절 3일(양력 10월 1일~3일)이다. ② 일부 국민에게 적용되는 법정휴일. 여성: 여성의 날, 반일(3월 8일), 청년: 청년의 날, 반일(5월 4일), 어린이의 날(6월 1일), 14세 미만의 소년아동은 1일, 중국인민해방군건군기념일(8월 1일), 현역군인 1일(全国年节及纪念日放假办法 제2조, 제3조). ③ 출산휴가. 여자 근로자의 출산휴가는 90일이

다. 난산의 경우, 15일 추가한다. 여러 명의 아이를 동시에 출산할 경우 1명당 15일 휴일을 추가해준다(女职工劳动保护规定 제8조). ④ 유산휴가. 여자 근로자가 임신 4개월 미만으로 유산할 경우 15일에서 30일의 유산휴가를 주며, 4개월 이상일 경우 42일의 유산휴가를 준다.

láo dòng bào chou 劳动报酬 노동보수	임 금

사용자가 근로자의 제공한 노동의 양과 질에 따라 화폐형태로 근로자에게 지급하는 임금이며 반드시 화폐형태로 지급하고 실물 또는 유가증권으로 대체하지 못한다(工资支付暂行规定 제5조). 劳动报酬(láo dòng bào chou)는 사용자와 근로자가 약정한 일자에 지급해야 하며 휴가일이나 휴일일 경우에는 가장 가까운 근무일에 지급해야 한다. 또한 적어도 1개월에 한 번씩 지급하여야 하며 시간제 노동보수를 실시하는 경우에는 주 · 일 · 시간에 따라 지급할 수 있다(工资支付暂行规定 제7조).

shè huì bǎo xiǎn 社会保险 사회보험	근로보험

근로자 및 기타 공민의 퇴직 후의 생활 및 질병 · 산재 · 실업 · 의료 등 방면의 물질보장을 위하여 마련한 보험이며 중국의 社会保险(shè huì bǎo xiǎn)에는 양로보험 · 실업보험 · 의료보험 · 산재보험 · 출산보험 등 5가지 보험이 있다. 社会保险(shè huì bǎo xiǎn)에 참가하고 보험료를 납부하는 것은 사용자와 근로자의 법정의무이다.

yǎng lǎo bǎo xiǎn 养老保险 양로보험	국민연금

근로자의 퇴직 후의 생활을 보장하기 위하여 마련한 보험 제도이며 일반적인 상황에서 养老保险(yǎng lǎo bǎo xiǎn)은 사용자가 임금의 20%, 근로자가 임금의 8%를 지급하고 보험료를 연속 15년간 납부한 근로자는 법정퇴직 연령에 달하여 퇴직한 후 매달 소정의 양로금(养老金)을 지급받게 된다. 퇴직연령에 달했으나 보험료 납부 연한이 15년 미만일 경우 양로금(养老金)의 지급을 받지 못하고, 개인계좌에 누적된 예금을 1차적으로 지급받게 된다.

yī liáo bǎo xiǎn 医疗保险 의료보험	건강보험

근로자가 질병에 걸릴 경우에 대비하여 마련한 보험제도이다. 일반적인 상황에서 사용자가 임금의 8%, 근로자가 임금의 2%를 지급하며 전용계좌와 개인계좌로 구성되는데 사용자가 납부하는 보험료는 70% 정도가 전용계좌에 입금되고 30% 정도가 개인계좌에 입금되며, 근로자가 납부하는 보험료는 전부 개인계좌에 입금된다.

shī yè bǎo xiǎn 失业保险 실업보험	실업보험

근로자의 실업기간 동안의 생활을 보장하기 위하여 마련한 보험제도이다. 失业保险(shī yè bǎo xiǎn)은 일반적으로 사용자가 임금의 2%,

근로자가 임금의 1%를 보험료로 납부한다. 失业保险(shī yè bǎo xiǎn)금은 보험료를 만 1년 이상 납부한 근로자에게 지급되는데 실직 익월부터 보험금을 지급받게 된다(失业保险条例 14조). 그 중 보험료를 누적하여 1년 이상 5년 이하로 납부한 경우 최장 12개월의 보험금을 지급받을 수 있고, 5년 이상 10년 이하 납부한 경우에는 최장 18개월의 보험금을 지급받을 수 있으며 10년 이상 납부한 경우에는 최장 24개월의 보험금을 지급받을 수 있다(동 조례 17조).

工伤保险(gōngshāng bǎo xiǎn) 공상보험	산재보험 근재보험

산재가 발생할 경우 근로자의 권리를 보장하기 위하여 마련한 보험제도이다. 일반적인 경우에 工伤保险(gōngshāng bǎo xiǎn)은 사용자가 임금의 0.5%를 지급하고 근로자는 보험료를 납부하지 않는다(工伤保险条例 제10조). 중국의 산재등급은 생활능력이 전혀 없거나, 생활능력을 대부분 상실하거나, 생활능력이 일부분 없는 3개 등급으로 나누어진다. 산재로 인한 치료기간에 사용자는 기존의 임금기준에 따라 임금을 지급해야 하며 이 기간은 최장 12개월로 하며 특수한 사정이 있는 경우에는 12개월을 초과하지 않는 조건에서 노동능력감정위원회의 인정을 받아 적당히 연장할 수 있다. 근로자가 치료를 마치고 산재등급이 최종 확정되면 기존의 임금지급은 중단되고 근로자는 工伤保险(gōngshāng bǎo xiǎn)의 관련 법 규정에 따라 산재 보험금을 받게 된다(工伤保险条例 제5조, 제6조).

shēng yù bǎo xiǎn 生育保险 생육보험	출산보험

여성 근로자의 출산기간의 권리를 보장하기 위하여 마련한 보험제도이다. 출산보험은 일반적으로 사용자가 전체 근로자 총 임금의 0.5%를 보험료로 납부하고 근로자는 보험료를 납부하지 않는다. 당해 보험금은 여성 근로자의 출산으로 인한 경제적 보상과 질병에 대한 의료비용으로 지급된다(生育保险办法 제4조, 제9조).

shì yòng qī jiān 试用期间 시용기간	시용기간

사용자와 근로자가 상호 관찰하고 이해하는 일정한 기간을 말한다. 시용기간 내에 사용자는 당사자가 사용자의 업무를 제대로 수행하지 못하거나 사용자가 맡긴 임무를 제대로 완성하지 못하면 계약을 해지할 수 있다. 근로자도 근로여건이나 회사문화 등이 자신한테 맞지 않는다고 간주할 경우 시용기간 내에 계약을 해지할 수 있다. 사용자가 시용기간을 남용하는 것을 방지하기 위하여 「劳动合同法」는 시용기간에 대하여 기간의 제한, 임금의 기준, 계약해지의 제한 등에 관하여 상세하게 규정하고 있다. 즉 근로계약 기간이 3개월 이상 1년 미만인 경우 시용기간은 1개월을 초과하지 못하며, 근로계약기간이 1년 이상 3년 미만 경우 시용기간은 2개월을 초과하지 못하며, 3년 이상 고정기간 및 무고정기간 근로계약의 경우 시용기간은 6개월을 초과하지 못한다. 동일 사용자는 동일 근로자와 1회에 한

해 시용기간을 약정할 수 있다. 일정한 업무의 완성을 기간으로 하는 근로계약, 또는 3개월 미만의 근로계약인 경우 시용기간을 약정하지 못한다. 시용기간은 근로계약 기간에 포함된다. 근로계약에 시용기간만 약정한 경우 시용기간은 성립되지 않으며, 그 기간은 근로계약 기간으로 된다(劳动合同法 제19조).

근로자의 시용기간 중 임금은 동일 직종 최저임금 또는 근로계약 약정 임금의 80%보다 낮아서는 아니 되며, 사용자 소재지의 최저임금기준보다 낮아서도 아니 된다(劳动合同法 제20조). 시용기간의 근로계약의 해지에 관하여 ① 시용기간 내에 채용조건에 부합되지 않는 것이 증명된 경우, ② 사용자가 취업규칙을 심각하게 위반한 경우, ③ 중대한 직무상의 과실, 사익추구와 부정행위로 사용자에게 중대한 손해를 초래한 경우, ④ 근로자가 동시에 기타 사용자와 근로관계를 형성하여 당해 사용자의 근로임무를 완성하는 데 심각한 영향을 초래하거나 당해 사용자가 지적한 후에도 시정하지 않는 경우, ⑤ 사기·협박의 수단으로써 또는 사람의 위급함을 이용하여 상대방으로 하여금 진정한 의사에 반해 근로계약을 체결하거나 변경하게 한 경우, ⑥ 법에 따라 형사책임을 추궁 받은 경우, ⑦ 근로자가 질병이나 산재가 아닌 이유로 부상을 입은 경우, 규정된 의료기간이 만료 후에도 여전히 원래 업무에 종사할 수 없고 사용자가 별도로 배치한 업무에도 종사할 수 없는 경우, ⑧ 근로자가 업무를 수행할 수 없고, 연수훈련 또는 업무 조정을 통해서도 여전히 업무를 수행할 수 없는 경우를 제외하고는 시용기간에 계약을 해지할 수 없도록 규정하였다(劳动合同法 제21조).

fú wù qī
服务期
복무기

사용자가 근로자에게 전문적인 연수훈련 기회를 제공한 경우 근로자가 반드시 사용자에게 노무를 제공해야 하는 기간을 말하며 이러한 기간은 근로계약기간이 종료되어도 계속된다. 사용자는 근로자에게 전문적인 연수훈련 기회를 주고 비용을 지급해줄 경우 근로자와 服务期(fú wù qī)를 약정할 수 있다(劳动合同法 제22조). 일반적인 경우 근로자는 1개월 전에 회사에 통보하면 별도의 위약책임이 없이 근로계약을 해지할 수 있지만 특별한 연수훈련을 받고 服务期(fú wù qī)를 약정한 경우 근로자가 계약을 해지하려면 사용자에게 위약금을 지급해야 한다. 즉 근로자는 근로계약이 종료되어도 服务期(fú wù qī)가 만료될 때까지 사용자를 위해 근로할 의무가 있다. 단 쌍방이 별도의 약정을 한 경우에는 그러하지 아니하다. 연수훈련은 사용자가 별도의 비용을 지급하여 근로자에게 기술습득과 연수의 기회를 제공하는 것이기 때문에 근로자가 사용자와 약정한 服务期를 어기고 계약을 해지한 경우 상응한 위약책임을 져야 한다. 단, 이러한 위약책임은 사용자와 임의로 정하는 것이 아니라 한정된 위약책임을 지며 위약금 액수는 사용자가 제공한 연수훈련비용을 초과해서는 아니 되고, 미이행부분에 상응하는 연수훈련비용을 초과해서는 아니 된다. 즉 900만 원의 연수훈련비용을 제공하고 服务期(fú wù qī)을 3년으로 약정하였는데 잔여 服务期(fú wù qī)가 1년 남은 시점에서 근로자가 근로계약을 해지할 경우 위약금은 300만원을 초과하지 못한다.

jìng yè xiàn zhì 竞业限制 경업한제	경업피지

영업비밀과 지적재산권에 관련된 비밀사항을 아는 고급관리인원·고급기술인원과 기타 근로자는 근로계약 종료 혹은 해지 후 일정한 시간 내에 노동자가 사용자와 동 종류 제품을 생산하는 업체 혹은 동종 업무를 경영하는 경쟁관계가 있는 기타 업체에 종사하지 못하거나 자신이 직접 사용자와 경쟁관계가 있는 생산 혹은 경영을 해서는 아니 됨을 말한다. 단 이러한 竞业限制(jìng yè xiàn zhì)는 근로자에게 당연하게 부과되는 것이 아니라 사용자와 근로자가 이와 관련된 계약을 체결해야만 효력을 발생한다. 사용자는 법률에 위배되지 않는 전제하에서 竞业限制(jìng yè xiàn zhì) 장소·범위·기한에 대하여 근로자와 약정할 수 있다. 하지만, 경업제한의 범위는 경쟁관계가 있는 동종업무에 한해야 하고 경업제한 기간은 2년을 초과해서는 아니 된다(劳动合同法 제24조).

wéi yuē jīn 违约金 위약금	위약금

계약당사자가 계약을 위반한 경우에 상대방에 지급하는 금액을 말한다. 민사계약에서 违约金(wéi yuē jīn)은 계약 당사자 사이에 평등 협상으로 약정할 수 있지만, 근로계약관계에서 사용자는 비밀유지와 경업제한 의무를 위반한 경우를 제외하고는 근로자와 위약금을 약정할 수 없다(劳动合同法 제25조). 즉 사용자와 근로자가 협상으로 비밀유지와 경업제한 외에 근로자에게 위약의

무를 약정해도 무효사유로 되는 것이다.

支付令(zhī fù lìng) 지급령 | 지급명령

사용자는 계약의 약정과 관련 법령에 근거하여 근로자에게 지체 없이 노동보수 전반에 대하여 지급해야 하며 사용자가 임금을 체불하거나 노동보수 전액을 지급하지 않을 경우 근로자는 당해 지역 법원에 支付令(zhī fù lìng)을 신청할 수 있다(劳动合同法 30조). 支付令(zhī fù lìng)은 일반적으로 민사소송에서 금전 기타의 대체물(代替物) 또는 일정수량의 유가증권의 지급을 목적으로 하는 청구에 관하여 채권자의 일방적 신청이 있으면 개정심리하지 않고 채무자에게 그 지급을 명하는 재판을 말한다. 중국 근로관계에서 사용자가 근로자의 임금을 체불하는 현상이 적지 않게 존재하고 근로자가 법적 절차로 가려면, 우선 노동중재를 거치고 불복의 경우 또 소송으로 가야 하기 때문에 상당한 소송비용과 시간을 소비하게 된다. 따라서 적지 않은 경우에 체불임금이 많지 않다면 근로자는 흔히 소송으로 구제받을 기회를 포기하게 된다. 이러한 문제를 해결하기 위하여 「劳动合同法」에 支付令(zhī fù lìng)제도를 규정하였는데 근로자는 노동중재라는 전치절차를 거칠 필요가 없이 직접 법원에 支付令(zhī fù lìng)을 신청할 수 있으며 소송비용도 일반적이 금전소송의 3분의 1을 예치하면 된다. 근로자가 支付令(zhī fù lìng)을 신청한 후 법원은 5일 내에 수리여부를 근로자에게 통보한다. 수리를 결정하면 법원은 15일 내에 사용자에게 支付令(zhī fù lìng)을 발송하며 사용자는 支付令(zhī fù lìng)을 송달 받은

15일 내에 채무를 변제하거나 법원에 서면으로 이의를 제기하여야 한다.

yán chánggōng shí 延长工时 연장공시	연장시간근로

사용자는 생산경영의 수요에 근거하여 노동조합과 근로자와 협상한 후 근로시간을 연장할 수 있으나 일반적인 경우에 일당 1시간을 초과해서는 아니 된다. 특수한 원인으로 근로시간을 연장할 필요가 있는 경우 근로자의 신체건강을 보장하는 전제하에서 근로시간을 연장할 수 있으나 매일 3시간을 초과해서는 아니 되며 1개월에는 36시간을 초과해서는 아니 된다. 다만, 천재지변이나 공공시설의 보수 또는 공공이익을 위한 경우 또는 반드시 연속적인 생산·경영이나 운송이 필요한 경우에는 연장근로시간은 상술한 시간적 제한을 받지 않으며 노동조합 및 근로자와 협상할 필요도 없다(劳动法 제41조, 제42조).

yán chánggōng shí de bào chou 延长工时的报酬 연장공시적보수	연장근로수당 가급임금 초과근무수당

근로일에 근로자의 근로시간을 연장할 경우 사용자는 근로자에게 150% 이상의 임금을 지급해야 한다. 휴일에 근로자의 근로를 배치하고 휴가를 보상해주지 못할 경우, 사용자는 근로자에게 200% 이상의 임금을 지급해야 한다. 여기서 주의할 것은 휴일에 근로자에게 근로를 배치하면 200% 이상의 임

금을 지급하면 된다는 것이 아니라 원칙적으로 근로자에게 대체휴가의 기회를 제공해야 하며 기회를 제공하지 못할 경우의 보완책으로 200% 이상의 임금을 지급한다는 것이다. 법정휴가일에 근로자에게 노동을 배치할 경우, 사용자는 근로자에게 300% 이상의 임금을 지급해야 한다. 이 경우에는 별도로 휴가일의 기회를 제공하지 않고, 정상적인 임금 외에 300% 이상의 임금을 별도로 지급해야 한다(劳动法 제44조).

láo dòng hé tong jiě chú 劳动合同解除 노동합동해제	근로계약의 해지

근로계약의 유효기간 만료 전에 근로계약 일방당사자 또는 양 당사자가 근로계약의 효력을 정지시키고 근로계약을 더는 이행하지 않는 행위를 말한다. 劳动合同解除(láo dòng hé tong jiě chú)는 근로자가 일방적으로 해지할 수 있은 경우가 있고, 사용자가 일방적으로 해지할 수 있는 경우가 있다. 전자의 경우에는 ① 근로자와 사용자가 일치 협상한 경우, ② 근로자가 30일 전에 서면으로 사용자에게 통지한 경우, ③ 근로자가 시용기간 중 3일 전에 사용자에게 통지한 경우, ④ 사용자가 근로계약의 약정대로 근로보호 혹은 근로조건을 제공하지 않은 경우, ⑤ 사용자가 제때에 정액의 임금을 지급하지 않은 경우, ⑥ 사용자가 법에 따라 사회보험료를 납부하지 않은 경우, ⑦ 사용자의 취업규칙이 법률·법규에 위반되고 근로자의 권익에 손해를 초래한 경우, ⑧ 사기·협박의 수단으로써 또는 사람의 위급함을 이용하여 상대방으로 하여금 진정한 의사에 반해 근로계약을 체결하거나 변

경하게 한 경우, ⑨ 사용자가 자신의 법정책임을 면제하고 근로자의 권리를 배제하는 경우, ⑩ 사용자가 법률·행정법규의 강행규정을 위반한 경우, ⑪ 사용자가 폭력·위협 또는 불법으로 신체자유를 제한하는 수단으로 근로자에게 근로를 강요하는 경우, ⑫ 사용자가 취업규칙을 어겨 지휘하거나 위험이 있는 근로를 강요하여 근로자의 신체안전에 위협을 초래할 경우(劳动合同法实施条例 제18조)가 있다. 반면에 사용자가 일방적으로 근로계약을 해지할 수 있는 경우는 아래와 같다. ① 사용자와 근로자가 일치 협상한 경우, ② 근로자가 시용기간 내에 채용조건에 부합되지 않는 것이 증명된 경우, ③ 근로자가 사용자의 취업규칙을 심각하게 위반한 경우, ④ 근로자의 중대한 직무상의 과실, 사익추구와 부정행위로 사용자에게 중대한 손해를 초래한 경우, ⑤ 근로자가 동시에 기타 사용자와 근로관계를 형성하여 당해 사용자의 근로임무에 심각한 영향을 초래하거나 당해 사용자가 지적한 후에도 시정하지 않는 경우, ⑥ 근로자가 사기·협박의 수단 또는 사람의 위급함을 이용하여 상대방으로 하여금 진정한 의사에 반해 근로계약을 체결하거나 변경하게 한 경우, ⑦ 근로자가 법에 따라 형사책임을 추궁 받은 경우, ⑧ 근로자가 질병이나 산재가 아닌 부상을 입은 경우, 규정된 의료기간이 만료된 후에도 여전히 원래 업무에 종사할 수 없고 사용자가 별도로 배치한 업무에도 종사할 수 없는 경우, ⑨ 근로자가 업무를 수행할 수 없고, 연수훈련 또는 업무 조정을 통해서도 여전히 업무를 수행할 수 없는 경우, ⑩ 근로계약 체결시 의거했던 객관적 상황에 중대한 변화가 발생하여 근로계약을 이행할 수 없게 되고 사용자와 근로자의 협의를 통하여 근로계약 내용의 변경에 대해 합의에 이르지 못한 경우, ⑪ 사용자가 기업파산법의 규정에 근거하여 정리절차를 진행하는 경우, ⑫ 생산경영에 중대한 곤란이 발생한 경우, ⑬ 기업의 생산전환・중대한 기술혁신・경영방식 조정에 따라 근로계약의 변경을 행한 후에도 여전히 감원이 필요한 경우, ⑭ 기타 근로계약 체결 시 의거한 객관적인 경제상황에 중대한 변화가 발생하여 근로계약을 이행할 수 없게 된 경우(劳动合同法实施条例 제18조)가 있다.

láo dòng hé tongzhōng zhǐ 劳动合同终止 노동합동종지	근로계약종료

법률에서 정한 상황이 발생하여 근로계약의 법적 효력을 소멸시키는 것을 말한다. 근로계약의 종료되면 당사자 간의 권리의무관계는 존재하지 않는다. 劳动合同终止(láo dòng hé tongzhōng zhǐ)의 사유는 다음과 같은 것이 있다. ① 근로계약 기간이 만료된 경우, ② 근로자가 기본양로보험 대우를 받기 시작한 경우, ③ 근로자가 사망하거나 법원의 사망선고 또는 실종선고를 받은 경우, ④ 사용자가 법에 따라 파산선고를 받은 경우, ⑤ 영업허가증을 말소당하거나 폐업명령을 받거나 등기가 취소되거나 사용자가 사전에 해산한 경우, ⑥ 근로자가 법정퇴직 연령에 달한 경우, ⑦ 법률・행정법규에 규정한 기타 사항이다(劳动合同法 제44조, 劳动合同法实施条例 제21조).

jīng jì bǔ cháng jīn 经济补偿金 경제보상금	퇴직금

근로계약이 종료되거나 기타 법정사유가 있는 경우에 사용자가 근로자에게 지급하는 금전적 보상이다. 经济补偿金(jīng jì bǔ cháng jīn)은 근로자가 당해 사용자에게서 근로한 연한에 따라 매 1년마다 1개월의 임금을 기준으로 근로자에게 지급하게 된다. 6개월 이상 1년 미만일 경우 1년으로 계산한다. 6개월 미만일 경우 근로자에게 월 임금의 반을 经济补偿金(jīng jì bǔ cháng jīn)으로 지급한다. 근로자의 월 임금이 사용자 소재지의 직할시·구를 설치한 시급인민정부가 공고한 당해 지역의 전년도의 월평균 임금의 3배보다 높은 경우, 근로자에게 지급하는 经济补偿金(jīng jì bǔ cháng jīn)의 기준은 근로자 월 평균 임금의 3배 액수로 하여 지급하며, 근로자에게 지급하는 经济补偿金(jīng jì bǔ cháng jīn)의 연한은 최장 12년을 초과하지 않는다. 여기서 말하는 월 임금은 근로자가 근로계약 해지 또는 종료 전 12개월의 평균임금을 말한다(劳动合同法 제47조).

jí tǐ hé tong 集体合同 집체합동	단체협약

사용자와 당해 사용자의 근로자가 법률·법규·규장의 규정에 따라 노동보수·근로시간·휴식휴가·노동안전위생·직업연수훈련·보험복지 등 사항에 대하여 단체교섭을 통하여 체결한 서면협의를 말한다(劳动合同法 제51조). 集体合同(jí tǐ hé tong)에 규정된 사용자가 부담할 의무는 법적 효력이 있으며 사용자가 이행하

지 않은 경우 상응하는 법적 책임을 져야 한다. 集体合同(jí tǐ hé tong)에는 분야별 集体合同(jí tǐ hé tong), 업종별 集体合同(jí tǐ hé tong), 지역별 集体合同(jí tǐ hé tong) 등이 있다. 그 중 분야별 集体合同(jí tǐ hé tong)은 사용자와 근로자가 법률·법규·규장에 근거하여, 단체교섭의 어떤 항목의 내용에 대하여 체결하는 분야별 서면협의를 말한다. 업종별 集体合同(jí tǐ hé tong)이란 현급 이하의 지역 내에서 같은 업종에 종사하는 기업과 근로자를 대표하는 노동조합 사이에 체결된 서면협의이다. 지역별 集体合同(jí tǐ hé tong)은 현급 이하의 지역(현·구·향·진·가도·촌) 내에 지역별 노동조합 연합회가 상응하는 경제조직 또는 지역 내 기업과 노동보수·근로시간·휴식휴가·노동안전위생·보험복지 등 사항에 대하여 평등한 교섭을 진행하여 체결하는 서면협의를 말한다.

láo wù pài qiǎn
劳务派遣
노무파견

노동파견이라고도 하는데 파견사업주와 파견근로자 사이에 근로계약을 체결하고 파견근로자의 동의를 얻은 후 파견근로자가 사용사업주의 지휘와 감독 하에 노동을 제공하도록 하는 것이다. 劳务派遣(láo wù pài qiǎn)의 가장 큰 특징은 근로자의 고용과 근로자의 사용이 분리되고 파견근로자와 사용사업주가 근로계약을 체결하지 않고 근로관계가 발생하지 않는다는 것이다. 파견근로자는 일반적으로 임시적·보조적·대체적인 업무에 종사한다(劳动合同法 제66조).

láo wù pài qiǎn dān wèi 劳务派遣单位 노무파견단위	용역회사

파견근로자와 근로계약을 체결하고 임금을 지급하는 사용자로서, 「公司法」의 관련규정에 따라 설립하며 등록자본금은 50만 위안 이상이어야 한다(劳动合同法 제57조). 劳务派遣单位 láo wù pài qiǎn dān wèi 는 파견노동자와 2년 이상의 고정기간 근로계약을 체결해야 하며 매월 노동보수를 지급해야 한다. 파견업무가 없는 기간의 노동보수는 劳务派遣单位 láo wù pài qiǎn dān wèi 소재지의 정부가 규정한 최저임금 기준에 의하여 매월 임금을 지급해야 한다(劳动合同法 제58조).

bèi pài qiǎn láo dòng zhě 被派遣劳动者 피파견노동자	용역직원

노무파견단위와 근로계약을 체결하고 사용사업주에게 근로를 제공하는 자를 말한다. 被派遣劳动者 bèi pài qiǎn láo dòng zhě 는 사용사업주의 근로자와 동일노동 동일임금의 권리를 향유하여 파견사업주 또는 사용사업주에게서 법에 따라 노동조합에 참가하거나 이를 조직하여 자신의 합법적 권익을 보호할 권리가 있다(劳动合同法 제63조, 제64조).

fēi quán rì zhì yònggōng 非全日制用工 비전일제용공	

시간급 보수계산을 위주로 하며, 근로자가 동일 사용자에게서 일반적으로 평균 매일 근로시간이 4시간을 초과하지 않고, 매주 근로시간이 총 24시간을 초과하지 않는 고용형식을

말한다(劳动合同法 제68조). 근로계약은 서면계약을 체결하고, 근로자는 하나의 사용자를 위해 근로를 제공하는 것이 원칙이지만 非全日制用工(feī quán rì zhì yònggōng) 쌍방 당사자는 구두로 협의를 체결할 수 있으며 근로자는 하나 또는 둘 이상의 사용자와 근로계약을 체결할 수 있다(劳动合同法 제69조).

劳动争议(láo dòngzhēng yì) 노동쟁의	노동쟁의

협의의 劳动争议(láo dòngzhēng yì)는 사용자와 근로자 간에 근로의 권리를 실현하거나 근로의무를 이행하기 위하여 발생한 분쟁을 말하고, 광의의 劳动争议(láo dòngzhēng yì)는 사용자 및 사용자단체와 근로자 및 노동조합 간에 근로관계로 인하여 발생한 분쟁을 말한다. 「劳动争议调解仲裁法」의 적용을 받는 노동쟁의로는 ① 근로관계의 확인으로 인해 발생하는 쟁의, ② 근로계약의 체결 · 이행 · 변경 · 해제 및 종료로 인해 발생하는 쟁의, ③ 제명 · 사퇴 및 사식 · 이식으로 인해 발생하는 쟁의, ④ 노동시간 · 휴식휴가 · 사회보험 · 복지 · 연수훈련 및 노동보호로 인해 발생하는 쟁의, ⑤ 노동보수 · 산재의료비 · 경제보상 또는 배상금 등으로 인해 발생하는 쟁의, ⑥ 법률 · 법규에 규정된 기타 노동쟁의 등이 있다(劳动争议调解仲裁法 제2조).

劳动争议调解机关(láo dòngzhēng yì tiáo jiè jī guān) 노동쟁의조해기관	노동쟁의조정위원회

노동쟁의를 조정할 수 있는 조정위원회를 말하며 ① 기업

노동쟁의 조정위원회, ② 법에 따라 설립된 기층인민조정조직, ③ 향・진・가도에 설립된 노동쟁의 조정기능을 구비한 조정위원회 등이 있다(劳动争议调解仲裁法 제10조). 劳动争议调解机关(láo dòngzhēng yì tiáo jiě jī guān)은 조정신청을 접수한 후 15일 내에 조정결과를 도출해야 한다. 조정을 거쳐 협의를 달성하면 조정서를 작성해야 한다. 15일 내에 조정이 이루어지지 않은 경우 당사자는 법에 따라 노동중재를 신청할 수 있다(劳动争议调解仲裁法 제14조). 조정서는 당사자에게 구속력이 있지만 이러한 효력은 단지 당사자의 자발적인 이행을 촉구하는 의미만 있을 뿐이다. 일방 당사자가 조정서의 내용을 이행하지 않으면 상대방 당사자는 노동쟁의 중재위원회에 중재를 신청하는 수밖에 없다. 다만, 체불임금・산재의료비・경제보상 또는 배상금 사항에 대하여 조정이 성립하였음에도 불구하고 사용자가 약정된 시일 내에 이행하지 않은 경우, 근로자는 직접 법원에 지급명령을 신청할 수 있다(劳动争议调解仲裁法 제16조).

劳动争议仲裁委员会(láo dòngzhēng yì zhòng cái wěi yuán huì) 노동쟁의중재위원회	노동쟁의중재위원회

노동쟁의를 중재하는 위원회를 말한다. 성・자치구・직할시의 정부는 자신의 관할행정구역에 하나 또는 몇 개의 노동쟁의 중재위원회를 설립할 수 있으며, 劳动争议仲裁委员会(láo dòngzhēng yì zhòng cái wěi yuán huì)는 노동행정부서의 대표・노동조합대표와 기업 측의 대표로 구성되며 홀수이어야 한다(劳动争议调解仲裁法 제17조, 제19조).

zhòng cái cái dìng 仲裁裁定 중재재정	중재재정

노동쟁의중재위원회는 중재신청을 수리한 날부터 45일 내에 중재재정을 내려야 한다. 사건이 복잡하여 연장이 필요한 경우에는 노동쟁의중재위원회 위원장의 허가를 받아 연기할 수 있으며 당사자에게 서면으로 통보해야 한다. 단 연장기간은 15일을 초과해서는 아니 된다(劳动争议调解仲裁法 제44조). 하지만 노동쟁의 중재절차는 법원에 소송을 제기하기 전의 전치절차일 뿐 仲裁裁定은 일반적인 민사사건의 중재판정처럼 확정판결과 같은 효력이 있는 것은 아니다. 당사자가 仲裁裁定에 불복할 경우 중재재정서를 접수한 날부터 15일 내에 법원에 소를 제기하면 仲裁裁定은 당사자에게 효력을 발생하지 않는다. 반면에 중재재정서를 접수한 날부터 15일 내에 법원에 소를 제기하지 않으면 중재재정은 최종판결과 같은 효력을 발생하게 되며 일방 당사자가 이행기간이 만기되어도 이행하지 않은 경우 상대방 당사자는 법원에 강제집행을 신청할 수 있다.

근로자의 권익보호를 위하여 예외적인 경우로 가집행을 할 수 있는 사건과 仲裁裁定이 확정판결과 같은 효력을 발생하는 경우가 있다. 즉 전자는 노동보수 · 산재의료비 · 경제보상금 또는 배상금 청구사건에 있어서 중재위원회는 당사자의 신청에 의하여 가집행을 결정할 수 있으며 법원에 이송하여 집행할 수 있는 경우를 말하는데 그 요건으로는 ① 당사자 사이의 권리의무 관계가 명확해야 하고, ② 가집행을 하지 않으면 신청인의 생활에 심각한 영향을 초래할 우려가 있어야 한다는 것이다(劳

动争议调解仲裁法 제44조). 따라서 근로자는 이 부분에 대한 확실한 사실관계를 증명할 수만 있다면, 몇 개월 후에야 내려지는 중재 및 판결의 선고를 기다리지 않고도 기간을 앞당겨 구제를 실현할 수 있다. 후자의 경우, 즉 仲裁裁定 zhòng cái cái dìng이 확정판결과 같은 효력을 발생하는 경우로는 ① 노동보수·산재의료비·경제보상 또는 배상금 청구액이 해당지역의 월 최저임금기준의 12개월 상당금액을 초과하지 않거나, ② 국가 노동기준을 집행함에 있어서 근로시간·휴식휴가·사회보험 등과 관련하여 발생한 쟁의에 대한 仲裁裁定 zhòng cái cái dìng을 말한다(劳动争议调解仲裁法 제47조). 하지만 이러한 확정판결과 같은 효력이 있는 仲裁裁定 zhòng cái cái dìng에 대하여 근로자가 불복할 경우에는 중재판정서를 접수한 15일 내에 법원에 소를 제기할 수 있다. 즉 비록 이러한 제도가 근로자의 권익보호에 취지를 둔 것이지만 근로자가 노동중재위원회의 仲裁裁定 zhòng cái cái dìng이 자신의 권익을 공평하게 보호해준 것이 아니라고 간주할 경우에는 소제기권이 있다는 것이다.

사항색인
〈중국어〉

A

B

C

D

F

G

H

K

L

Q

R

S

T

W

X

Y

Z

사항색인

〈한국어〉

ㄱ

ㄴ

ㄷ

ㄹ

ㅁ

ㅂ

ㅅ

ㅇ

ㅈ

【 감수자 · 편저자 약력 】

_정 영 환

고려대학교 법과대학 교수
중국정법대학교 명예교수
대법원 재판연구관(판사 역임)

_김 주

중국정법대학교 졸업
고려대학교 법과대학원 (석사)
고려대학교 법과대학원 (박사과정 수료)
산동덕형로펌 변호사 역임
법무법인(유) 로고스 중국변호사
한국외국어대학교 법과대학 겸임교수
서울지방변호사회 외국법연수원 강사
한중친선협회 이사

상용 중국법률용어사전

2009년 4월 10일 초판 인쇄
2009년 4월 20일 초판 발행

감수자 정 영 환
편저자 김 주
발행인 이 방 원
발행처 세창출판사
서울 서대문구 냉천동 182 냉천빌딩 4층
전화 723 - 8660 팩스 720 - 4579
E-mail: sc1992@empal.com
Homepage: www.sechangpub.co.kr
신고번호 제300-1990-63호

정가 30,000 원

ISBN 978-89-8411-268-1 91360